“十三五”国家重点出版物出版规划项目

国家出版基金项目
NATIONAL PUBLICATION FOUNDATION

国别商务环境研究系列丛书
总主编　杨言洪

印度尼西亚商务环境

李　洋　主编

对外经济贸易大学出版社
中国·北京

图书在版编目（CIP）数据

印度尼西亚商务环境 / 李洋主编. —北京：对外经济贸易大学出版社，2020.12
（国别商务环境研究系列丛书）
ISBN 978-7-5663-2243-2

Ⅰ. ①印… Ⅱ. ①李… Ⅲ. ①国际商务–经济环境–研究–印度尼西亚 Ⅳ. ①F733.42

中国版本图书馆 CIP 数据核字（2021）第 012493 号

印度尼西亚商务环境

李 洋 主编
责任编辑：董 黛

对外经济贸易大学出版社
北京市朝阳区惠新东街 10 号 邮政编码：100029
邮购电话：010－64492338 发行部电话：010－64492342
网址：http://www.uibep.com E-mail：uibep@126.com

三河市少明印务有限公司印装 新华书店经销
成品尺寸：170mm×230mm 14 印张 259 千字
2020 年 12 月北京第 1 版 2020 年 12 月第 1 次印刷

ISBN 978-7-5663-2243-2
定价：59.00 元

国别商务环境研究系列丛书
编委会名单

序　言

改革开放以来，中国经济持续快速发展，如今已成为世界第二大经济体。随着开放型经济建设水平和质量的不断提升，中国参与世界经济活动的广度和深度与日俱增。仅以国际贸易为例，世界贸易组织公布的贸易统计数据显示，2018 年中国货物进出口总额约为 4.623 万亿美元，居世界第一。其中，出口额 2.487 万亿美元，占全球出口总量的 12.8%，居世界第一；进口额 2.136 万亿美元，占全球进口总量的 10.8%，居世界第二。

在经济全球化深入发展的新形势下，党的十九大报告中提出，要“主动参与和推动经济全球化进程，发展更高层次的开放型经济，不断壮大我国经济实力和综合国力”。

开放型经济是一种全方位、宽领域、深层次开放的经济形态，一种内外联动、互利共赢、安全高效的经济体系。随着中国建设“开放型经济”战略的不断深化，相信未来将有更多的中国企业走出国门投资建厂或从事工程承包等业务。因此，我们比以往任何时候都更加需要对世界各地区和国家的了解。

在这个多元的世界上，各个地区、各个国家、各个民族历史进程不同，文化背景迥异，经济和社会发展程度存在差异，政治体制、社会结构、法律法规千差万别。这就需要我们对经济合作与贸易往来对象国的商务环境进行认真研究，为中国企业“走出去”投资经商、工程承包等提供智力支撑。

1999 年 12 月底成立的 20 国集团（G20），由原来的八国集团（美国、日本、德国、法国、英国、意大利、加拿大、俄罗斯）和中国、阿根廷、巴西、印度、印度尼西亚、墨西哥、沙特阿拉伯、南非、韩国、土耳其十个新兴工业国家，以及澳大利亚和欧盟组成，其 GDP 总量约占世界的 85%，人口约 40 亿，占世界总人口的将近三分之二。

由对外经济贸易大学区域与国别研究院支持编写的“国别商务环境研究系列丛书”（第一批和第二批）聚焦 G20 成员国的商务环境，并相继得到国家出版基金项目支持。相信该系列图书的出版，对于服务国家建设开放型经济发展战略，创新对外投资方式，促进国际产能合作，增强中国企业国际化经营能力和竞争力将会大有裨益。

杨言洪

2019 年 7 月

目　录

第1章 印度尼西亚概况

1.1 简　　介

印度尼西亚共和国（Republic of Indonesia），简称“印度尼西亚”，或者“印尼”，国名源于希腊文，意为“水中岛国”，别称“千岛之国”“火山之国”。

印度尼西亚国旗（印度尼西亚语：Sang Merah Putih）又叫红白旗，由上红下白两个相等的横长方形构成，长与宽之比为 3:2。旗帜的设计很简单，是两条一样宽的横带，上面的横带是红色的，下面的横带是白色的。红色是爪哇糖的颜色，白色是大米的颜色，这两种食品与印度尼西亚人的生活息息相关。红色象征勇敢和正义，还象征印度尼西亚独立以后的繁荣昌盛；白色象征自由、公正、纯洁，还表达了印度尼西亚人民反对侵略、爱好和平的美好愿望。红色象征人的肉体，白色象征人的精神，二者相辅相成，是印度尼西亚民族精神的体现。

印度尼西亚国徽由一只昂首挺立的金色神鹰、一面盾和鹰爪抓着的一条飘带组成，神鹰双翼伸展、头向右看、胸挂盾牌，飘带上有一行古爪哇文：Bhinneka Tunggal Ika，意为殊途同归。国徽构思巧妙，每个部分都有独特的象征意义。神鹰是印度尼西亚传说中的神物，通体金色，象征着印度尼西亚民族的伟大和国家的富强。鹰两翼各有 17 根羽毛，8 根尾羽，盾牌下方 19 根羽毛，脖子下 45 根羽毛，合在一起代表印度尼西亚宣布独立的日子——1945 年 8 月 17 日。鹰胸前的盾面由金链系在脖子上，象征着国家安全。盾中间的黑色横线代表着印度尼西亚群岛分布的赤道线。盾由五部分组成，代表着印度尼西亚的建国五基：正中的黑色盾牌和金色五角星象征“至高无上的神道”，金星本身也可以解释为一种像上帝

图 1–1　印度尼西亚国旗

一样的光，也是每个人的精神之光。右下方的圆形链条象征“公正和文明的人道”，象征着相互帮助的人际关系，方手镯描述的是男人，圆手镯描述的是女人。右上方的榕树（ficus benjamina）象征印度尼西亚的统一，背景为白色，榕树是一种有印尼根（一种长的单根）的树，通过扎根于土壤深处来支撑大树，这反映了印度尼西亚的团结统一。榕树也有许多根须挂在树枝上，这反映了印度尼西亚是一个统一的国家，但有着不同的文化背景。左上方的公牛头象征在协商中由智慧引导的平民主义，红色背景，野牛或斑滕是喜欢聚集的动物，也是人类在决策时必须刻意要做的事情，其中之一就是聚集在一起进行讨论。左下方的棉花和稻子（反映食物和衣服）代表“社会公正”，白色背景，棉花和大米是所有印度尼西亚人的基本需求，无论其地位如何，彼此之间没有差距。由于其突出的象征意义，印度尼西亚国徽又被称为“五基神鹰”（Garuda Pancasila）。印度尼西亚是个多民族国家，飘带上的“殊途同归”是希望各族人民能求同存异，消除分歧，和睦共处，维护印度尼西亚的团结和统一。

印度尼西亚国歌为《伟大的印度尼西亚》（Indonesia Raya），由印度尼西亚著名的爱国诗人瓦格·鲁道夫·苏普拉特曼（Wage Rudolf Soepratman）作词作曲。国歌气势磅礴，优美动听，歌词情真意切，感人至深，强烈抒发了印度尼西亚儿女对祖国母亲的无比热爱和由衷赞美，充分表达了印度尼西亚人的理想、信念和愿望。歌词大意：“印度尼西亚，我的祖国，生我养我的地方。我要捍卫我的祖国。印度尼西亚，我的民族，我的人民，我的国家，让我们高呼，团结起来吧，印度尼西亚！祖国万岁！民族万岁！为了伟大的印度尼西亚，觉醒吧，全国各族人民！全国人民站起来吧！自由、独立、伟大的印度尼西亚，我热爱的祖国和家乡。万岁，印度尼西亚！”

印度尼西亚国花为毛茉莉。

图 1－2 印度尼西亚 500 卢比硬币，正面为国花毛茉莉，背面为国徽

1.2 地理环境及气候

1.2.1 地理位置

印度尼西亚位于亚洲东南部（东经 94° 45′～141° 05′，北纬 6° 08′～南纬 11° 15′），横跨赤道，位于太平洋和印度洋、亚洲和大洋洲之间，其 70%以上领地位于南半球，扼守出入太平洋、印度洋之间的门户马六甲海峡，在全球战略上居重要地位。印度尼西亚海陆联合面积排名世界第 7 位。其中陆地面积 1 913 580 平方公里，居东南亚国家之首，世界第 14 位。海洋面积 3 166 163 平方公里（不包括专属经济区），海岸线总长 54 716 千米。南北跨度约 2 100 公里，东西跨度约 5 300 公里。

印度尼西亚陆地边界 2 958 公里，西北隔马六甲海峡与马来西亚西部、新加坡相邻，北部加里曼丹与马来西亚的沙捞越、沙巴（边界长度 1 881 公里）接壤，隔苏拉威西海与菲律宾相望，东部伊里安查亚与巴布亚新几内亚（边界长度 824 公里）接壤，东南隔帝汶海与澳大利亚相对，西与西南濒临印度洋，南部西努沙登加拉省与新独立的东帝汶比邻（边界长度 253 公里）。

印度尼西亚是世界重要的海洋国家，也是世界上岛屿最多的国家，被誉为“千岛之国”。根据印度尼西亚国家测绘局登记核实，印度尼西亚全国共有大小岛屿

17 508 个，其中约 6 000 个有人居住，素有“赤道翡翠”之美誉。主要岛屿有苏门答腊岛（P. Sumatera）、爪哇岛（P. Jawa）、加里曼丹岛（P. Kalimantan）、苏拉威西岛（P. Sulawesi）和伊里安查亚（Irian Jaya），共占印度尼西亚国土面积的 92%。

印度尼西亚各岛屿之间构成许多海峡和内海，其中巽他海峡、马六甲海峡、龙目海峡等是沟通太平洋和印度洋的重要通道。内海主要有爪哇海、苏拉威西海、佛罗勒斯海和班达海等。

印度尼西亚地形以山地和丘陵为主，仅沿海有狭长的平原。印度尼西亚平均海拔为 367 米，境内有两条山脉，一条是沿美洲的安第斯山脉、阿拉斯加山，途经日本、菲律宾至印度尼西亚马鲁古群岛和西伊里安的环绕太平洋山脉；另一条是沿北非、南欧、喜马拉雅山，途经缅甸至印度尼西亚苏门答腊、爪哇、努沙登加拉群岛，直至班达群岛的地中海山脉。后者是一条年轻的山脉，该山脉山势险峻，高度均在海拔 4 000 米左右，被称为巽达火山带，是世界上地震和火山爆发最多的地区，仅爪哇岛年均大小地震就多达 55 次。除加里曼丹岛外，其余各岛均有火山分布，地震频繁，印度尼西亚全国共有火山 400 多座，其中 120 多座活火山，约占世界活火山的 1/6，是世界上火山活动最多的国家之一，有“火山之国”的别称。

图 1－3　印度尼西亚著名的活火山 Bromo 火山

印度尼西亚首都雅加达位于东 7 时区，比北京时间晚 1 小时。印度尼西亚全年昼夜长短差别仅为半小时左右，东西日差约 3 个小时，因此印度尼西亚地跨三个时区，划分的方法按省的边界划分，具体划分情况如表 1－1 所示。

表 1－1　　印度尼西亚时区的边界划分[①]

区域	标准时间	所含区域	时区名称
印度尼西亚西部时间 WIB	东七区	苏门答腊岛各省、爪哇岛各省、西加里曼丹省和中加里曼丹省。	亚洲/雅加达
印度尼西亚中部时间 WITA	东八区	苏拉威西岛各省、小巽达群岛各省、南加里曼丹省和东加里曼丹省	亚洲/望加锡
印度尼西亚东部时间 WIT	东九区	马鲁古群岛各省、巴布亚岛各省	亚洲/查亚普拉

1.2.2　气候

印度尼西亚属于典型的热带雨林气候，年平均温度 25～27℃，终年温差很小，没有夏季或冬季。气候特点是全年高温、多雨、微风、潮湿，沿海气温较高，山区较低。高原及山区早晚有冷雾，爪哇地区的个别山地曾出现罕见的冰冻现象。

印度尼西亚年降水量大，湿度为 70%～90%。干、湿季明显，一般 4 月至 10 月为旱季，11 月至次年 3 月为雨季，但各地旱雨季的时间不完全相同，爪哇岛的旱季为 5 月至 10 月，雨季为 11 月至翌年 4 月。夏季在赤道海洋气团控制下，多对流雨，再加上热带气旋过境带来大量降水，因此造成比热带干湿季气候更多的夏雨；在一些迎风海岸，因地形作用，夏季降水甚至超过赤道多雨气候区，一般在 2 000～3 000 毫米以上。各地降雨量因地理位置不同而有很大差异，西部降雨量总体大于东部。爪哇岛雷雨天气最多，每年平均有 220 个雷雨天，其中“雷都”茂物平均每年有 332 个雷雨天。

印度尼西亚的气候非常适合雨林的生长。在印度尼西亚，森林覆盖率达到了 67.8%，各类森林总面积为 1.26 亿公顷。宜人的气候为许多珍奇鸟兽和千姿百态的花卉提供了优越的生长环境。印度尼西亚拥有许多世界濒临灭绝的珍稀动植物，著名的有苏门答腊虎、爪哇虎、象、犀牛、科莫多巨蜥、黑猴、人猿、天堂鸟以及巴布亚虎斑兰和尸臭花等。印度尼西亚政府重视保护自然环境，每年的 11 月 15 日为全国动植物保护日。

---

① 唐慧等. 印度尼西亚概论［M］. 北京：中国出版集团，2012.

图 1-4　鹤望兰（原产于南美洲，人们称之为“天堂鸟花”）

图 1-5　科莫多巨蜥

1.2.3　主要的环境问题

印度尼西亚处在环太平洋火山地震带上，地质活动剧烈，火山地震频发。火山喷发对印度尼西亚的经济社会发展造成了巨大影响，火山喷发释放出的大量火山灰直接导致印度尼西亚的烟霾问题严重，空气质量和能见度急剧下降，影响了人民的身体健康及航空、旅游业的发展。同样，由于地质活动剧烈，印度尼西亚地震十分频繁、范围比较广、地震级别比较高，有的地震发生在人口聚集区域，因此给印度尼西亚带来不可估量的影响，而且伴随着地震而来的火山爆发也给印度尼西亚的社会经济发展造成巨大损失。

印度尼西亚是典型的热带雨林气候，分明显的干湿两季，因此印度尼西亚的干旱问题也十分严重，厄尔尼诺现象更是加剧了印度尼西亚的干旱，2015 年，印度尼西亚 34 个省中有 20 个省遭遇严重干旱。干旱导致印度尼西亚的粮食产量下降，威胁到了印度尼西亚的粮食安全。

表 1－2　　2016 年印度尼西亚地震统计（以震级划分）[①]

岛屿	震源深度（公里）			震级（里氏震级）		
	浅源地震（＜60）	中源地震（60～300）	深源地震（＞300）	小型（＜4.0）	中型（4.0～5.0）	大型（＞5.0）
苏门答腊岛	530	115	0	370	251	24
爪哇岛	602	105	7	549	158	7
巴厘岛	121	25	4	128	22	0
小巽他群岛	551	279	20	625	208	17
加里曼丹岛	21	0	0	9	12	0
苏拉威西岛	879	477	28	1 033	339	12
马鲁古群岛	955	457	61	824	605	44
巴布亚岛	309	65	1	162	199	14
总计	3 968	1 523	121	3 700	1 794	118

表 1－3　　印度尼西亚 2015—2016 年自然灾害人员伤亡统计[②]　　单位：人

年份	死亡	受伤	失踪
2015	232	410	108
2016	440	2 678	81

表 1－4　　印度尼西亚 2015—2016 年自然灾害房屋损失统计[③]　　单位：栋

年份	彻底损毁	一般损毁	轻微损毁
2015	5 090	3 843	16 246
2016	9 086	9 984	29 293

除了火山、地震和干旱等原生环境问题之外，印度尼西亚还有很多次生环境问题，如林火、烟霾和粮食减产等。

近年来，印度尼西亚经济持续快速发展，但是这种发展是建立在大量消耗自然资源的基础上的，这种状况一直持续到今天。印度尼西亚农民大面积进行“烧

① 韦红，王勇辉. 印度尼西亚国情报告（2017）[R]. 北京：社会科学文献出版社.

② 韦红，王勇辉. 印度尼西亚国情报告（2017）[R]. 北京：社会科学文献出版社.

③ 韦红，王勇辉. 印度尼西亚国情报告（2017）[R]. 北京：社会科学文献出版社.

芭”[①]作业，使得印度尼西亚的森林覆盖面积逐年减少，生态环境逐年恶化。大面积的“烧芭”作业导致了印度尼西亚空气质量下降，也使得印度尼西亚的森林火灾问题日益加剧。《自然气候变迁》（Nature Climate Change）期刊公布的研究报告指出，印度尼西亚首度超过巴西，成为热带雨林面积消失最多的国家。2000—2012 年，印度尼西亚消失的雨林面积多达 6 万平方公里。

森林火灾导致的烟霾与火山喷发时携带的火山灰一道加剧了原本就十分严重的烟霾问题，烟霾的扩散也引起了邻国的强烈不满，印度尼西亚林火的有毒烟雾使整个东南亚陷于令人窒息的霾害之中，对人类和动植物造成巨大危害。

1.3 行政区划

印度尼西亚是一个中央集权的单一制国家，全国行政区划分为 4 级，即省（含特区）、县（Kabupaten）/市（Kota）、乡（Kecamatan）、村（Kelurahan）/寨（Desa）。自 1999 年东帝汶从印度尼西亚分离后，印度尼西亚行政区划变动频繁，大到省和特区，小到乡村各级行政区的数量激增。

印度尼西亚共有一级行政区（省级）34 个，包括雅加达首都、日惹、亚齐 3 个地方特区和 31 个省。二级行政区（县/市级）县 396 个、市 93 个，共 489 个。（表 1-5）县和市是平级的，一般县的辖区面积比市大；而市更侧重商业贸易领域的发展。村和寨也是平级，两者的不同在于，村比寨享有更多的行政权力，寨可以升级为村。

表 1-5　　　　印度尼西亚行政区划表

序号	省/特区	首府
1	亚齐特别自治区 Aceh	班达亚齐 Banda Aceh
2	北苏门答腊省 Sumatera Utara	棉兰 Medan
3	西苏门答腊省 Sumatera Barat	巴东 Padang
4	廖内省 Riau	北干巴鲁 Pekanbaru

① “烧芭”原意是焚烧芭蕉树，这是一种传统的在原住民农耕文化，“烧芭”如今是指山民在茂密的热带雨林中放一把火把植物覆盖地烧出一片空地以用于耕作，植物燃烧的灰烬则作为天然肥料。由于农民无休止的耕作，若干年后土地将变得贫瘠，山民即弃之，另寻他处继续“烧芭”行为。“烧芭”被环保人士称为“地球的伤疤”。

续表

序号	省/特区	首府
5	占碑省 Jambi	占碑 Jambi
6	南苏门答腊省 Sumatera Selatan	巨港 Palembang
7	明古鲁省 Bengkulu	朋古鲁 Bengkulu
8	楠榜省 Lampung	楠榜港 Bandarlampung
9	邦加－勿里洞省 Kep.Bangka Belitung	槟港 Pangkalpinang
10	廖内群岛省 Kepulauan Riau	丹戎槟榔 Tanjungpinang
11	雅加达首都特区 DKI Jakarta	雅加达 Jakarta
12	西爪哇省 Jawa Barat	万隆 Bandung
13	中爪哇省 Jawa Tengah	三宝垄 Semarang
14	日惹特别自治区 Daerah Istimewa Yogyakarta	日惹 Yogyakarta
15	东爪哇省 Jawa Timur	泗水 Surabaya
16	万丹省 Banten	西冷 Serang
17	巴厘省 Bali	登帕萨 Denpasar
18	西努沙登加拉省 Nusa Tenggara Barat	马塔兰 Mataram
19	东努沙登加拉省 Nusa Tenggara Timur	古邦 Kupang
20	西加里曼丹省 Kalimantan Barat	坤甸 Pontianak
21	中加里曼丹省 Kalimantan Tengah	帕朗卡拉亚 Palangkaraya
22	南加里曼丹省 Kalimantan Selatan	马辰 Banjarmasin
23	东加里曼丹省 Kalimantan Timur	三马林达 Samarinda
24	北加里曼丹省 Kalimantan Utara	丹戎塞洛 Tanjungselo
25	北苏拉威西省 Sulawesi Utara	万鸦老 Menado
26	中苏拉威西省 Sulawesi Tengah	帕卢 Palu
27	南苏拉威西省 Sulawesi Selatan	望加锡 Makasar
28	东南苏拉威西省 Sulawesi Tenggara	肯达里 Kendari
29	西苏拉威西省 Sulawesi Barat	马穆朱 Mamuju
30	哥伦打洛省 Gorontalo	哥伦打洛 Gorontalo
31	马鲁古省 Maluku	安汶 Ambon
32	北马鲁古省 Maluku Utara	特尔纳特 Ternate

续表

序号	省/特区	首府
33	巴布亚省 Papua	查亚普拉 Jayapura
34	西巴布亚省 Papua Barat	马诺夸里 Sorong

资料来源：中华人民共和国商务部网站

首都雅加达（Jakarta），位于爪哇岛西北部海岸，面积 661 平方公里，人口 1 032.3 万，是全国政治、经济、文化中心和海陆空交通枢纽，亚洲南部与大洋洲之间的航运中心。早在 500 多年前雅加达就已成为输出胡椒和香料的著名海港，当时称“巽他格拉巴”，意为“椰子”。1527 年改称“查雅加达”，含有胜利和光荣之意。1618 年荷兰殖民军攻占，易名为“巴达维亚”。第二次世界大战期间，日本侵略军侵占印度尼西亚，直到 1945 年 8 月印度尼西亚独立后，改称“雅加达”，并被指定为共和国首都。

图 1－6 雅加达市夜景

位于市中心的独立广场中央矗立着一座高达 132 米的民族纪念碑。广场北侧的独立宫（Istana Negara），是总统府所在地。广场西侧是国家博物馆（Museum Negara），收藏了大量的历史文物和珍品。此外，雅加达还有历史博物馆、皮影戏博物馆、海运博物馆、石碑博物馆、造型艺术博物馆和文学资料博物馆等。雅加达拥有全国最大的银行和全国性工商管理机构，集中了许多著名文化、科研机构和大专院校。市内有缩影公园、寻梦园等游览区。

图 1-7　印度尼西亚雅加达民族纪念碑

其他的主要经济城市包括泗水、万隆、棉兰、三宝垄和巨港等。

1.4　人口、民族及宗教

根据世界银行的统计，截至 2019 年底，印度尼西亚总人口约为 2.70 亿，为世界第四人口大国。据印度尼西亚国家计划生育协调委员会预测报告，到 2050 年，该国人口将增加到 3.08 亿。印度尼西亚人口的分布极不平衡，全国有一半以上的人口集中在爪哇岛上，为全世界人口密度最高的地区之一。全国平均人口密度为每平方千米 148 人（2018 年），而雅加达高达 11 000 多人，中加里曼丹和东加里曼丹等地每平方千米不到 10 人。

印度尼西亚是一个多民族国家，其中爪哇族人口最多，占总人口的 45%。其他民族主要有巽他族、马都拉族、马来族、米囊加保族、马达族、亚齐族等。另外还有华人、印度人、阿拉伯人和外侨的后裔。

印度尼西亚的通用语言是在马来语基础上发展起来的印度尼西亚语，此外还有 200 多种民族语言，官方语言为印度尼西亚语。巴厘岛的人们不仅可以讲英语，会讲德语、法语、意大利语、西班牙和日语的也非常多。而在非主要城市和旅游区域的省份，英语的使用并不广泛。

印度尼西亚全国约 87%的人口信奉伊斯兰教，是世界上穆斯林人口最多的国家。6.1%的人口信奉基督教，3.6%信奉天主教，其余信奉印度教、佛教和原始拜物教等。

1.5 印度尼西亚的历史沿革

印度尼西亚历史悠久，爪哇是人类发源地之一。远古时期已有人在此繁衍生息。印度尼西亚社会长期处于封建割据状态，先后分为印度教王国和伊斯兰教王国两个时期。公元1世纪佛教传入印度尼西亚，印度尼西亚进入印度宗教文化影响时期，公元5世纪出现最早的王国加里曼丹东部的古戴王国和西爪哇的达鲁玛王国，7世纪在苏门答腊的巨港出现了东南亚强大的海上王国室利佛逝。

13世纪末，拉登威查雅在爪哇建立了印度尼西亚历史上最强大的麻喏巴歇王国，统一了印度尼西亚。13世纪，伊斯兰教传入印度尼西亚，16世纪，伊斯兰教王国淡目灭掉麻喏巴歇，印度尼西亚进入伊斯兰王国鼎盛时期。1511年，葡萄牙人为夺取香料侵入印度尼西亚东部马鲁古群岛，西班牙人也接踵而来，遭到爪哇、苏门答腊和马鲁古地区伊斯兰教王国的联合抵抗。1596年，荷兰侵入，1602年，荷兰在印度尼西亚建立了具有政府职能的“东印度公司”。1799年12月底，荷属东印度公司宣布破产。1800年，殖民政府取而代之，通称“荷印政府”。1811—1816年，英国取代荷兰建立了殖民地政府，英驻爪哇总督莱佛士在当地推行部分自治和废除奴隶贸易，以土地所有制取代荷兰的强迫种植制。1816年后，荷兰逐渐恢复对印度尼西亚的殖民统治，至1903年征服亚齐，才完全占有整个印度尼西亚。在此期间，印度尼西亚各地反抗荷兰的斗争从未间断，其中最著名的有1816—1818年的马鲁古反荷起义、1825—1830年，爪哇人民大起义、西苏门答腊的反荷战争、1873—1903年的亚齐战争等。

20世纪初，印度尼西亚出现民族觉醒运动。1908年5月20日，印度尼西亚第一个有组织、有纲领、有领导的政治组织“至善社”宣告成立。1912年，伊斯兰协会成立，主张与荷兰合作，进入议会开展斗争。同年，现代穆斯林组织穆罕默迪亚成立，致力于社会和经济改革。1920年，印度尼西亚共产党成立。1926年，印度尼西亚共产党领导民族大起义，遭到荷兰殖民者的残酷镇压。同年传统穆斯林组织伊斯兰教士联合会成立，开始改造穆斯林的社会文化运动。1927年，苏加诺等组建印度尼西亚民族党，采取与荷兰不合作政策，争取民族独立。1928年10月28日在巴达维亚（即现雅加达）举行的第二届全印度尼西亚青年大会上，来自全国各种族，不同语言、宗教和文化背景的青年宣誓要忠于“一个国家，即印度尼西亚；一个民族，即印度尼西亚民族；一种语言，即印度尼西亚语”。1942年，日本侵占印度尼西亚。1945年，日本投降后，印度尼西亚爆发了“八月革命”。

1945年8月17日，苏加诺宣布独立，建立印度尼西亚共和国，苏加诺和哈达分别出任总统、副总统，颁布了《“四五”宪法》。1945年11月10日爆发了反抗英军的泗水保卫战。1946年，英军撤出印度尼西亚，尾随英军入侵的荷兰人企图恢复对印度尼西亚的殖民统治，遭到印度尼西亚军民的坚决反击，1946年11月，双方签订了《林牙椰蒂协定》。1947年7月，荷军撕毁协定，向印度尼西亚共和国发动第一次殖民战争。后双方签订了《伦维尔协定》。1948年9月发生镇压印度尼西亚共产党的“茉莉芬事件”。1948年12月，荷军借机向印度尼西亚共和国发动第二次殖民战争。1949年11月，双方签订了《圆桌会议协定》，印度尼西亚成为联邦共和国，加入荷印联邦。1950年8月，印度尼西亚成立统一的印度尼西亚共和国，颁布了临时宪法。同年8月27日，印度尼西亚第60个加入联合国。

1950至1959年间，印度尼西亚实行议会制，推行“自由民主”，共出现了7届总理内阁。1954年8月宣布脱离荷印联邦。1955年举行首次全国大选。同年4月在万隆举行亚非会议。先后粉碎了亚齐、爪哇、南苏拉威西的“伊斯兰教国/伊斯兰教军”运动（1950—1965）、“南马鲁古共和国”分离运动（1950）、苏门答腊“印度尼西亚共和国革命政府”和苏拉威西“全民斗争宪章”分裂运动（1958）。1959年，苏加诺宣布恢复《“四五”宪法》，实行“总统制”，推行“有领导的民主”，提出民族主义、宗教主义和共产主义三种思潮合作的设想，即“纳沙贡”思想。1963年收复荷兰殖民者占据的西伊里安。同年9月为反对马来西亚联邦成立而发动“对抗马来西亚运动”，并因抗议马来西亚成为联合国安理会成员而于1965年1月一度退出联合国。

1965年9月30日，苏加诺警卫团的翁东营长发动“九·三零运动”，宣布成立“革命委员会”，接管政权。同年10月1日，陆军情报中心宣布陆军战略后备部队司令苏哈托临时掌管陆军领导权，对“九·三零运动”发起者采取军事行动，大肆逮捕、处决印度尼西亚共产党人和同情者。美、英最新解密的档案和学术界的研究显示印度尼西亚陆军与这次运动有密切关系，实际上是在美、英直接支持下借故对印度尼西亚共产党人进行屠杀。1966年3月11日，苏哈托代行总统职权，次日，苏哈托宣布解散印度尼西亚共产党。1968年，军人出身的苏哈托出任印度尼西亚共和国第二任总统，结束苏加诺“旧秩序”（ORDE LAMA），开始“新秩序”（ORDE BARU），实行反共反华和寻求西方援助的政策，与东南亚邻国修好并共同组建东盟。1969年4月开始实施五年建设计划。1971年举行大选，1973年简化政党，只保留专业集团、印度尼西亚建设团结党和印度尼西亚民主党。1975年出兵东帝汶，1976年宣布东帝汶为印度尼西亚第27个省。

1997年下半年在泰国金融危机的引发下，印度尼西亚出现金融危机，政局严重动荡。1998 年 3 月，苏哈托第七次蝉联总统，技术专家出身的哈比比为副总统。1998 年 5 月 13、14 日，印度尼西亚雅加达等地发生几十年来最严重的攻击华人的骚乱事件，给华人的生命财产造成极为严重的损失，印度尼西亚出现了政局的全面动荡和政治、经济、社会的空前危机。同年 5 月 20 日，苏哈托在人民示威和众叛亲离中被迫交权给哈比比副总统，哈比比出任印度尼西亚共和国第三任总统。印度尼西亚开始进入民主改革的过渡期。

1999 年 6 月，印度尼西亚举行了三十多年来第一次自由、民主的全国大选，共有 48 个政党参加，苏加诺的女儿梅加瓦蒂领导的民主斗争党获 33.76%的选票成为议会第一大党。1999 年 8 月 30 日，按照哈比比政府和葡萄牙、联合国达成的三方协议，东帝汶在联合国监督下就是否接受印度尼西亚的自治方案举行全民投票，78.5%的选民拒绝接受，东帝汶脱离印度尼西亚，开始独立进程。1999 年 10 月，人民协商会议大会投票选举伊斯兰教士联合会主席瓦希德为印度尼西亚共和国第四任总统、梅加瓦蒂为副总统。2001 年 7 月 23 日，印度尼西亚人民协商会议特别会议通过了罢免总统瓦希德的决议，同时任命梅加瓦蒂为印度尼西亚第五任总统，总统任期至 2004 年，梅加瓦蒂成为印度尼西亚历史上第一位女总统。2004 年 10 月，苏希洛·班邦·尤多约诺就任印度尼西亚总统。2009 年 7 月，苏希洛竞选连任成功。佐科·维多多 2014 年 7 月当选印度尼西亚总统，10 月 20 日就职，任期至 2019 年 10 月。印度尼西亚现任总统是佐科，系连任。

1.6 印度尼西亚政治概况

1.6.1 宪法

印度尼西亚现行宪法为《“四五”宪法》。该宪法于 1945 年 8 月 18 日颁布实施，曾于 1949 年 12 月和 1950 年 8 月被《印度尼西亚联邦共和国宪法》和《印度尼西亚共和国临时宪法》替代，1957 年 7 月 5 日恢复实行。1999 年 10 月至 2002 年 8 月间先后进行过四次修改。

作为基本大法，1945 年宪法规定了印度尼西亚的立国基础、政体及国家机构的职责与权限等内容。其在序言部分指出，印度尼西亚为单一的共和制国家、法治国家，“信仰神道、人道主义、民族主义、民主、社会公正”是建国五项基本原则（简称“潘查希拉”）。实行总统制，总统为国家元首、政府首脑和武装部队最高统帅。2004 年起，总统和副总统不再由人民协商会议选举产生，改由全民直选；

任期5年，只能连任一次。总统任命内阁，内阁对总统负责。

1.6.2 议会

印度尼西亚议会由人民协商会议（简称人协）、人民代表会议（通称国会）和地方代表理事会三部分组成。[①]

1.6.2.1 议会地位及职权

印度尼西亚实行行政、立法、司法三权分立制度。议会职权及其与国家元首、政府、最高司法机关、宪法监督等机构之间的关系如下：

（1）人民协商会议

人民协商会议（MPR）简称人协，为印度尼西亚国家最高权力机关，由人民代表会议（即国会）和地方代表理事会共同组成。主要职能包括：制定、修改和颁布宪法；根据大选结果任命总统、副总统；依法对总统、副总统进行弹劾；在总统、副总统其中一人或两人均无法行使职能时，根据相关规定选举、任命接替者；修改和制定人协组织章规和道德规范；选举和确定人协领导人；组建人协机构等。每5年选举一次。人民协商会议代表由人民代表会议和地方代表理事会成员组成，共692人，设一名议长，4名副议长。

人民协商会议通过大会、年会和特别会议行使职权。大会在该届人民协商会议任期内（五年）至少召开一次。一年一度的年会主要任务是审议总统的履职报告。特别会议按需召开。过去人民协商会议决议采用协商一致的原则，现以投票方式，按多数票决作出会议决断。

（2）人民代表会议

人民代表会议即印度尼西亚的国会，为印度尼西亚国家立法机构，是具有国家机关地位的人民代表机构。宪法规定：国会拥有立法、预算审批和法律监督三大职能。具体职能包括提出法律草案，制定法律；确定国家财政预算并监督其实施过程；审议国家财政审计署的报告；审议总统关于宣布紧急状态、对外宣战、与外国缔结和约或其他条约等。

在行使职能的过程中，国会还拥有质询权、调查权和表达意见的权力。质询权指国会可要求政府就对国家、社会、民生产生重大影响的决策作出说明；调查权指国会有权对特定法律法规的执行，或政府重大决策涉嫌与现行法规不符的情形进行调查；发表意见的权利指国会可对国家内政和外交、质询权和调查权的落

① 全国人大网，http://www.npc.gov.cn

实、总统和副总统涉嫌违法犯罪等问题发表意见。国会有权制定法律；每项法律草案由国会和总统讨论以达成一致；如果未就法律草案达成一致，该草案不得在应届国会会议中再次提出；总统批准已达成一致的法律草案成为法律；如果已达成一致的法律草案在通过之日起30天内未得到总统批准，该法律草案正式成为法律并应当颁布执行。

总统与国会彼此牵制，亦相互合作，国会无权解除总统职务，总统也不能宣布解散国会，但国会有权启动对总统、副总统的弹劾程序，若总统被宪法法院判定违宪，国会有权建议人协召开特别会议追究总统责任。在立法过程中，任何法案的通过均需经国会与总统共同认可，未能达成共同认可的法律草案在国会同一会期内不得重复提出。草案经总统签批生效或在30日内自动生效。国会每年召开年会，总统在开幕式上发表国情咨文演讲。

国会与政府和司法部门的关系主要体现在其立法权、人事权和监督权方面。国会通过制定法律确立各国家机构的基本职权和运行规则，并对其实际执行情况进行监督。如发现问题，有权提出质询、调查等要求，相关部门必须接受。人事方面，国会有权推举国家财政审计署人选；批准总统提交的委任和解除司法委员会委员的报告；批准司法委员会建议的最高法院法官人选；推举三分之一宪法法院法官人选；推举反贪委员会人选；批准央行行长人选；推举大选委员会人选；批准警察总长和国民军司令等；对总统任免驻外大使和接受外国大使提供建议。

同时，政府官员可在总统指定下参与国会立法讨论。检察院、法院、反贪委员会等司法机关可对国会议员进行调查。

（3）地方代表理事会

地方代表理事会作为国家最高权力机构之一，参与立法并监督法律法规实施，主要职能包括：向国会提交有关地方自治、合并和扩建新区以及自然资源开发等方面的法案并参与讨论；参与讨论并监督预算、税收、教育、宗教等法律的实施情况；向国会提出审计署人员人选的参考意见。该机构成员由选举产生，任期5年，每省/特区4个名额，满员136人。

1.6.2.2 议员选举与议会产生办法

根据印度尼西亚2008年3月新修订的《大选法》，印度尼西亚议会选举每5年举行一次，以全民直选方式选举国会、地方代表理事会和地方议会（省、县/市）的成员。选举由印度尼西亚全国、省和县/市的大选委员会（KPU）负责组织。全国大选委员会为独立机构，成员由国会推举，总统任命。国会议席按人口比例划为若干选区，参选政党在各选区根据得票率分配议席，但全国得票率不足2.5%的政党不得进入国会。2009年大选中，印度尼西亚国会选出560名议员。全国分为77个选区，每个选区3至10个议席不等。地方代表理事会议席则为每个一级行政区4人，2009年大选中，全国33个一级行政区共选出132名地方代表理事会议员。

《大选法》规定，凡年满17周岁或已婚的印度尼西亚公民均有选举权，但现役军警不行使选举权。合格选民需在相应的选举委员会进行登记后方能行使投票权。

竞选国会和各级地方议会席位的是政党，独立人士无权参选。参选政党需通过印度尼西亚法律人权部审核，提名的议员候选人应为年满21周岁的印度尼西亚公民；具有高中以上或与高中相当的文化程度；忠于建国五基和《"四五"宪法》；未服过5年以上徒刑；国家公务员、军警、国企负责人及其他公职人员无权参选。竞选地方代表理事会成员的是个人，也可有政党背景，其余要求与国会议员候选人相同。议员无当选次数限制，可连选连任。

1.6.2.3 议会组织结构

（1）人协

人协领导层由1名主席和3名副主席组成，由人协全会选举产生。主席的职权为：主持人协会议，宣布会议决议；代表人协对外宣讲、执行人协决议；就人协决议与总统和其他国家机构负责人进行协商；代表人协应对司法诉讼；根据人协决议对人协议员进行惩处；制定人协的发展方向和大政方针等。

印度尼西亚人协常设委员会有荣誉局，负责审议考核成员考勤、违规、违纪行为。人协还可根据需要设立特别委员会，由人协领导和35至70名议员组成，完成人协交待的具体工作。

（2）国会

国会领导层由1名议长和3名副议长组成，由国会全会选举产生。议长职能为：主持会议，宣布会议决议；代表国会对外宣讲、执行国会决议；就国会决议与总统和其他国家机构领导人进行协商；代表国会应对司法诉讼；根据国会决议对国会议员进行惩处；制定国会的发展方向和大政方针等。

印度尼西亚国会的常设委员会有：

① 协商局：负责制定国会年会议程、安排日程，处理议案时间表，向国会领导提供政策性建议，向国会各委员会分配议案等。

② 工作委员会：共11个，除议长、副议长外，各议员均须加入某个工作委员会：

第一委员会，负责国防、外交和情报事务。

第二委员会，负责内政、地方自治、政府机构和国土事务。

第三委员会，负责法律法规、人权与安全事务。

第四委员会，负责农、林、牧、渔、海洋与粮食事务。

第五委员会，负责交通、通信、住房、公共工程、农村和落后地区建设事务。

第六委员会，负责工贸、投资、合作社、中小企业、国有企业事务。

第七委员会，负责能源、矿产、科研、环境事务。

第八委员会，负责宗教、社会和妇女事务。

第九委员会，负责人口、卫生、劳工和移民事务。

第十委员会，负责教育、青年、体育、旅游、文化、艺术事务。

第十一委员会，负责银行、金融、国家发展计划事务。

③ 内务局，负责国会预算、议员福利等内部事务。

④ 立法局，辅助起草法律草案，确定讨论法律草案的先后次序，与各工作委员会一起监督法律法规的实施等。

⑤ 议会间合作局，负责印度尼西亚国会与外国议会的双边和多边合作事宜。

⑥ 荣誉局，负责审议考核国会议员考勤、违规、违纪问题。

（3）地方理事会

地方代表理事会领导层由一名主席和两名副主席组成，由地方代表理事会全会选举产生。主席职能为：主持地方代表理事会会议，宣布会议决议；代表地方代表理事会对外宣讲、执行地方代表理事会决议；就地方代表理事会决议与总统和其他国家机构领导人进行协商；代表地方代表理事会应对司法诉讼；根据地方代表理事会决议对议员进行惩处；制定地方代表理事会的发展方向和大政方针。

地方代表理事会的常设委员会包括 4 个特别委员会、协商局、荣誉局、立法局、内务局、代表机构间合作局等。

1.6.2.4 议会会议制度

（1）人协

人协会议包括全会、人协领导、党团领导、议员团体领导人等联席会议、人协领导人会议、特别委员会会议、荣誉局会议、党团或成员团体领导人会议等。

全会是人协中最重要的会议。主要任务包括：人协成员宣誓就职；选举和决定人协领导人；决定建立人协工作委员会；制定或修改宪法；通过国家大政方针；任命总统和副总统；批准国家宪法和人协其他决议；决定是否根据国会要求弹劾总统、副总统；在总统、副总统无法行使职能时选举接替者等；听取总统国情咨文并审议。人协每年召开一次全会，以听取总统国情咨文并审议。

人协制定或修改宪法须三分之二议员出席，其中二分之一议员投赞成票方可通过。弹劾总统或副总统须有四分之三议员出席，其中三分之二议员投赞成票方可启动弹劾程序。其余决议通过须超过半数议员出席，简单多数赞成即可。2009年10月1日，新一届人协宣誓就职并召开第一次全会。

（2）国会

国会的会议种类包括：全会、特别全会、党团会议、国会领导会议、协商委员会会议、委员会会议、委员会联席会议、法律委员会会议、预算委员会会议、内务委员会会议、议会间合作委员会会议、荣誉委员会会议、特别委员会会议、工作委员会会议、工作会议、听证会、公开听证会等。

全会是国会最重要的会议。主要任务包括：听取和评价议长工作规划与总结；决定法案是否进入正式审议程序；讨论并最终决定法案是否通过等。

印度尼西亚国会表决法案时一般采取协商一致原则，即尽量争取出席会议的所有派系同意。如法案在规定时间内因有派系反对无法达成一致，最多可再进行每次时间不超过24小时的两轮协商，如仍不能达成一致，则进行投票表决。国会组织法规定，任何性质的国会会议（包括全会、常设机构、各工作委员会和特别委员会会议等）只要有超过半数的议员参加且来自超过半数的国会派系，会议作出的决定即为有效。

国会年度会议一般从当年的8月16日至次年8月15日，分为四个会期。

1.6.2.5 议会立法程序

总统、国会、地方代表理事会均能提出法律草案，由国会协商局确定每项法案的讨论时间。总统提交的法案首先在国会全会进行一般性辩论，并在征求地方代表理事会意见后进入正式审议程序。国会提交法案需至少13名议员联署或以工作委员会及其联盟或立法局名义提出，由国会全会决定是否进入正式审议阶段。如法案涉及地方事务或税收、教育和宗教问题，则同时提交地方代表理事会。总统将指派部长参加讨论。地方代表理事会提交的法案由国会协商局指定部门与地方代表理事会成员共同讨论，并将结果提交国会全会和总统，进入正式审议阶段。

正式审议分两阶段，第一阶段是在相应的工作委员会和立法局讨论，总统指定的政府官员可参加讨论。如该法案涉及地方事务，则地方代表理事会也将参加。若各方协商一致或投票通过，则提交国会全会讨论。第二阶段是国会全会讨论，基本以协商一致的方式通过。如无法达成一致，则通过投票进行表决，简单多数票通过。若最终未能通过，则同一会期内不能二次提交。

法案获得国会和总统一致同意后，于 7 天内呈交总统正式批准。若 15 天内未获批准，国会有权要求总统作出解释。若 30 天内未获批准，则草案自动生效。总统、地方代表理事会提交的法案也经历相似程序。总统在紧急情况下可颁布政府法规，但须得到国会批准。

1.6.2.6 议员制度

（1）人协

人协议员的权利是：提出修宪建议；对人协决议进行表决；选举和被选举权、自卫权、豁免权；享受一定的礼宾、经费、行政待遇；在本机构会议上发表口头或书面声明、意见，只要不违背所在机构规定和道德准则，均不负法律责任。

人协议员的义务是：坚持建国五基和《“四五”宪法》；遵守各项法律法规；维护国家统一和民族和睦；置国家利益于个人利益之上；不得兼任公务员、司法人员、军警成员、国企职员以及使用国家财政预算的部门成员。

（2）国会

国会议员的权利是：提交法律草案权、咨询权、发表建议权、选举与被选举权、自卫权、豁免权；享受一定的礼宾、经费、行政待遇。

国会议员的义务是：坚持建国五基和《“四五”宪法》；遵守各项法律法规；维护国家统一和民族和睦；置国家利益于个人利益之上；不得兼任公务员、司法人员、军警成员、国企职员以及使用国家财政预算的部门成员。

（3）地方代表理事会

地方代表理事会议员的权利是：提交法律草案权、咨询权、发表建议和意见权、选举与被选举权、自卫权、豁免权；享受一定的礼宾、经费、行政待遇。

地方代表理事会议员的义务是：坚持建国五基和《“四五”宪法》；遵守各项法律法规；维护国家完整统一和民族和睦；置国家利益于个人利益之上；不得兼任公务员、司法人员、军警成员、国企职员以及使用国家财政预算的部门成员。

1.6.2.7 议会党团

（1）人协

人协每位议员需属某一派系。国会议员加入政党派系，地方代表理事会议员加入地方代表派系，每个派系至少有 20 人。

2004 年至 2009 年，人协有 8 个政党派系（专业集团党派系、民主斗争党派系、建设团结党派系、民主党派系、国家使命党派系、民族觉醒党派系、繁荣公正党派系、民主先锋之星党派系）和 1 个地方代表派系。

（2）国会

国会由政党派系组成，每一个政党派系由一个或多个政党组成，成员最少 13 人。每一派系均有一位召集人，各派系设有秘书处，国会根据派系人数拨一定经费。2004 年至 2009 年，国会共有 10 个派系，分别为专业集团党派系（专业集团党 127 席 + 关注民族专业党 2 席）、民主斗争党派系（109 席）、建设团结党派系（58 席）、民主党派系（民主党 56 席 + 印度尼西亚团结公正党 1 席）、国家使命党派系（53 席）、民族觉醒党派系（52 席）、繁荣公正党派系（45 席）、改革之星党派系（14 席）、繁荣和平党派系（13 席）、民主先锋之星党派系（新月星党 11 席 + 国家民主团结党 4 席 + 先锋党 3 席 + 印度尼西亚平民主义国民党 1 席 + 印度尼西亚维护民主党 1 席）。

1.6.3 主要党派

印度尼西亚实行多党制。1975 年颁布的政党法只允许三个政党存在，即专业集团党、印度尼西亚民主党、建设团结党。1998 年 5 月解除党禁。

根据政党法的要求，政党应为全国性的组织，除亚齐外，不允许地方行政党存在；成立门槛是须由每省至少 30 名 21 岁以上或已婚公民发起组建。印度尼西亚的政党须在全国所有省份/特区和 75%的县/市、50%的镇设有支部。政党总部设在首都，分支设于各级地方首府。经公证成立并在法律和人权部注册的政党有权招募印度尼西亚公民成为党员，推选国会和地方议会议员、地方政府正、副首脑以及总统和副总统的候选人。党内分歧、党纪维护由政党内部机构按照党章和条例处理，如无法解决，可提交地方法院裁决，最高可申诉至最高法院。政党法关注党员性别平等，规定政党的发起者、党员、各级领导层以及推选的议员候选人中，至少 30%为女性。政党经费来源是党员交纳的党费、合法捐赠以及中央、地方财政补贴。政党禁止接受外国、不明来源的、国有或集体企业捐助，不得自办企业。党外人士自愿捐款的每人每年不得超过 10 亿印尼卢比（约合 10 万美元），每家企业每年捐款不超过 75 亿印尼卢比（约合 75 万美元）。如违反政党法，政府相关部门、大选委员会、地方法院或宪法法院可按不同情况给予处罚，最严重的情形是由宪法法院判决解散政党。

2014 年以后，印度尼西亚的政党数量基本稳定，总数约为 70 个，大部分是影响力有限的小党，有能力在大选中获得议会席位的政党只有十多个。

专业集团党，1959 年组成松散的专业集团联合秘书处，1964 年 10 月由 61 个群众组织联合成立专业集团，1970 年 12 月扩大为包括 291 个群众组织的专业组织，1967 年至 1999 年 6 月为事实上的执政党，但一直自称为社会政治组织。

1999 年 3 月 7 日正式宣布为政党。

民主斗争党，由原印度尼西亚民主党分裂出来的人士组成，1998 年 10 月正式成立。系民族主义政党，印度尼西亚世俗政治力量代表。1999 年 6 月大选赢得 33.7%选票，是国会第一大党。

民主党，成立于 2002 年 8 月 17 日，以“潘查希拉”为政治纲领，以维护和巩固国家统一为目标，倡导民族主义、宗教信仰自由、多元主义和人道主义。

人民良心党，简称民心党，成立于 2006 年 12 月 21 日，2009 年首次参加大选，达到了参加总统选举的最低要求。

大印尼行动党，成立于 2008 年 2 月 6 日，以“潘查希拉”为政治纲领，倡导民族主义、平民主义、信仰神道和社会公正，强调保护工人、农民、渔民等弱势群体的重要性。

国家使命党，成立于 1998 年 8 月 23 日，党员多为第二大穆斯林团体穆罕马迪亚成员，具有伊斯兰现代派特征。主张三权分立制衡、人民主权、经济平等、种族宗教和睦等。

民族觉醒党，1998 年 7 月 23 日成立，被认为是以伊斯兰教师联合会（NU）为背景的政党。意识形态为“潘查希拉”、自由主义和保守主义。该党主张把伊斯兰当成作为道德和精神的力量，其纲领符合现代世俗政党的特征，目标包括成立廉洁、透明的政府，建设法治国家，维护新闻独立和自由，要求实现性别平等，尊重人权和自由等。特别是在性别平等方面，民族觉醒党呼吁增加女性在政治组织和国家机构中的人数，提高女性对公共事务的参与度。

繁荣公正党，以伊斯兰教为纲领，该党认可印度尼西亚宗教和利益集团多元的现实，参政目标是团结穆斯林群体，积极参与民主改革，实现社会公平正义。长远理想是在印度尼西亚实施伊斯兰教法，恢复政权领导人和宗教领袖合一的哈里发制度，进而建设公正、繁荣、富足的伊斯兰公民社会。

建设团结党，1973 年 1 月由伊斯兰教士联合会、印尼伊斯兰联盟党、印尼穆斯林党、白尔蒂伊斯兰教党合并组成。原建党宗旨为“潘查希拉”，现回归伊斯兰教，并将党徽重新改回麦加天房图案。建设团结党希望在印度尼西亚建设基于伊斯兰价值观的公平、公正的民主社会，曾积极要求在印度尼西亚实施伊斯兰教法，反对女性担任印度尼西亚总统。

民主国民党，成立于 2011 年 7 月。2014 年，该党成为唯一通过大选资格审核的新政党，在选举中表现不俗。

1.6.4 总统

总统是印度尼西亚政治生活中最重要的角色，掌握行政权力，组织政府内阁，在一名副总统和国家各部门的协助下，依法行政。总统既是国家元首、政府首脑，又是武装力量最高统帅。

总统有权向国会提出法律草案，有权制定政府法令。总统任免各部部长。总统经国会同意与别国宣战、媾和、缔约和签署国际条约。总统宣布紧急状态，参考国会意见委派大使和接受外国大使，委派领事。总统参考最高法院意见颁布赦免和平反，参考国会意见颁布大赦和废除死刑。总统依照法律规定授予称号、勋章和其他荣誉。但是，总统不能关闭和解散国会。

1.6.5 内阁

内阁是总统行使行政权力的机构，是政府的表现形式。内阁成员构成并不固定，一般由国家部门法和相关的总统法令确定。从印度尼西亚的行政实践来看，内阁一般包括正副总统、正副总理、统筹部长、部长和最高检察长、武装部队司令、银行行长、国务秘书、内阁秘书等部长级官员。

主要政府部门包括政治法律安全统筹部、经济统筹部、人民福利统筹部、国务秘书部、内政部、外交部、国防部、司法和人权部、财政部、能源与矿产资源部、工业部、贸易部、农业部、林业部、交通部、海洋渔业部、劳工与移民部、公共事业部、卫生部、教育和文化部、社会部、宗教部、旅游和创新经济部、通信和信息部、研究和技术部、合作社与中小企业部、环境部、促进妇女发展和保护儿童部、发展国家机关效能和官僚改革部、加速落后建设部、国家建设计划部/国家计委、国有企业部、人民住房部、青年和体育部、最高检察院、印度尼西亚警察总局、监督和管理建设事务总统工作组、投资协调委员会、国家情报局等。

主要经济部门包括经济统筹部、财政部、工业部、贸易部、农业部、林业部、交通部、能源与矿产资源部、海洋渔业部、国家发展计划国务部、国有企业国务部、投资协调委员会等。

1.6.6 司法机关

印度尼西亚的司法权由各级普通法院、宗教法院、军事法院、行政法院和宪法法院等共同行使。宪法法院是独立行使司法权的国家最高机构之一，职责是审核法律是否违宪，裁决国家部门之间的权力界限矛盾，解散政党，审理大选争端案件等。如国会提出总统涉嫌违宪，宪法法院需作出裁决。法院有义务定期向社会公布受理和裁决案件的情况。在普通法院中，除最高法院外，印度尼西亚有设在各省/特区首府的高等法院 30 个，各市县的地方法院 347 个。最高法院具有终审权、对下级法院的监督权以及审查法律条文合法性的权力。宗教法院负责审理伊斯兰教徒的婚姻、财产、继承等民事案件，在伊斯兰宗教气氛浓厚的亚齐被称为“沙里亚法院”。军事法院分为最高军事法院、高等军事法院和一般军事法院。行政法院分为一般行政法院、高级行政法院和特殊行政法院三种。

1.7 外交关系

印度尼西亚奉行独立自主的外交政策，在国际事务中坚持不干涉内政、平等协商、和平解决争端等原则。重视不结盟运动和南南合作。印度尼西亚是万隆会议十项原则的重要发起国之一，是 G20、亚非新型伙伴关系、七十七国集团、伊斯兰会议组织等国际/地区组织的倡导者和重要成员。

1967 年 8 月，印度尼西亚参与发起成立东南亚国家联盟，坚持以东盟为“贯彻对外关系的基石之一”的原则，在东盟一体化建设和东亚合作中发挥着重要作用。同时坚持大国平衡原则，与美国、中国、日本、澳大利亚以及欧盟等世界主要力量保持友好关系。主张多边主义，注重维护发展中国家利益，积极参与千年发展目标、联合国改革、气候变化、粮食能源安全、世贸组织谈判等。借助“民主温和穆斯林”的国家形象，积极沟通伊斯兰与西方世界，在一些地区和国家问题上发挥独特作用。

1992 年至 1995 年，印度尼西亚任不结盟运动主席，1998 年担任七十七国集团主席国。2005 年 4 月举办亚非领导人和万隆会议 50 周年纪念活动。2006 年 4 月举办亚洲及太平洋经济社会委员会第 62 届会议。5 月举行伊斯兰发展中八国集团（D8）首脑峰会。2007—2008 年及 2019—2020 年度担任联合国安理会非常任理事国。2013 年 10 月在巴厘岛举办亚太经合组织第二十一次领导人非正式会议。

1.7.1 同美国的关系

美国与印度尼西亚于 1949 年建交。冷战时期，美国与印度尼西亚在大部分时间里保持着密切的军事关系。1991 年帝力事件后，美国政府行政部门在国会的压力下中止了对印度尼西亚的军事援助。1999 年 8 月东帝汶全民公投独立后，印度尼西亚军方及其支持的民兵对东帝汶进行了攻击，美国国会对两国军事关系进一步作出限制，两国军事关系跌入低谷。“9・11”事件后，随着亚太地区安全形势及力量平衡的微妙变化，美国政府行政部门积极推动恢复两国的军事关系，在印度尼西亚有巨大利益的美国大公司和印度尼西亚政府也都积极游说美国政府行政部门和国会。这些因素促使两国军事关系实现了正常化，美国全面恢复了对印度尼西亚的军事援助。

印度尼西亚前总统苏西洛在2008年提出的建立美国—印度尼西亚“战略伙伴关系”的倡议得到了美方的积极回应。自2009年以来，美国—印度尼西亚“全面伙伴关系”在民主与公民社会发展、教育交流、气候变化与环境保护、经贸关系、安全合作、能源合作等领域都取得了具体进展。2010年11月，美国总统奥巴马对印度尼西亚进行国事访问，美国与印度尼西亚签署全面伙伴关系协议。美国—印度尼西亚“全面伙伴关系”的发展有几个特点：重视双方多层次的交流与沟通；内容非常广泛、具体，这些具体合作更有助于合作习惯的养成；重视政府层面的主导作用和社会层面主体作用的紧密结合；重视充分发挥双边合作的战略性影响。

2015年10月，印度尼西亚总统佐科·维多多就任总统后首次访美，期间佐科宣布印度尼西亚有意加入《跨太平洋战略经济伙伴协定》（TPP）。2017年，美国副总统彭斯访问印度尼西亚，表示两国将“增强战略伙伴关系，专注合作和投资”。

1.7.2 同日本的关系

日本与印度尼西亚于1958年建交。2006年，两国建立战略伙伴关系。目前，日本为印度尼西亚第一大贸易伙伴和重要投资来源国。2007年8月，日本首相安倍晋三访问印度尼西亚，双方签署了《印度尼西亚—日本经济伙伴关系联合声明》以及价值39.8亿美元的4项能源与电力合作协议。2015年7月，日本首相特使访问印度尼西亚，推动高铁等合作。2017年1月，日本首相安倍晋三访问印度尼西亚，与印度尼西亚总统佐科商讨两国经贸和投资合作及大型基础设施建设项目。

1.7.3 同澳大利亚的关系

澳大利亚与印度尼西亚于1950年建交。2005年4月，苏希洛总统访澳大利亚，两国建立全面伙伴关系。2007年3月，两国联合举办次区域部长级反恐会议。7月，澳大利亚总理霍华德访问印度尼西亚，两国决定从2007年8月开始对建立自由贸易区进行为期一年的可行性研究。同年 11 月，印度尼西亚国会批准了两国政府签署的防务协议。2008年6月，澳大利亚总理陆克文访问印度尼西亚。2009年1月在澳大利亚—印度尼西亚部长级会议上，印度尼西亚与澳大利亚对口部长就两国政治、经贸、环境和气候等领域合作进行会谈。10 月，澳大利亚总理陆克文赴雅加达出席苏希洛总统的就职典礼。2012 年 7 月，印度尼西亚总统苏希洛访问澳大利亚。2013 年 7 月，陆克文再次当选澳大利亚总理后，首访国家即是印度尼西亚。2014 年 10 月，澳大利亚总理阿博特参加佐科总统就职仪式。2015 年 11 月，出席 APEC 峰会的澳大利亚总理特恩布尔与印度尼西亚总统佐科表示，两国就搁置近两年的贸易协定问题达成共识，于 2016 年初重启两国贸易对话。

1.7.4 同欧洲国家的关系

印度尼西亚视欧盟为重要战略伙伴，双方成功举行了印度尼西亚—欧盟对话，就民主、人权、地区贡献、多边主义、恐怖主义等议题达成广泛共识。欧盟及西欧各国曾为印度尼西亚亚齐海啸灾难提供大量援助。2013 年 1 月，欧盟代表团访问印度尼西亚期间同众议院代表会谈时表示，欧盟视印度尼西亚为东盟主要的贸易伙伴，欧盟同印度尼西亚不存在竞争关系，反而在贸易上互补，因此欧盟将一如既往地发展同印度尼西亚的贸易关系。2016 年 4 月，印度尼西亚总统佐科访欧，双方就印度尼西亚—欧盟全面经济伙伴关系协定所涉及范畴达成共识，计划于 2019 年完成谈判并签署协议。

1.7.5 同中国的关系

中国与印度尼西亚于 1950 年 4 月 13 日建交。1965 年印度尼西亚发生“9 •30 事件”后，两国于 1967 年 10 月 30 日中断外交关系。20 世纪 80 年代，两国关系开始松动。1989 年，钱其琛外长在日本分别与印度尼西亚总统苏哈托和国务部长穆迪约诺就复交问题举行会晤。1990 年 8 月 8 日，李鹏总理访问印度尼西亚期间，两国外长分别代表本国政府签署《关于恢复外交关系的谅解备忘录》，宣布自当日起正式恢复两国外交关系。同年 12 月，两国就关系正常化的技术性问题进行会谈，并签署会谈纪要。1990 年 7 月，印度尼西亚外长阿拉塔斯应邀访华，两国发表《关于恢复两国外交关系的公报》。

1999 年底，两国就建立和发展长期稳定的睦邻互信全面合作关系达成共识。2000 年 5 月，两国元首发表《关于未来双边合作方向的联合声明》，成立由双方外长牵头的政府间双边合作联委会。2005 年 4 月，两国共同发表《中国—印度尼西亚战略伙伴关系联合宣言》。2013 年，两国共同发表《中国—印度尼西亚全面战略伙伴关系未来规划》。2015 年 3 月，两国共同发表《关于加强全面战略伙伴关系的联合声明》。2015 年 4 月，两国共同发表《中华人民共和国与印度尼西亚共和国联合新闻公报》。

近几年来，两国高层访问和接触频繁，副总理级对话机制、经贸联委会、防务磋商、海上技术合作委员会等磋商合作机制运行顺畅，经贸合作成果丰硕。

2010年，两国签署战略伙伴关系行动计划，为两国关系开启了新的篇章。

2011年4月，温家宝总理对印度尼西亚进行正式访问，双方发表进一步加强战略伙伴关系的联合公报，同意建立领导人定期会晤机制。2012年3月，苏希洛总统对中国进行国事访问，双方发表联合声明。

2012年4月，中共中央政治局常委李长春访问印度尼西亚，并在印度尼西亚大学发表了重要演讲。

2013年10月3日，习近平主席对印度尼西亚进行国事访问，在印度尼西亚国会发展演讲，提出共同建设“21世纪海上丝绸之路”，同年9月7日，习近平主席在哈萨克斯坦纳扎尔巴耶夫大学发表演讲，提出共同建设“丝绸之路经济带”，此即“一带一路”倡议，并于10月7日赴巴厘岛出席亚太经合组织第二十一次领导人非正式会议。

2014年10月，习近平主席应约同印度尼西亚总统佐科通电话。习近平主席特使、全国人大常委会副委员长严隽琪赴印度尼西亚出席佐科总统就职仪式。11月佐科总统出席北京APEC领导人非正式会议并与习近平主席、李克强总理分别举行了双边会谈。

2015年1月，印度尼西亚经济统筹部长索菲安来华主持召开两国高层经济对话首次会议。2月，中央政法委书记孟建柱访问印度尼西亚。3月，印度尼西亚总统佐科来华进行国事访问并出席博鳌亚洲论坛2015年年会。4月，习近平主席赴印度尼西亚出席亚非领导人会议和万隆会议60周年纪念活动。5月，国务院副总理刘延东访问印度尼西亚并主持召开中国和印度尼西亚副总理级人文交流机制首次会议。7月，全国政协主席俞正声访问印度尼西亚。9月，印度尼西亚人协主席祖尔基弗利访华。印度尼西亚总统特使、人类发展与文化统筹部长布安来华出席中国人民抗日战争暨世界反法西斯战争胜利70周年纪念活动。11月，习近平主席在出席二十国集团领导人峰会期间会见佐科总统。

2016年1月，国务委员王勇赴印度尼西亚出席雅加达至万隆高铁项目动工仪式。3月，印度尼西亚副总统卡拉来华出席博鳌亚洲论坛年会。4月，印度尼西亚政治法律安全统筹部长卢胡特访华并与杨洁篪国务委员共同主持中国和印度尼西亚副总理级对话第五次会议。5月，国务委员杨洁篪赴印度尼西亚与印度尼西亚经济统筹部长达尔敏共同主持中国和印度尼西亚高层经济对话第二次会议。8月，印度尼西亚人类发展与文化统筹部长布安来华出席第9届中国—东盟教育周暨第2届中国—东盟教育部长圆桌会议开幕式并同刘延东副总理共同主持中国和印度尼西亚副总理级人文交流机制第二次会议。9 月，习近平主席同印度尼西亚总统佐科在二十国集团杭州峰会期间举行会见。

2017 年 5 月，印度尼西亚总统佐科赴北京出席“一带一路”国际合作高峰论坛，并与习近平主席举行会晤。6 月，佐科总统特使、印度尼西亚海洋统筹部长卢胡特访华。8 月，印度尼西亚政治法律安全统筹部长维兰托、经济统筹部长达尔敏访华，杨洁篪国务委员分别同其共同主持中国和印度尼西亚副总理级对话第五次会议和中印度尼西亚高层经济对话第二次会议。11 月，刘延东副总理访问印度尼西亚并同印度尼西亚人类发展与文化统筹部长布安共同主持中国和印度尼西亚副总理级人文交流机制第三次会议。

2018 年 4 月，佐科总统特使、印度尼西亚海洋统筹部长卢胡特访华，国务院总理李克强、中央政法委书记郭声琨、国务委员兼外交部长王毅分别同其会见。5 月，李克强总理访问印度尼西亚，双方发表联合声明。8 月，习近平主席特使、国务院副总理孙春兰出席在印度尼西亚雅加达举行的第 18 届亚运会开幕式。10 月，卢胡特作为佐科总统特使再度访华，国务委员王勇、国务委员兼外交部长王毅同其会见。11 月，习近平主席在出席亚太经合组织第二十六次领导人非正式会议期间同佐科总统举行会晤。

2019 年 4 月，印度尼西亚副总统卡拉来华出席第二届“一带一路”国际合作高峰论坛，习近平主席、王岐山副主席分别同其会见。6 月，习近平主席在二十国集团领导人峰会期间会见佐科总统。同月，全国人大常委会副委员长、中国国际交流协会会长吉炳轩访问印度尼西亚。9 月，佐科总统特使、海洋统筹部长卢胡特来华出席第 16 届中国—东盟博览会，韩正副总理同其会见。10 月，习近平主席特使、国家副主席王岐山赴印度尼西亚出席佐科总统连任就职仪式并对印度尼西亚进行友好访问。11 月，佐科总统特使、海洋与投资统筹部长卢胡特来华出席第二届中国国际进口博览会。

两国建有副总理级对话机制以及政府间双边合作联委会（外长牵头）、经贸合作联委会（商务部长牵头）、防务与安全磋商（副总长级）以及航天、农业、科技、国防工业等领域副部级合作机制。

双方除互设使馆外，中国在印度尼西亚泗水、棉兰、登巴萨设有总领馆，印度尼西亚在广州、上海、香港设有总领馆。

第 2 章
印度尼西亚经济发展状况

2.1 宏观经济发展

尽管遭受了 2008 年国际金融危机的影响，印度尼西亚经济依然保持了较高的增长率。2018 年印度尼西亚国内生产总值达到 10 421 亿美元，比 2017 年增长 5.2%，远远高于其他东盟国家，几乎与泰国、马来西亚和新加坡三国国内生产总值的总和持平（表 2-1）。[①] 人均 GDP 达 3 894 美元，比上年增长 3.99%，展现出印度尼西亚良好的增长势头和发展趋势，这主要得益于印度尼西亚坚实的经济政策和家庭消费的持续增长。

根据长期国家发展计划，印度尼西亚计划在 2025 年达成人均收入相当于中等收入国家的目标。

表 2-1　印度尼西亚 GDP、人均 GDP 及年增长率（2011—2018 年）

	2011 年	2012 年	2013 年	2014 年	2015 年	2016 年	2017 年	2018 年
GDP（百万美元）	892 969	917 870	912 524	890 815	861 256	932 259	1 015 858	1 042 173
GDP 年增长率（%）	6.17	6.03	5.56	5.01	4.88	5.02	5.1	5.2
人均 GDP（美元）	3 634	3 688	3 621	3 492	3 336	3 570	3 848	3 894
人均 GDP 年增长率（%）	4.79	4.68	4.24	3.73	3.64	3.83	3.96	3.99

数据来源：世界银行，DataBank

① 印度尼西亚中央统计局从 2014 年开始，将实际 GDP 的计算基准年由原来的 2000 年改成了 2010 年。

目前，印度尼西亚仍然面临着十分严重的收入分配不均问题，2018 年基尼指数为 39.0，比上一年有所降低。按照世界银行新的贫困线标准，即每人每天 1.9 美元计算，2018 年印度尼西亚的贫困人口降至总人口的 4.6%（表 2-2）。面对严重贫富不均状况，印度尼西亚政府进行大刀阔斧的改革，推行公平和正义的经济发展政策，力推多项“扶贫综合”措施应对，以实现国家发展成果全民共享。经过多项改革，虽然印度尼西亚贫富差距现象有所改善，但其贫富差距仍然不容乐观。据统计，2015 年印度尼西亚 43.9%的社会总财富由全国 1.64 亿人口中的 1%（约 164 万人）掌握，在全球财富分配不均衡榜上排名第四，仅次于俄罗斯、印度和泰国。而 2016 年这 1%人口拥有的财富占比更大，达 53.5%。[①] 因此，印度尼西亚在缩小贫富差距、促进社会公平正义方面仍任重而道远。

表 2-2　　印度尼西亚收入分配状况（2011—2018 年）

	2011 年	2012 年	2013 年	2014 年	2015 年	2016 年	2017 年	2018 年
基尼指数（世行估算）	41.1	41.1	41.5	40.8	41.0	39.9	39.4	39.0
收入最高 10%人口收入占国民总收入的比重（%）	33.1	33.4	33.5	33.0	33.4	31.4	30.7	30.4
收入最低 10%人口收入占国民总收入的比重（%）	2.9	3.0	3.0	3.0	2.9	2.8	2.8	2.8
人均每日 1.9 美元（2011 年 PPP）的人口百分比（%）	13.3	11.6	9.4	7.9	7.2	6.5	5.7	4.6
人均每日 3.2 美元（2011 年 PPP）的人口百分比（%）	45.1	43.3	40.8	37.9	33.1	31.0	27.3	24.2
人均每日 5.5 美元（2011 年 PPP）的人口百分比（%）	74.4	73.5	71.0	69.0	67.0	62.4	58.7	56.0

数据来源：世界银行，DataBank

2018 年印度尼西亚通货膨胀率为 3.20%，比 2017 年有所降低。同年失业率为 4.40%，对比 2017 年有显著增长。（表 2-3）

表 2-3　　印度尼西亚宏观经济指标（2011—2018 年）

	2011 年	2012 年	2013 年	2014 年	2015 年	2016 年	2017 年	2018 年
通货膨胀率（消费价格指数，%）	5.36	4.28	6.41	6.39	6.36	3.53	3.81	3.20
失业率（%）	5.15	4.47	4.34	4.05	4.51	4.30	3.88	4.40
国内总储蓄占 GDP 比重（%）	35.52	34.36	33.65	33.44	32.80	32.65	33.60	34.01
国内总消费占 GDP 比重（%）	97.47	100.71	100.18	101.16	101.26	101.21	100.11	100.55

① 韦红，王勇辉. 印度尼西亚国情报告 2017 [R]. 北京：社会科学文献出版社，2017.

续表

	2011年	2012年	2013年	2014年	2015年	2016年	2017年	2018年
最终消费支出年增长率（%）	5.12	5.38	5.65	4.71	4.90	4.35	4.61	5.09
政府消费支出年增长率（%）	5.52	4.53	6.75	1.16	5.31	−0.14	2.12	4.80
人均官方发展援助净额（美元现值）	1.46	0.28	0.28	−1.50	−0.11	−0.41	1.06	3.54

数据来源：世界银行，DataBank

截至2018年底，印度尼西亚外债总额达3 796.64亿美元，同比增长7.35%，其中，长期外债占86.6%，政府外债占56.7%，偿债总额占国民总收入的5.6%（表2-4）。国内资本形成总额以及固定资本形成总额逐年增长，2018年增长率分别达到8.49%和6.6.4%（表2-5）。

表2-4　　印度尼西亚外债状况（2011—2018年）

单位：亿美元（现值），%

	2011年	2012年	2013年	2014年	2015年	2016年	2017年	2018年
外债总额	2 196.3	2 526.2	2 636.4	2 925.7	3 077.5	3 190.1	3 536.6	3 796.6
外债占国民总收入的比重	25.3	28.3	29.8	34.0	37.0	35.4	36.0	37.6
长期外债	1 784.2	2 053.3	2 144.8	2 437.4	2 665.8	2 756.6	3 041.1	3 289.5
短期外债	381.7	442.5	461.1	459.6	384.3	406.9	467.3	479.6
政府外债	1 081.5	1 274.1	1 282	1 421.9	1 595.8	1 771.4	1 950.5	2 151.5
私企外债	702.7	779.2	862.9	1 015.5	1 070	985.2	1 090.6	1 138
偿债总额占国民总收入的比重	3.6	4.3	4.8	7.0	7.2	7.1	6.0	5.6

数据来源：世界银行，DataBank

表2-5　　印度尼西亚资本形成状况（2011—2018年）　　单位：%

	2011年	2012年	2013年	2014年	2015年	2016年	2017年	2018年
资本形成总额占GDP的比重	32.98	35.07	33.83	34.60	34.06	33.86	33.71	34.56
资本形成年增长率	7.87	10.98	2.85	5.66	3.00	4.99	5.69	8.49
固定资本形成占GDP的比重	31.31	32.72	31.97	32.52	32.81	32.58	32.16	32.28
固定资本形成年增长率	8.86	9.13	5.01	4.45	5.01	4.47	6.15	6.64

数据来源：世界银行，DataBank

2.2 产业发展

在印度尼西亚，对GDP贡献最高的部门已由工业转移至服务业。印度尼西亚是东盟最大的经济体，农业、工业和服务业均在国民经济中有着重要地位。2018年，按产业分增加值在国民经济中的比重分别为农林渔业12.81%，农业39.73%，制造业19.86%，服务业43.41%（表2－6，表2–7）。增加值的年增长率又以服务业为最高，2018年达到5.83%（表2－8）。

表2－6　　印度尼西亚分行业增加值（2011—2018年）

单位：亿美元（现值）

	2011年	2012年	2013年	2014年	2015年	2016年	2017年	2018年
农林渔业	1 206.61	1 227.56	1 218.83	1 188.06	1 161.52	1 256.05	1 336.21	1 335.12
工业（包括建筑业）	3 921.33	4 001.34	3 890.61	3 735.04	3 447.54	3 663.06	3 999.42	4 140.92
制造业	1 943.18	1 968.92	1 918.92	1 877.41	1 806.57	1 912.49	2 047.49	2 070.28
服务业	3 624.08	3 751.64	3 788.48	3 763.0	3 728.28	4 070.27	4 430.61	..

数据来源：世界银行，DataBank

表2－7　印度尼西亚分行业增加值构成（占GDP比重，2011—2018年）　单位：%

	2011年	2012年	2013年	2014年	2015年	2016年	2017年	2018年
农林渔业	13.51	13.37	13.36	13.34	13.49	13.48	13.16	12.81
工业（包括建筑业）	43.91	43.59	42.64	41.93	40.05	39.31	39.38	39.73
制造业	21.76	21.45	21.03	21.08	20.99	20.52	20.16	19.86
服务业	40.58	40.87	41.52	42.24	43.31	43.64	43.61	43.41

数据来源：世界银行，DataBank

表2－8　　印度尼西亚按行业分增加值年增长率（2011—2018年）　单位：%

指标	2011年	2012年	2013年	2014年	2015年	2016年	2017年	2018年
农林渔业	3.95	4.59	4.20	4.24	3.75	3.37	3.92	3.89
工业（包括建筑业）	6.35	5.31	4.34	4.23	2.99	3.82	4.09	4.34
制造业	6.26	5.62	4.37	4.64	4.33	4.26	4.29	4.27
服务业	8.41	6.82	6.39	6.02	5.45	5.66	5.65	5.83

数据来源：世界银行，DataBank

2.2.1 农业

印度尼西亚是一个农业大国，全国农业用地面积约 5 700 万公顷，占全国土地面积的 31.5%（2015 年）。从事农业人口占总就业人口的 29.6%。

印度尼西亚自然条件得天独厚，气候湿润多雨，日照充足，农作物生长周期短，主要经济作物有棕榈油、橡胶、咖啡、可可。2017 年，印度尼西亚棕榈油产量达到创纪录的 3 820 万吨，比上年增加约 18%。包括棕榈仁油在内的总产量达到 4 200 万吨，高于 2016 年的 3 560 万吨。印度尼西亚森林覆盖率为 54.25%，达 1 亿公顷，是世界第三大热带森林国家，全国有 3 000 万人依靠林业维持生计；胶合板、纸浆、纸张出口在印度尼西亚的出口产品中占很大份额，其中藤条出口占世界 80%～90% 的份额。印度尼西亚最大的林业和造纸企业集团为金光集团（Sinar Mas）。

印度尼西亚农产品对中国出口逐年增加，根据印度尼西亚农业部数据和信息中心的数据，2014 年至 2018 年，印度尼西亚出口到中国的农产品大幅增长，达 33.63%或每年 9.27%，从 399 万吨升至 534 万吨。最近 4 年，印度尼西亚园艺出口价值增长了 27.98%。种植和畜牧产品增长 26.10%和 16.15%。此外，贸易差额的数量和价值也有盈余。在 2014 年至 2018 年，印度尼西亚对中国的贸易顺差增长 35.23%，从 284 万吨升至 385 万吨。[①]

图 2-1 印度尼西亚的水稻梯田

① 中华人民共和国驻印度尼西亚大使馆经济商务参赞处，http://id.mofcom.gov.cn/article/sbmy/201908/20190802886819.shtml

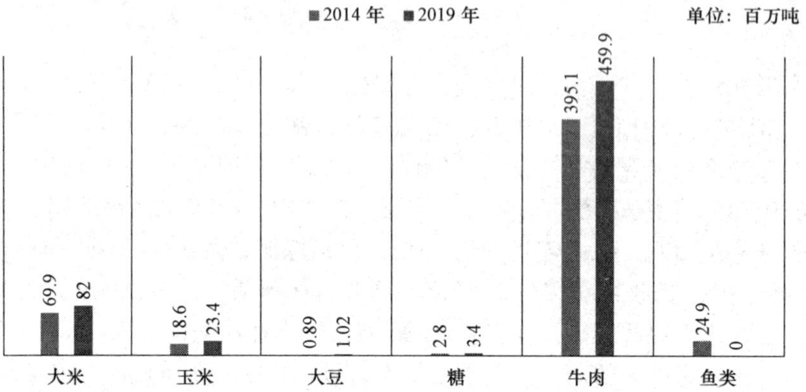

图 2－2 政府中期商品议程

资料来源：《印度尼西亚投资指南——赤道上的翡翠》，德勤，2015

2.2.2 工业

印度尼西亚的工业化水平相对不高，制造业有30多个不同种类的部门，主要有纺织、电子、木材加工、钢铁、机械、汽车、纸浆、纸张、化工、橡胶加工、皮革、制鞋、食品、饮料等。其中纺织、电子、木材加工、钢铁、机械、汽车是出口创汇的重要门类。印度尼西亚工业制造业按产品分增加值构成见表2－9。

表 2－9 印度尼西亚按产品分工业制成品增加值构成（2011—2017年） 单位：%

	2011年	2012年	2013年	2014年	2015年	2016年	2017年
机械与运输设备	20.37	20.22	16.85	16.71	19.25	19.25	19.25
其他工业制成品	29.76	29.18	29.31	31.28	30.64	30.64	30.64
纺织品与服装	10.03	10.22	11.06	10.19	10.97	10.97	10.97
化工产品	13.68	12.16	13.20	13.40	12.37	12.37	12.37
食品、饮料与烟草	26.17	28.23	29.58	28.41	26.77	26.77	26.77

数据来源：世界银行，DataBank

2018年4月，印度尼西亚政府正式推出了“印度尼西亚制造4.0”（Making Indonesia 4.0）计划及其路线图，这是印度尼西亚响应世界范围内的以数字技术、生物科技、物联网和自动化为主要特征的第四次工业革命所做的战略性布局，是印度尼西亚经济发展的重大机遇，印度尼西亚希望把握这一机会，调整工业布局，到2030年把印度尼西亚带入全球十大最大经济体行列。[①]

“印度尼西亚制造4.0”计划是一项国家战略，由印度尼西亚工业部具体领导和推行。“印度尼西亚制造4.0”计划设置了五个优先发展行业：食品和饮料、汽车、纺织、电子和化工。在这五个产业部门印度尼西亚已具备一定的发展基础，在经济发展中所占份额较大，且国际市场空间较大，对推动印度尼西亚就业、出口和未来科技发展都有重要意义。政府希望通过实施“印度尼西亚制造4.0”战略，能够为经济增长贡献1～2个百分点，即2018至2030年，实现GDP每年6%～7%的增速，制造业在GDP中的贡献率达到21%～26%，创造就业机会700万～1 900万个。目前制造业在GDP中的贡献呈逐年下降趋势，因此，“印度尼西亚制造4.0”计划也是印度尼西亚的工业提升计划。

首先在食品和饮料行业，由于印度尼西亚人口庞大，食品饮料的消费需求基数大，并且农业是目前印度尼西亚支柱产业之一，对就业和GDP的贡献大，因此政府将与农产品加工相关的食品和饮料工业作为技术升级的优先行业之一。

纺织服装行业是印度尼西亚的传统行业，是解决就业问题的支柱产业。按照产值，印度尼西亚已是世界第十大纺织品生产国。“印度尼西亚制造4.0”计划确定的目标是提高印度尼西亚服装业在全球价值链中的位置，技术革新的重点包括：增强上游原材料制造效率和技术水平，发展运动服等功能性服装制造，在生产领域发展基于传感器的废物控制系统，发展数字化的原型设计制作平台，实时生产检测系统等。

在汽车制造领域，当前印度尼西亚汽车人均保有率还较低，随着中产阶层人数快速增长，大规模基础设施建设带来的道路通行条件改善，印度尼西亚对汽车消费需求将明显上升。政府将汽车工业作为未来工业发展的支柱产业之一，确定的发展目标是将印度尼西亚打造成为区域的主要汽车生产和出口中心，同时成为电动汽车生产的区域领导者。

近年来，印度尼西亚钢铁产品出口大幅增长，主要原因是不锈钢的出口激增。2019年1—9月期间，钢铁产品的出口达到53.5亿美元，比2018年同期增长28.86%，占全国非油气总出口的4.67%。印度尼西亚国内工厂的不锈钢生产量持续提高，但国内市场需求十分有限。因此，每次不锈钢工厂增加产量，国内市场无法全部吸收，大部分提供给出口市场。与此同时，印度尼西亚国内钢铁市场仍

---

① 左志刚. 印度尼西亚经济社会发展形势总报告［R］. 北京：社会科学文献出版社，2018.

须面对进口产品的冲击。[①] 印度尼西亚最大的钢铁企业为国有克拉卡陶钢铁公司（Krakatau Steel），年产量约 270 万吨。

图 2－3　钢网施工材料在雅加达港

印度尼西亚矿产资源丰富，分布广泛。采矿业为印度尼西亚国民经济发展创造了可观的经济效益，它是出口创汇、增加中央和地方财政收入的重要来源，也为保持经济活力、创造就业和发展地区经济做出了积极贡献，同时还具有辐射社会经济其他领域的间接作用以及对边远地区发展的推动作用。印度尼西亚主要的矿产品有锡、铝、镍、铁、铜、锡、金、银、煤等。印度尼西亚最大的国有矿业公司为安塔公司（Antam），另外还有印度尼西亚国有锡业集团公司（PT Timah Tbk）。

在化工领域，随着食品和饮料、汽车以及纺织服装行业的发展，相关化学原料和化工处理技术已不能满足行业的需求，相关材料严重依赖进口，因此发展化工行业至关重要。“印度尼西亚制造 4.0”计划确定的化工行业技术发展要点包括：提高基础化工生产效率、发展高效资源管理系统、提高化工原料利用率、培育生物化学领先企业等。

“印度尼西亚制造 4.0”计划在实施中会遇到不少挑战，首先在基础设施方面，缺乏必要的数字基础设施，如高速光纤和支持新技术的云解决方案；在劳动力方面，熟练工人短缺、劳动效率低下是制约企业竞争力提高的关键因素；在企业技术水平方面，目前制造业企业数量的主体是中小企业，技术水平较低，技术革新动力和资源不足；在融资方面，政府难以提供足够资金激励、支持企业的技术革

① 中华人民共和国驻印度尼西亚大使馆经济商务参赞处，http://id.mofcom.gov.cn/article/sbmy/201911/20191102916417.shtml

新和满足相关技术基础设施的投资需求；在产业体系方面，中上游企业的原材料供应能力和供应品质相对落后，导致许多原材料仍然依赖进口。

2.2.3 旅游服务业

印度尼西亚旅游资源非常丰富，拥有许多风景秀丽的热带自然景观、丰富多彩的民族文化和历史遗迹，发展旅游业具有得天独厚的条件。从 20 世纪 70 年代起，印度尼西亚政府大力发展旅游业，兴建星级酒店等旅游基础设施，通过修订旅游业的法规，逐步扩大到印度尼西亚旅游免办签证的国家，并采取其他有力措施，多方吸引外国游客。世界经济论坛发布的 2017 年世界各国旅游竞争力指数显示：在 136 个国家和地区排名中，印度尼西亚旅游业综合竞争力排 42 位，2014 年和 2015 年分别排在第 70 位和第 50 位，在亚太地区排第 12 位，其中自然资源排第 14 位，文化资源排第 23 位。印度尼西亚旅游业因其价格实惠（价格因素竞争力世界排名第 5）受到世界其他国家旅游者的青睐。

印度尼西亚优美的自然环境和丰富多彩的人文景观吸引了大量国际游客。2018 年赴印度尼西亚旅游的国外游客为 1 581 万人次，马来西亚、中国、新加坡、澳大利亚和东帝汶为印度尼西亚前五大游客来源地（图 2－4）。

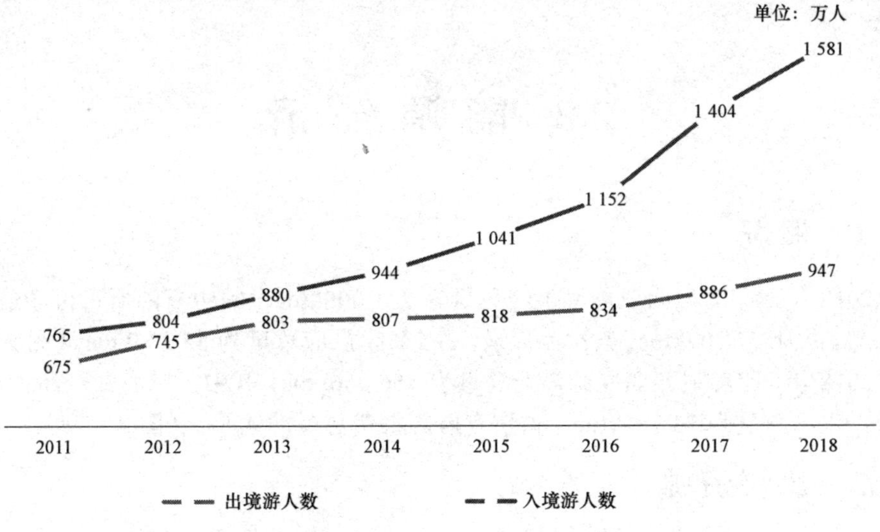

图 2－4 印度尼西亚出境游及入境游人数（2011—2018 年）

数据来源：世界银行，DataBank

目前，旅游业日益成为印度尼西亚创汇的一个重要行业，旅游业收入快速增长。（图 2－5）。此外，为增加外汇收入，印度尼西亚财政部计划对出口和旅游行业提供税收减免，央行将给予利率补贴，工业部、旅游部、金融服务总局也会给予政策倾斜。

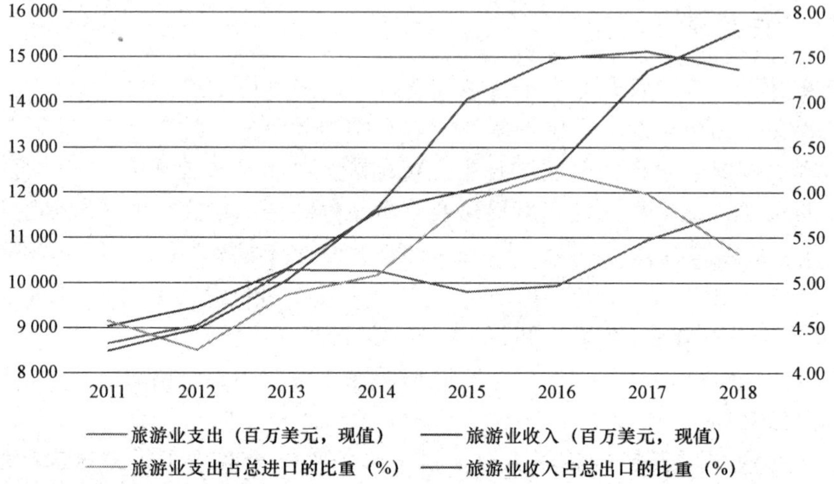

图 2-5　印度尼西亚旅游业支出及收入以及占总进口和总出口的比重（2011—2018 年）

数据来源：世界银行，DataBank

2.3 能源经济

2.3.1 概况

2018 年，印度尼西亚能源供应总量为 231 008ktoe，其中石油所占份额最高，为 33%，共计 77 307ktoe，其次为煤炭，占 24%，供应总量为 55 234ktoe。（图 2-6）

2018 年，印度尼西亚能源消费总量为 156 056ktoe，其中又以石油产品占绝对优势，生产总量为 73 785ktoe，占所有能源消费总量的 47%。（图 2-7）

2.3.2 煤炭资源

印度尼西亚有丰富的煤炭资源。据印度尼西亚矿能部统计，已探明煤炭储量 193 亿吨，潜在储量可达 900 亿吨以上。煤炭产量以烟煤和亚烟煤产品为主，占 90%以上（图 2-8）。印度尼西亚有开采价值的煤炭均位于巽达陆地西部的第三纪盆地，主要在加里曼丹岛和苏门答腊岛，煤炭储量均在 500 亿吨以上，其次为苏拉威西岛（约 2.33 亿）和西巴布亚岛（约 1.28 亿）。

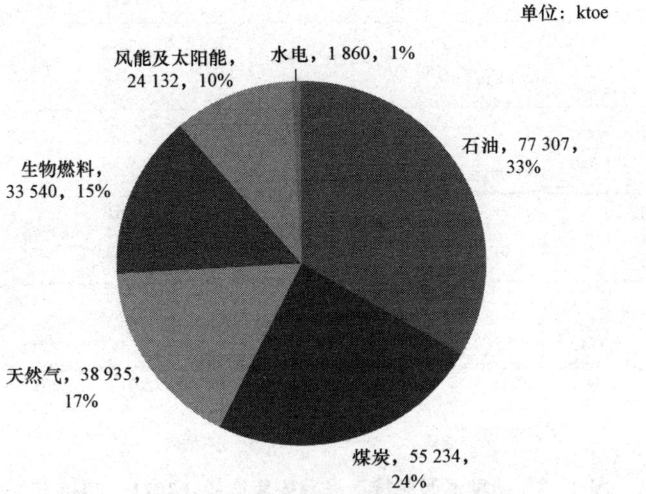

图 2－6　印度尼西亚能源供应构成（2018 年）

数据来源：国际能源署 IEA

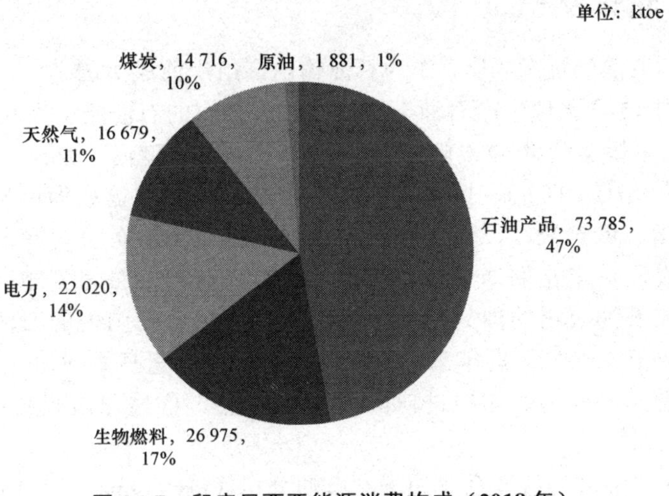

图 2－7　印度尼西亚能源消费构成（2018 年）

数据来源：国际能源署 IEA

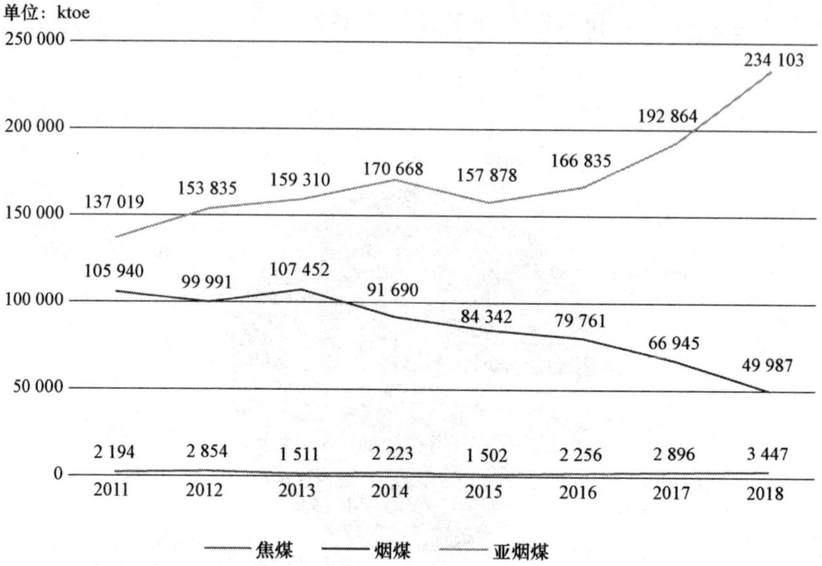

图 2－8　印度尼西亚按产品分煤炭产量（2011—2018 年）

数据来源：国际能源署 IEA

2.3.3　石油天然气

印度尼西亚油气资源丰富，作为石油输出国组织前成员国之一，共有 66 个油气盆地，其中 15 个盆地生产石油天然气。政府公布的石油储量为 97 亿桶，折合 13.1 亿吨，其中核实储量 47.4 亿桶，折合 6.4 亿吨。印度尼西亚天然气储量 176.6 万亿标准立方英尺（TCF），折合 4.8～5.1 万亿立方米，已成为世界第一大液态天然气出口国。近年来，以油气项目为依托的油气田服务公司在印度尼西亚得到了较快的发展，丰富的油气资源吸引了大批跨国石油公司到印度尼西亚投资发展，以稳定石油公司的油气储备替代率，印度尼西亚国内的石油勘探开发基本上依靠国外石油公司。近年来，印度尼西亚石油产量逐渐下降，自 2003 年以来，印度尼西亚已成为石油净进口国，2008 年初，印度尼西亚宣布退出石油输出国组织。

印度尼西亚最大的石油企业为国家石油公司（Pertamina）。2018 年《财富》公布，印度尼西亚国家石油公司排名第 253 位。

2018 年，印度尼西亚原油生产量为 39 411kt，天然气的总生产量为 2 912 067TJ。（图 2－9）

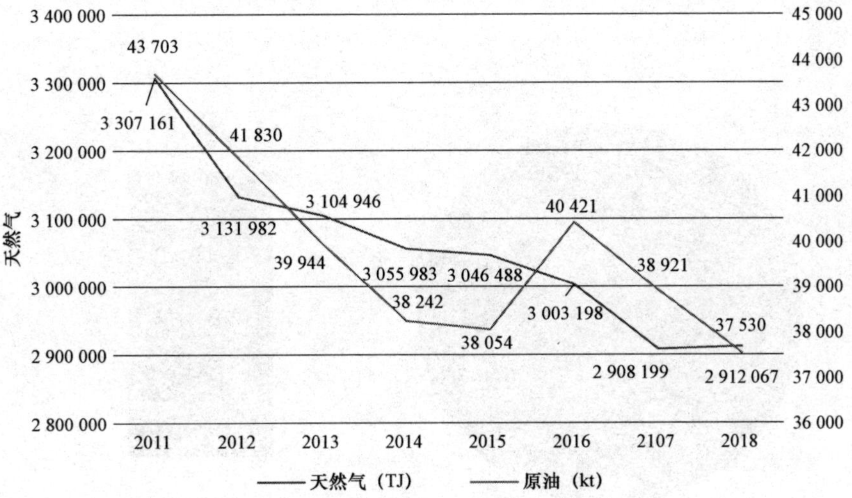

图 2-9　印度尼西亚石油天然气产量（2011—2018 年）

数据来源：国际能源署 IEA

石油进口量 15 361kt，出口 -10 115kt，国内最终消费为 1 891kt。（图 2-10）

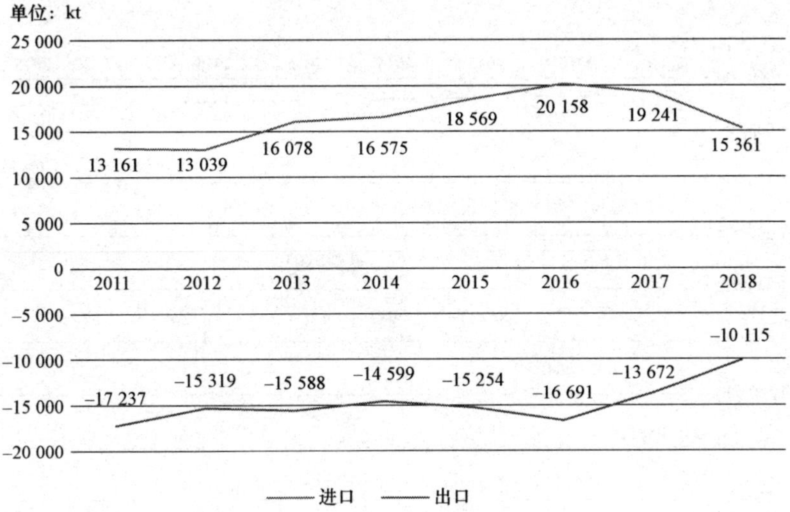

图 2-10　印度尼西亚原油进口量与出口量（2011—2018 年）

数据来源：国际能源署 IEA

石油产品国内总消费主要用于交通运输业，为 51 490ktoe，占 70%，其次为居民消费，占 12%。（图 2-11）

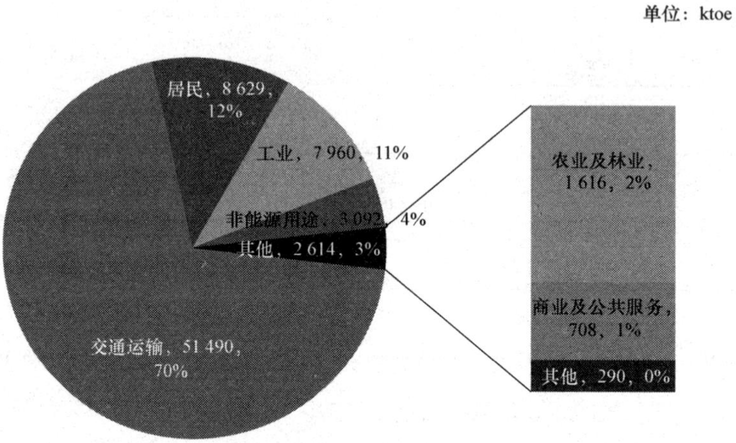

图 2－11　印度尼西亚石油产品消费构成（2018 年）

数据来源：国际能源署 IEA

天然气出口量为－1 100 828TJ，国内供应量为 1 811 238TJ。（图 2－12）

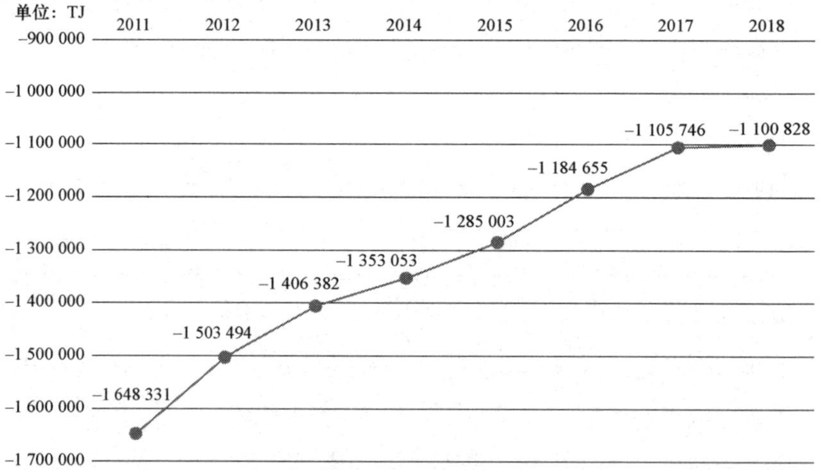

图 2－12　印度尼西亚天然气出口量（2011—2018 年）

数据来源：国际能源署 IEA

国内天然气消费量共计 775 921TJ，主要为工业用途，共计消费 609 251TJ，在总天然气消费中占 79%。（图 2－13）

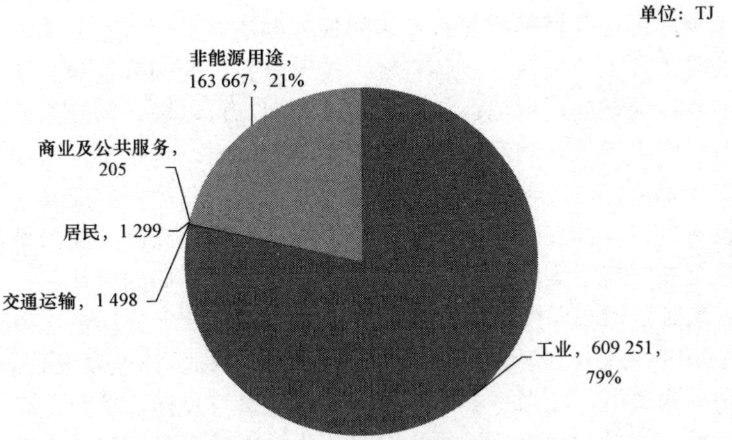

图 2－13　印度尼西亚天然气消费构成（2018 年）

数据来源：国际能源署 IEA

作为亚洲重要的石油生产国，最初油气行业产品分成协议 PSA（Production Sharing Agreement）模式就是印度尼西亚在 20 世纪 60 年代率先制定并推向全球的，这足以说明油气资源对印度尼西亚的重要性。印度尼西亚政府对油气田服务公司有一整套严格的监管措施。

投资印度尼西亚油气服务存在一定的国家政策性风险，即本土化率（local content）不断提升。[①]根据最新版《印度尼西亚石油部油气行业规则》（PTK007）对油气行业本土化率的要求，油气企业应遵从并达到印度尼西亚政府发布的本土化率目标。对于国际化油气田服务公司，印度尼西亚政府规定 2013—2016 年陆上作业的本土化率应达到 60%，深海作业达到 15%；2017—2020 年，陆上作业的本土化率应达到 75%，深海作业达到 25%；2021—2026 年，陆上作业的本土化率应达到 90%，深海作业达到 35%。规定中的核心内容本土化率，是油气田服务公司在印度尼西亚境内运营项目过程中可以定义为本土化成本占项目总成本的比率。本土成本构成是指来源于印度尼西亚境内的服务，用于完成在印度尼西亚国内进行的工作，其形式包括：设备使用成本、消耗品、配套设施、理念、设计工程、软件和人力，包括本土专家。

印度尼西亚政府推行的本土化率政策是一种从根本上把利润控制在印度尼西亚的方法。随着本土化率的不断提高，国际化油气田服务公司能够向海外转移的

---

① 孟庆亮. 我国油气田服务公司在印度尼西亚投资的风险分析及对策 [J]. 西安石油大学学报，27 卷 6 期.

利润越来越少。无论公司采用怎么高明的税筹办法，只要资金外流，就会降低本土化率。通常意义上的关联方设备租赁、技术服务、合同外包等方法，尽管形式多变，但最终目的是向印度尼西亚境外转移利润。可以说，印度尼西亚本土化率以不变应万变，牢牢地将利润控制在印度尼西亚境内。近年来，印度尼西亚税务局审计的工作重点，逐渐转移到向印度尼西亚境外汇款的所有交易，无论是设备进口还是设备出口以及海外的承包服务等，都是税务局高度关注的事项。所有的交易必须建立在客观事实的基础上，否则很难通过税务局的审计。

油气田服务公司在印度尼西亚面临的本土化率审计十分严格，如果达不到目标将面临经济及行政双重惩罚。经济惩罚主要依据投标价格差异及合同额来确定，行政惩罚则更为严厉，轻则一年内不准在该行业参与投标，重则永远不准参与该行业投标活动。然而，对于外资油气田服务公司来说，要达到较高本土化率的要求并不是一件简单容易的事情。近年来，随着印度尼西亚政府对本土化率的要求越来越高，越来越多的国际化油气田服务公司难以达到印度尼西亚石油部的要求。本土化率成为国际化油气田服务公司在印度尼西亚运营、甚至生存下去的最重要的风险。

为完成印度尼西亚政府本土化率的指标要求，公司需要超前计划，提前规划，才能提高本土化率。公司内要成立本土化率管理小组，由公司管理层牵头，带领相关业务部门，共同来完成提升本土化率工作。公司各个业务部门，特别是设备物资采购及人力资源部门，要提前介入提升本土化率的工作中来。将本土化率的重要意义和具体核算方法贯彻到各相关部门，提高本土化率的大局意识。

在人员雇用中尽可能使用印度尼西亚本地人，人工成本的本土化率只有一个分类标准，即员工国籍，印度尼西亚籍员工人工成本本土化率为 100%，外籍员工人工成本本土化率为零。根据规定，若项目从本土公司租赁设备，成本本土化率为 100%，如果购买设备就要分析设备生产商的企业性质，核查其是否为印度尼西亚公司，如果是外国公司制造，即使是从印度尼西亚境内购买，其本土化率也为 0%。在低值易耗品的采购中必须选择印度尼西亚本土的、正规的供应商，并取得正规的增值税发票才能确认其本土化率。选择服务供应商要对其公司的性质进行审核，确保选择的分包商、供应商是印度尼西亚本土公司，这样才能最大限度地提高项目成本的本土化率。

油气田服务公司在印度尼西亚规避本土化率风险，还有一个行之有效的方案，即注册印度尼西亚本土公司，真正走向本土化。

2.3.4 电力

截至 2018 年，印度尼西亚居民通电率为 98.51%，其中城镇居民通电率为 99.88%，农村居民通电率为 96.81%。①

电力生产仍以火电为主，煤炭、石油和天然气发电占发电总量的 82%。（图 2－14）

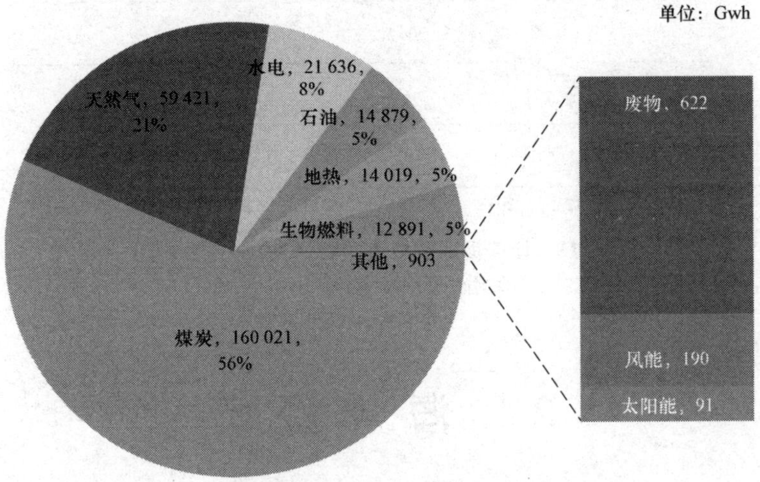

图 2－14 印度尼西亚电力生产构成（2018 年）

数据来源：国际能源署 IEA

印度尼西亚电力需求增长迅速，年均增长 10%～15%，企业发展对电力的需求尤为迫切（图 2－15）。2004 年苏西洛就任印度尼西亚总统后，为满足国内日益增长的电力需求，印度尼西亚政府先是在 2006 年 12 月出台了以燃煤为主的 10 000 兆瓦发电站快速建设 I 期规划（Fast Track Programmes 1；FTP 1），随后又在 2010 年出台了发电站快速建设Ⅱ期规划（FTP2）。2015 年 5 月，佐科政府正式出台了一项新的基础设施发展计划，该计划列明到 2020 年印度尼西亚将新建装机容量为 35 000 兆瓦的电站项目，并发展 4 万公里的电网。

印度尼西亚大力兴建火力发电与水力发电厂，辅以天然气、地热发电、家庭太阳能等新型供电方式，计划两年内实现村村通电。

① 世界银行，DataBank

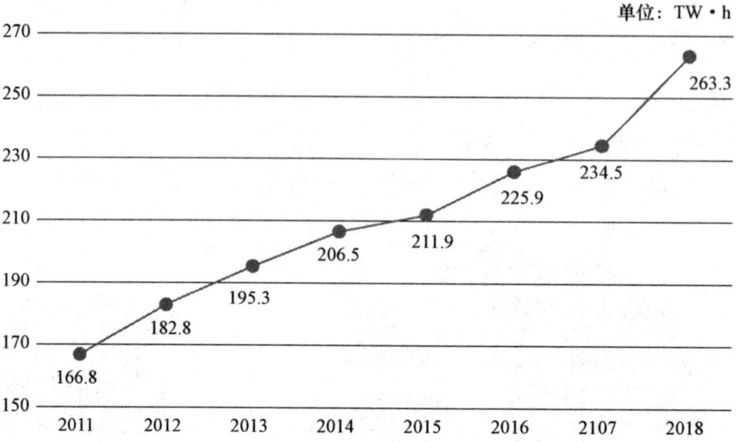

图 2－15 印度尼西亚电力消费（2011—2018 年）

数据来源：国际能源署 IEA

2.4 海洋经济

作为世界上最大的群岛国家，印度尼西亚 70%以上的国土面积为海洋滩涂，每年经济潜力可达 1.2 万亿美元，约等于 2012 年全国财政收入的 10 倍，可吸收的投资超过 255 亿美元。根据麦肯锡 2012 年发布的报告，因农业和渔业飞速发展，印度尼西亚将成为全球第七大经济体，到 2020 年，印度尼西亚国内生产总值或将达到 1.8 万亿美元。依据这一报告，印度尼西亚海洋与渔业部制定了 2030 年印度尼西亚海洋经济总产值 4 500 亿美元的目标。印度尼西亚政府积极地制定并实施海洋综合管理计划，积极推动“蓝色经济”，重新整合政府资源，加强国家与地方政府的协调统筹管理，推动国际交流与合作，加快海洋综合开发与利用，保持海洋资源的可持续性发展。①

2014 年，佐科政府在制定其任内五年经济发展规划（2015—2019）时，提出的发展愿景是要在加强相互合作的基础上实现主权独立和建设具有特色的印度尼西亚，并提出 7 项发展任务：

（1）能够维护国家主权，彰显印度尼西亚作为群岛国家的特殊性，通过确保海洋资源维持经济独立来维护国家安全；

① 韦红，王勇辉. 印度尼西亚国情报告 2017［R］. 北京：社会科学文献出版社，2017.

（2）在法治的基础上建立一个先进、平等和民主的社会；

（3）实施独立积极的外交政策，加强海洋国家的身份认同；

（4）提高印度尼西亚人民的生活水平，走向先进和繁荣；

（5）提高印度尼西亚的国际竞争力；

（6）使印度尼西亚成为独立、先进、强大的海洋国家；

（7）促进具有印度尼西亚特色的社会文化快速发展。①

在这7项发展任务中，其中3项直接与佐科的海洋强国战略有关，不仅将海洋资源开发作为印度尼西亚的国家战略发展任务，同时还提出要明确印度尼西亚海洋国家的定位和属性，将实现海洋强国定为发展战略目标。

渔业是印度尼西亚国民经济的主要部门之一，并对印度尼西亚国民经济的发展作出重大贡献，国内生产总值的75%来自海洋，其中海洋渔业产值2018年达到349.53万亿印尼卢比，比2016年增长高达10%，占GDP的2.57%（图2－16）。辽阔的海域使印度尼西亚拥有丰富的渔业资源，17 000多个岛屿和漫长的海岸线使印度尼西亚的海洋渔业资源面积达9.5万平方公里，海洋养殖面积达296公顷，海洋鱼类多达8 500种，其中金枪鱼产量亚洲排名第一，全球排名第三。此外还有555种海藻、950种珊瑚礁生物、52种海草和202种海洋木材等。

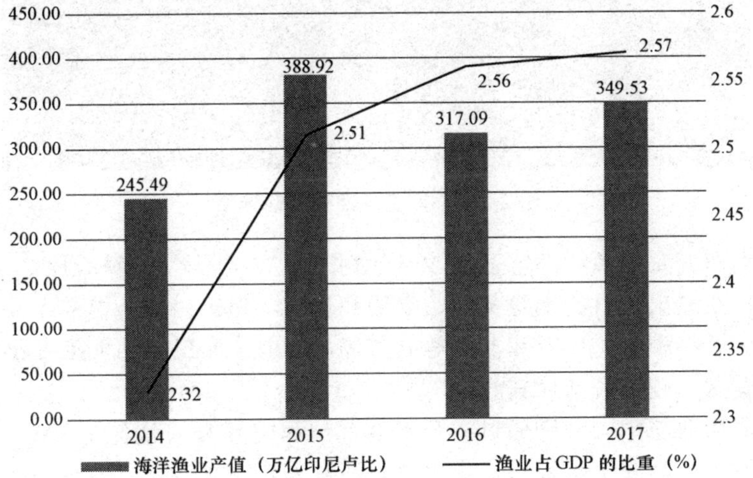

图2－16　印度尼西亚海洋渔业资源产及占GDP的比重②

① 韦红，王勇辉．印度尼西亚国情报告2018［R］．北京：社会科学文献出版社，2018.

② 韦红，王勇辉．印度尼西亚国情报告2017［R］．北京：社会科学文献出版社，2017.

目前印度尼西亚的五种主要渔业出口产品是虾、金枪鱼、蝤蛑科（螃蟹类）、墨鱼、鱿鱼和海藻。政府估计潜在捕捞量超过 800 万吨/年，目前已开发的海洋渔业产量占总渔业产量的 77.7%，专属经济区的渔业资源还未充分开发。

苏门答腊岛东岸的巴干西亚比亚是世界著名的大渔场，勿里洞沿海产海参，马鲁古群岛沿海盛产珍珠，马都拉岛沿海主要产海盐。印度尼西亚在不同地区拥有不同的资源和区域发展特点，政府正计划投入更多资源发展渔业，以振兴国内经济，应对全球日益激烈的渔业竞争压力，保持印度尼西亚的世界渔业大国地位。印度尼西亚海洋与渔业部门 2017 年在爪哇岛中部和南部建立三处海洋水产养殖设施，总投资达 1 050 万美元。该海上养殖设施模式从挪威引进先进管理技术和养殖技术，在 8 个月内建成，以加强水产养殖，扩大渔业生产和国际竞争。

图 2－17　印度尼西亚对虾养殖

印度尼西亚海洋渔业部定下 2020 年渔业出口 60 亿美元指标，比 2019 年增加 5 亿美元。主要出口目的地是美国、欧盟和日本，但出口增长停滞不前。海洋渔业部将致力开拓中国、中东和非洲等新市场。目前，印度尼西亚渔业出口竞争对手主要是泰国，越南和菲律宾。[①]

印度尼西亚与中国分别通过海事渔业部门和中国海关总署（GACC）签署有关进出口水生产品安全保障的合作协议。通过签署合作协议，中国和印度尼西亚两国已互相承认质量保证体系的平等和渔产品的安全性。未来，两国政府将探讨促进海产商业。印度尼西亚海事渔业部艾迪表示中国市场的需求量巨大，目前印

① 中华人民共和国驻印度尼西亚大使馆经济商务参赞处，http://id.mofcom.gov.cn/article/sbmy/201911/20191102917869.shtml

度尼西亚已有629个企业可以出口渔产品到中国。同时，印度尼西亚正开放渔业工业领域的投资，中国可以成为其中一个投资者推动印度尼西亚的海产工业。①

2.5 数字经济

随着电信事业的发展和智能设备的普及，印度尼西亚的数字经济也随着逐步发展。作为东南亚地区最大的经济体，印度尼西亚政府提出将国家打造成东南亚地区最大的数字经济体，并使数字经济成为国家的主要经济领域。根据谷歌和淡马锡发布的《东南亚数字经济报告2019》(Report e-Conomy SEA 2019)显示，2019年印度尼西亚的数字经济规模达到400亿美元（2018年为270亿美元），占东南亚数字经济市场规模的40.82%（2018年占37.5%），其中数字经济在线交易总额占印度尼西亚GDP的4%（2018年占2.9%），高于东南亚国家平均水平，预计到2025年印度尼西亚数字经济规模将增至1 330亿美元，占整个东南亚数字经济市场的份额上升至 43.75%，比谷歌和淡马锡2018年报告中估计的1 000亿美元高出33%（图2-17）。

目前，印度尼西亚数字经济市场的主要领域为在线零售、在线旅游、在线媒体、互联网金融、应用和游戏市场、在线广告等。其中，在线零售和互联网金融是目前印度尼西亚市场上最吸引投资者目光的两个领域。

在线零售业是印度尼西亚数字经济领域增长最快，也是市场规模最大的数字经济板块。2019年印度尼西亚在线零售交易总额为209亿美元（2018年为122亿美元），占印度尼西亚数字经济市场规模的52.25%（2018年占45.19%）。印度尼西亚是东南亚最大的在线零售市场，2019年占整个东南亚在线零售市场规模的54.71%（2018年占52.59%），预计到2025年，印度尼西亚在线零售的市场规模将达到820亿美元，依旧占东南亚电商市场的一半以上（图2-18）。

截至2019年第二季度，印度尼西亚前四大在线零售电商平台分别是Tokopedia、Shopee、Bukalapak和Lazada(表2-10)。其中，Tokopedia和Bukalapak只在印度尼西亚运营，而另外两个的业务范围已扩展到了整个东南亚。

---

① 中华人民共和国驻印度尼西亚大使馆经济商务参赞处，http://id.mofcom.gov.cn/article/sbmy/201912/20191202923450.shtml

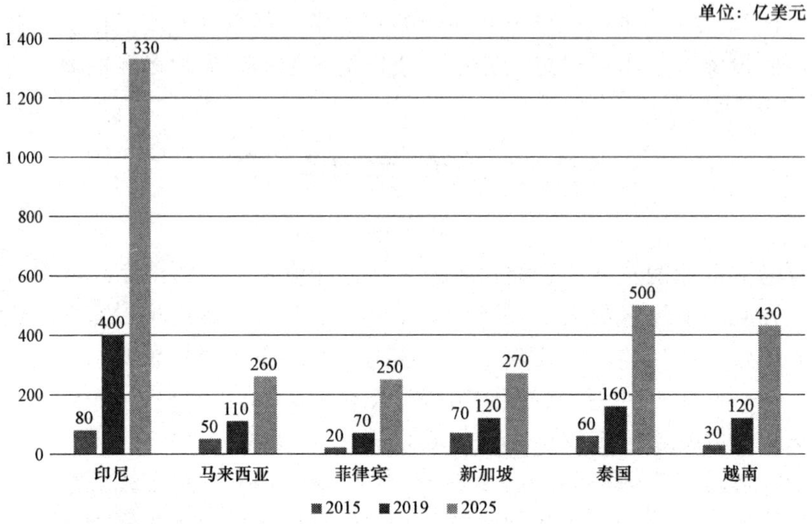

图 2－18　东南亚 6 国数字经济市场规模对比①

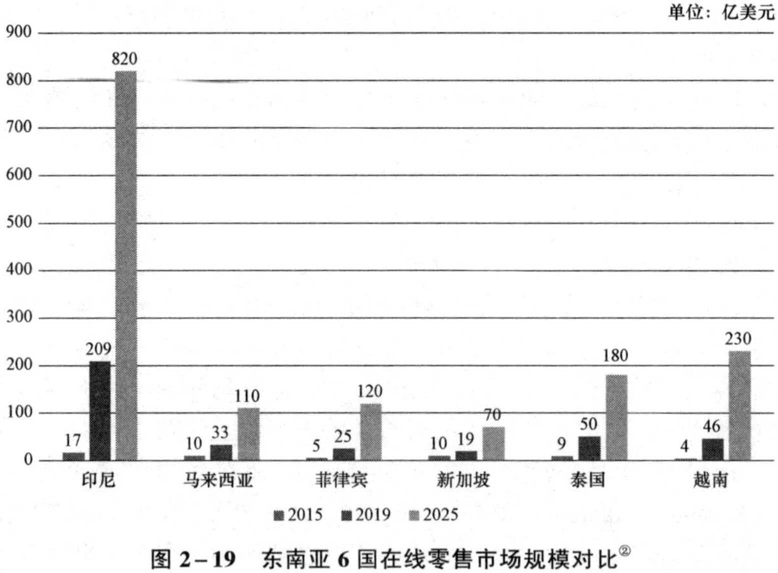

图 2－19　东南亚 6 国在线零售市场规模对比②

① 林梅，周漱瑜. 印度尼西亚数字经济发展及中国与印度尼西亚的数字经济投资合作［J］. 亚太经济，2020 年第 3 期.

② 中华人民共和国驻印度尼西亚大使馆经济商务参赞处，http://id.mofcom.gov.cn/article/sbmy/201912/20191202923450.shtml

表 2－10 印度尼西亚主要在线零售电商平台①

名称	概况
Tokopedia	月访问量 1.40 亿，印度尼西亚本土成长起来的在线零售电商平台，经营稳定，阿里已经投资了 11 亿美元。
Shopee	月访问量 0.90 亿，母公司是东南亚互联网巨头，近年成长很快，2018 年在纳斯达克上市，腾讯战略入股。
Bukalapak	月访问量 0.89 亿，土生土长的本地在线零售电商平台，增长势头迅猛。
Lazada	月访问量 0.50 亿，东南亚最早的在线零售电商平台，已被阿里收购，占股约 83%。
Blibli	月访问量 0.38 亿，印度尼西亚本土的在线零售电商平台，背景是印度尼西亚著名烟草财团 Djarum，增长势头迅猛，重视中国卖家和中国投资人。
JD.ID	月访问量 0.07 亿，京东印度尼西亚是合资公司，本地投资人是印度尼西亚著名投资公司 Provident Capital。拥有自己的客服和仓储物流设施，目前京东物流已经有两千人左右的团队，近 8 万平方米仓库。

尽管东南亚市场数字经济发展水平总体尚处于较低水平，但印度尼西亚作为东南亚最大的市场，仍然成为中国国内资本投资的主要目的地之一。相比国内市场，印度尼西亚市场进入门槛低，资金稀缺，竞争程度较低，印度尼西亚的投资估值也相对便宜。

目前，中国企业对印度尼西亚数字经济的投资主要集中在在线零售和互联网金融领域。2018 年印度尼西亚的 6 家电商中，前 3 家 Tokopedia、Bukalapak 和 Lazada 得到了阿里巴巴的投资，Shopee 得到了腾讯的投资，而 JD.ID 则由京东成立。印度尼西亚的国内金融科技公司数量众多，主要分布在 P2P 网贷领域（表 2－11）。

表 2－11 中国企业在印度尼西亚数字经济领域的部分投资和并购案例②

中国企业	投资并购情况
腾讯集团	2017 年，对印度尼西亚的初创公司 Go－Jek 投资 12 亿美元。Go－Jek 公司集订餐、发送信息等多种服务于一身，此外还开发了自有的移动支付产品 Go－Pay；投资 Shopee，为印度尼西亚四大 top 电商平台之一。
阿里巴巴	2017 年 8 月，作为领投者，参与印度尼西亚 C2C 电商平台 Tokopedia 规模高达 11 亿美元的融资；2018 年 3 月，阿里云智能印度尼西亚大区首个可用区正式开放服务运营。

① 中华人民共和国驻印度尼西亚大使馆经济商务参赞处，http://id.mofcom.gov.cn/article/sbmy/201912/20191202923450.shtml

② 中华人民共和国驻印度尼西亚大使馆经济商务参赞处，http://id.mofcom.gov.cn/article/sbmy/201912/20191202923450.shtml

续表

中国企业	投资并购情况
蚂蚁金服	2019 年，作为战略投资方参与了印度尼西亚消费分期公司 Akulaku 规模 1 亿美元的 D 轮融资；与印度尼西亚头部媒体集团 Emtek（61%）合资成立支付创企 Dana。
京东集团	2015 年成立的 JD.ID（京东印度尼西亚）已经成为印度尼西亚排名前五的独角兽公司平台；2017 年对 Traveloka 投资 5 亿美元。
Wecash 闪银	2017 年，与印度尼西亚本土投资机构 PT Kresna Usaha Kreatif 以及基础设施服务商 PT JAS Kapital 成立合资公司，正式进入印度尼西亚市场。

缺乏工程师、编码员和平台开发技术人员成为 Go－Jek 等印度尼西亚互联网企业面临的主要问题。按照谷歌和淡马锡的预测，在接下来数年中，印度尼西亚数字经济将快速发展，数字人才需求将会大幅提高，届时可能会出现较大人才缺口。

2.6 印度尼西亚基础设施状况

印度尼西亚基础设施建设发展相对滞后，是制约印度尼西亚经济增长和投资环境改善的一个主要瓶颈。印度尼西亚是群岛国家，与邻国直接接壤较少，外界互联互通主要通过海路、航空等方式。印度尼西亚全国公路网在 1989—1993 年便已形成，截至 2017 年，印度尼西亚全国公路总长 54 万公里，桥梁总长 62 599 米；印度尼西亚铁路所有权为国家所有，2015 年全国铁路总长 8 357 公里，主要集中在爪哇岛和苏门答腊岛；印度尼西亚海上运输较为发达，海运系统包括岛际运输、远洋运输和特别船运，全国有海运航道 21 579 公里；印度尼西亚全国有 179 个航空港，其中达到国际标准的有 23 个（表 2－12）。印度尼西亚交通基础设施排名 2017—2018 年较 2016—2017 年提升了 6 位（表 2－13）。

表 2－12 印度尼西亚交通运输基本状况（2011—2018 年）

	2011 年	2012 年	2013 年	2014 年	2015 年	2016 年	2017 年	2018 年
航空运输货运量（百万吨/公里）	754	880	768	902	759	975	1 052	1 132
航空运输客运量（万人次）	7 091	7 941	8 172	8 522	9 009	9 927	10 839	11 515
铁路总里程（公里）	4 828	4 861	5 107	5 196	8 357	..	..	..
铁路运输客运量（百万/公里）	19 024	17 154	16 926	20 396	22 296	21 636	25 654	..
集装箱港口吞吐量（万 TEU）	1 041.4	1 154.3	1 186.2	1 162	1 197.9	1 247.9	1 271	1 285.3

数据来源：世界银行，DataBank

表 2-13　　东南亚国家交通基础设施世界排名

国家	世界竞争力报告交通基础设施排名		名次变化
	2017—2018 年度	2016—2017 年度	
新加坡	1	2	1
马来西亚	14	11	-3
印度尼西亚	30	36	6
泰国	34	37	3
文莱	63	70	7
越南	64	63	-1
菲律宾	90	90	0
柬埔寨	108	102	-6
老挝	109	110	1

资料来源：World Economic Forum

2.6.1　公路

印度尼西亚陆路运输比较发达地区是爪哇、苏门答腊、苏拉威西、巴厘岛等。全国公路网在 1989—1993 年期间已经形成。截至 2017 年，印度尼西亚公路总长度达到 54 万公里。但公路质量不高，高速公路建设停滞不前。截至 2014 年底，高速公路总里程不到 1 000 公里。印度尼西亚将高速公路建设列为重点工程之一，根据《2015—2019 年印度尼西亚中期发展规划》，2014—2019 年内，印度尼西亚政府将建设 2 650 公里长的公路和 1 000 公里的高速公路，维修全长 46 770 公里的现有公路。

2.6.2　铁路

印度尼西亚铁路所有权为国家所有，由印度尼西亚国有资产管理公司经营，大规模运输任务都由铁路承担。印度尼西亚全国铁路总长 6 458 公里，窄轨铁路长 5 961 公里，爪哇岛和苏门答腊岛铁路运输比较发达，其中爪哇岛铁路长 4 684 公里，占全国铁路总长的 73.6%。根据规划，2014—2019 年内，印度尼西亚政府将新建 3 258 公里的铁路网，其中将在爪哇地区发展南部铁路以及贯通南北的铁路线，并逐渐建设双向铁轨，在加里曼丹和苏拉威西地区将进行铁路运输的调研及准备工作，在雅加达、泗水、锡江和万鸦佬地区考虑建设城市轨道交通。

2.6.3 空运

随着经济发展和旅游业兴旺，印度尼西亚航空运输日益繁忙。各省、市及偏远地区均通航，全国有 179 个航空港，其中达到国际标准的有 23 个，开有国际航班、国内航班、朝觐航班、先锋航班等。航空公司主要有 Garuda 航空公司、Merpati 航空公司、Lion 航空公司、Sriwijaya 航空公司等。政府的空运业发展方案包括当前主要机场的维护、改进和扩建，以及新机场的建设和旧机场的替代，具体项目包括棉兰、龙目机场建设项目。据 2008 年美国《世界概况》统计，印度尼西亚共有机场 652 个。

2.6.4 水运

印度尼西亚水路运输较发达，水运系统包括岛际运输、传统运输、远洋运输、特别船运。印度尼西亚全国有水运航道 21 579 公里，其中苏门答腊 5 471 公里，爪哇/马都拉 820 公里，加里曼丹 10 460 公里。印度尼西亚有各类港口约 670 个，其中主要港口 25 个。雅加达丹戎不碌港是全国最大的国际港，年吞吐量约 250 万个标准箱，泗水的丹戎佩拉港为第二大港口，年吞吐量为 204 万个标准箱。

完善港口基础设施建设对于海洋经济的发展至关重要。印度尼西亚具备发展海洋经济的巨大潜力，印度尼西亚政府采取措施改善物流系统，提高物流效率，不仅要改进港口基础设施，改善硬件设施，还要提高港口管理能力和运输船队服务能力，以增强海上运输软实力。政府发展规划主要集中在境内水运航线和港口的建设方面，包括加里曼丹地区的河运交通建设项目、建设一系列渡口码头和湖泊码头等。

在海运方面，印度尼西亚政府希望尽快扩大其港口的货物处理能力，使其与国家的整体经济相匹配，解决由于装卸能力不足导致的货物滞留问题。为解决资金问题，印度尼西亚政府正在逐步放宽对港口的控制，并计划允许私人机构通过 BOT 方式建设和管理港口。政府在 2016 年新增 6 条海上捷运路线，规定 24 个港口为海上捷运主要港口，还要建设 47 个非商业港口作为辅助，其中 41 个港口正在建设。除了陆路运输系统之外，海上捷运也将获得空运系统的支持，政府在 2017 年已经修建和新建 9 个机场，来辅助各港口之间的人员交往与联系。另外，印度尼西亚也积极建设国际性港口，印度尼西亚政府准备动工兴建三个国际港口，分别为位于西爪哇省的加拉璜、苏北省棉兰的库瓦拉丹绒以及邦加勿里洞省的勿里洞港口。通过这些港口实现印度尼西亚海洋经济的对外交流合作。

表 2－14　　　　印度尼西亚船队情况（2011—2018 年）

		2011 年	2012 年	2013 年	2014 年	2015 年	2016 年	2017 年	2018 年
总船队	总载重吨位（1 000 吨）	14 529	13 050	14 446	16 558	18 224	18 932	20 263	22 313
	在全球所占比重	1.027	0.852	0.889	0.98	1.043	1.049	1.088	1.16
	商船数量（艘）	5 960	6 341	6 768	7 542	8 132	8 472	8 974	9 053
	船舶总吨（1 000 吨）	10 863	9 827	10 993	12 582	13 824	14 535	15 502	16 887
油轮	总载重吨位（1 000 吨）	3 920	3 708	3 690	4 735	5 667	5 726	6 169	6 825
	商船数量（艘）	460	416	426	470	520	528	552	567
	船舶总吨（1 000 吨）	2 362	2 236	2 232	2 889	3 482	3 518	3 90	4 183
干散货船	总载重吨位（1 000 吨）	2 561	2 296	2 303	2 623	2 272	2 583	3 214	4 029
	商船数量（艘）	62	54	57	69	64	68	81	97
	船舶总吨（1 000 吨）	1 482	1 323	1 330	1 533	1 338	1 496	1 852	2 317
一般货物船	总载重吨位（1 000 吨）	3 392	3 319	3 421	3 576	3 730	3 821	3 904	3 880
	商船数量（艘）	1 916	1 954	1 984	2 003	2 086	2 165	2 211	2 203
	船舶总吨（1 000 吨）	2 672	2 613	2 710	2 822	2 943	3 101	3 185	3 172
集装箱船	总载重吨位（1 000 吨）	1 626	1 253	1 672	1 711	1 718	1 780	1 985	2 376
	商船数量（艘）	175	143	181	184	181	182	195	205
	船舶总吨（1 000 吨）	1 226	943	1 264	1 303	1 308	1 355	1 517	1 828
其他种类	总载重吨位（1 000 吨）	3 029	2 474	3 361	3 912	4 837	5 022	4 991	5 203
	商船数量（艘）	3 347	3 774	4 120	4 816	5 281	5 529	5 935	5 981
	船舶总吨（1 000 吨）	3 122	2 712	3 456	4 036	4 752	5 065	5 158	5 388

资料来源：联合国

2.6.5　通信

群岛国家的地理特点，造成印度尼西亚通信和信息基础设施发展滞后，政府不断加大基建投资，和同地区相比，印度尼西亚的网络渗透率较马来西亚和泰国仍有不小差距。信号覆盖率、网络服务质量和大数据处理能力更是落后于国际水平。例如，印度尼西亚有各类学校近 23 万所，但仍有 9 万多所没有互联网。印度尼西亚有超过 1 万所乡村医院，有 4 000 多所没有互联网。

印度尼西亚的电信市场基本情况如表 2－15 所示，2018 年互联网用户数占总人口的 39.9%，比 2017 年增长了 7.6 个百分点，移动电话用户数为每百人 119.34 人。

表 2-15　　印度尼西亚电信市场（2011—2018 年）

	2011 年	2012 年	2013 年	2014 年	2015 年	2016 年	2017 年	2018 年
固定宽带总用户数（万人）	273.6	298.3	325.2	340.0	398.3	522.7	621.6	887.4
固定宽带用户数（每百人）	1.12	1.20	1.29	1.33	1.54	2.00	2.35	3.32
固定电话用户数（万人）	3 861.7	3 798.3	3 072.3	2 622.5	1 037.8	1 075.3	1 105.3	830.4
固定电话用户数（每百人）	15.75	15.29	12.20	10.28	4.02	4.11	4.18	3.10
互联网用户数占人口的比重（%）	12.28	14.52	14.94	17.14	22.06	25.45	32.34	39.90
移动电话用户数（百万人）	249.8	281.9	313.2	325.6	338.9	385.6	435.2	319.4
移动电话用户数（每百人）	101.91	113.49	124.39	127.62	131.18	147.42	164.44	119.34

数据来源：世界银行，DataBank

印度尼西亚大部分地区都通互联网，但宽带较小，网速较慢。印度尼西亚电信发展潜力巨大，电信建设增长势头迅猛，跨国运营商和资本介入较多。

根据印度尼西亚互联网提供商协会（APJII）于 2020 年第二季度在全国范围内所做的调查，印度尼西亚互联网用户数量已从 2018 年的 1.71 亿增加到目前的 1.96 亿，增长了 14.6%。该国互联网普及率已从 2018 年的 64.8%上升至 73.7%。该调查还显示，95%的印度尼西亚互联网用户通过带有移动数据的智能手机访问互联网。印度尼西亚互联网用户高度集中于该国人口最多的爪哇岛，其后是苏门答腊岛、苏拉威西岛、加里曼丹岛、巴厘岛和努沙登加拉岛，互联网用户最少的地方是马鲁古和巴布亚。

如何为该国尚无 4G 信号的 1 万多个村庄提供互联网服务是目前政府所面对的重大挑战，因为政府已承诺到 2022 年将在全国范围内提供 4G 互联网服务。为此，印度尼西亚政府已决定在 2021 年的国家预算中拨款 30.5 万亿印尼卢比（约 21 亿美元）用于信息和通信技术开发，以加速国家数字化转型。

2.6.6　基础设施发展规划

加大基础设施建设力度，夯实印度尼西亚经济发展基础，以基建带动经济增长是印度尼西亚政府近几年来的重要施政目标，并以此来加强印度尼西亚国内的互联互通和公平发展，为此，政府出台多项措施来落实和改善印度尼西亚的基础设施建设。印度尼西亚政府于 2011 年正式颁布《2011—2025 年印度尼西亚经济发展总体规划》，制定“六大经济走廊”的发展战略，并确定了至 2025 年总投资额超过 4 000 亿美元的基础设施建设项目。按照总体规划部署，印度尼西亚政府将重点发展“六大经济走廊”，发挥各地区比较优势，着力推动上述地区的交通、通讯、能源等大型基础设施项目建设，大力发展棕榈油加工、采矿业及新型制造业，逐步形成格局产业特色的工业中心。

2014 年佐科总统上任后，推出了宏大的基建蓝图，提出建设“海上高速公路”战略，目前已初步确定了在 2015—2019 年间建设的国家重点项目，在此期间设定的投资目标高达 5 500 万亿印尼卢比，主要包括供水、电力、交通、港口和公共卫生设施等基础设施项目。根据印度尼西亚国家预算草案，2014 年基础设施建设的预算约为 200 亿美元，主要用于公路、铁路、港口、机场、电站、水利灌溉等项目。政府预算资金用于基建的部分已由 2014 年 200 万亿印尼卢比的水平增长到 2017 年接近 400 万亿印尼卢比的水平，将近翻番。

在政府的基建蓝图中，最引人注目的是国家战略性基建项目（PSN）。在 2017 年底，PSN 项目列表中包含 245 个项目，计划投资 4 197 万亿印尼卢比，涉及公路、铁路、桥梁、港口、机场等众多关系到经济基础和民生的重大项目。

目前印度尼西亚正逐步迎来基础设施建设的新高潮，每年将启动数千个公路、桥梁、铁路、电站等基础设施项目。印度尼西亚政府十分希望外资和本国私营企业参与投资基础设施，正努力为私营企业投资创造各种有利条件并建立合理的法律框架，同时进一步加强宏观经济调控，包括调整税率及投资政策等。2015—2019 年的五年规划中设定的基建投资目标高达 5 500 万亿印尼卢比。2014 年中央政府预算中资本支出只占 12.24%，2015 年提高到 18.21%，2017 年也达到了 16.49%。2016 年至 2017 年 8 月，印度尼西亚政府已经推出了 8 期旨在促进经济发展和推进基础设施建设的经济刺激计划（第 9－16 期），始终将加快基础建设、完善物流运输系统和吸引外资等作为施政的重点。

2.6.7 中国企业投资印度尼西亚基础设施的发展现状

随着中国“一带一路”建设的稳步推进，印度尼西亚已经成为中国在东盟最大的工程承包市场和全球第四大工程承包市场。中国企业投资印度尼西亚的基础设施项目纷纷落地。（表 2－16）

表 2－16　中国和印度尼西亚基础设施领域重大合作项目一览①

（2007 年至 2018 年 4 月 30 日）

时间	合作项目	合作方	影响
2007 年—2014 年	佳蒂格德大坝	中国水利水电建设集团公司和印度尼西亚本国企业组成联营体	将为当地带来可观的综合社会经济效益

① 韦红，王勇辉. 印度尼西亚国情报告 2018［R］. 北京：社会科学文献出版社，2018.

续表

时间	合作项目	合作方	影响
2002—2015 年	塔园桥	中国路桥公司与印度尼西亚 WIKA 公司共同承建	中企海外建造的首座钢拱桥，印度尼西亚历史上首座钢拱桥和最长钢拱桥
2016 年至今	雅万高铁	中国企业联合体与印度尼西亚国企联合体共同组建合资公司	中国高铁项目整体“走出去”的真正第一单，由政府搭台，两国企业建设经营
2017 年 7 月 7 日—2018 年 7 月 31 日	芝苏达乌万隆至达乌公路隧道	中国五矿集团有限公司所属中冶海外和中国十七冶承建	实现了印度尼西亚公路隧道工程零的突破
2017 年 2 月 28 日—2018 年 4 月 30 日	巨港轻轨项目	中国交建所属中国港湾承建，中交二公局施工	为 2018 年雅加达亚运会提供交通支持；除为当地创造近千个就业岗位外，还将缓解巨港市的交通压力

2015 年 4 月 22 日，中国政府和印度尼西亚政府签署《雅加达—万隆高铁合作谅解备忘录》，中国高铁开始走进印度尼西亚。2017 年，中国企业在印度尼西亚新签署的基础设施建设工程合同额高达 172 亿美元。

2.7 印度尼西亚经济发展规划

为了全面振兴印度尼西亚、促进和扩大印度尼西亚经济增长和社会进步、增强印度尼西亚在全球的竞争能力，2014 年 10 月上台的印度尼西亚新政府制定了 2015—2019 年经济发展规划，为未来 5 年经济发展设定了宏伟目标：本届政府任期内，年均经济增速要达到 6.7%～8.3%。加大基础设施建设，计划兴建 49 座大型水坝、24 个现代化港口（其中 5 个为大型深水港口），1 481 个非商业性港口、15 个机场，新增发电装机容量 3 500 万千瓦，新建高速公路 2 000 公里，新建铁路 3 258 公里，年工业增长率提高到 8.8%，吸引外国游客由现在的每年 900 万人次提高至 2 000 万人次等。[①]

为实现上述目标，印度尼西亚政府拟采取以下措施：

（1）重新配置政府预算，将预算资金重点投向基础建设领域，其中 2015 年基建预算资金比 2014 年增长近 1 倍，并鼓励国内外投资者投资基础设施；

① 对外投资合作国别（地区）指南—印度尼西亚．中华人民共和国商务部，2019 年．

（2）降低监督机制对投资的限制，努力解决征地困难问题，全面实施“一站式”服务和“三小时准证办理”服务，提高办事效率；

（3）制定更加优惠的税收政策、简化投资审批程序，鼓励外资企业投资印度尼西亚；

（4）完善有关法律法规，如制订并颁布PPP项目总统规定等，以保持投资吸引力，增强外国投资者信心，力争使利用外资规模从2014年的292亿美元增加到2019年的777亿美元，平均年利用外资增速达到15.4%；

（5）提高政府部门的规划能力，提高预算执行率，使有限的资金更为有效地投入到基础设施和生产性领域；

（6）注重制造业和旅游业发展，通过提升出口和吸引外国游客来增加外汇收入。

印度尼西亚政府的上述发展规划和相关措施，为中国企业进一步扩大在制造业、基建行业投资提供了良好的机遇和平台。

2018年7月，为缩小较为发达的爪哇岛与其他地区的发展差距，印度尼西亚政府计划在爪哇岛外新建数个经济增长中心。印度尼西亚政府将推出3个国家级项目以促进形成新经济增长极，包括有潜力的大都会加速发展计划、城市和农村同步振兴计划、偏远和边境地区基础设施和基本服务加速发展计划。

2018年4月，印度尼西亚政府敲定10项优先步骤来实施第四次工业革命路线图，主要内容包括：

（1）改善物流供应，通过增产或加速技术转移来加强上游和中游领域的本地产品流通；

（2）重新设计工业区，对已建成的一些工业区，各方将全力发挥这些工业区的生产；

（3）适应可持续性的标准，对于可持续性的挑战，印度尼西亚其视为提高国民工业生产能力的一个极佳机会，比如基于清洁技术、电力、生物化学和可再生能源等；

（4）全力发挥中小微企业的作用，印度尼西亚的企业家有70%来自中小微企业；

（5）建造数码化基础设施，印度尼西亚将加速数码基础设施的建设，包括高速互联网或通过公私合伙方式提高数码化能力；

（6）引进外资，包括向当地企业转让技术；

（7）提高人力资源的素质，若要达到第四次工业革命的目标，人力资源是极为重要的；

（8）创新发展生态系统，政府将发展国民创新中心的蓝图，筹备创新中心试点或全力发挥有关法则的规定，比如保护知识产权或税务优惠等；

（9）提供技术投资奖励，政府将对技术转让提供税务优惠，比方说税务津贴、减税或对使用第四次工业革命技术的企业提供免进口税等优惠；

（10）统一规则和政策，旨在提高工业的竞争力。

第3章 印度尼西亚贸易环境

3.1 印度尼西亚对外贸易综述

印度尼西亚对外贸易总额占GDP的比重自2016年以来缓慢增长，2018年增长至43%（图3-1）。2016—2018年人均进出口额为719美元。经常账户余额占GDP的比重2018年为-3.0%。[①]2018年印度尼西亚货物与服务的总出口额达到2 119.32亿美元（图3-2），总进口额达到2 186.45亿美元（图3-3），同比增长分别为6.55%和11.88%（图3-4）。

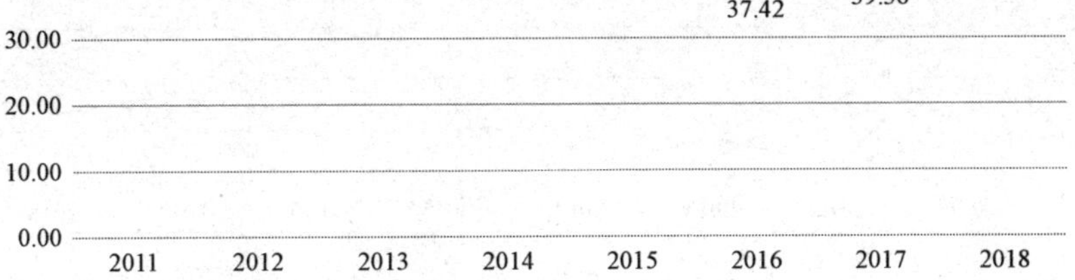

图3-1 印度尼西亚对外贸易占GDP的比重（2011—2018年）

数据来源：世界银行，DataBank

① 数据来源：WTO Statistics

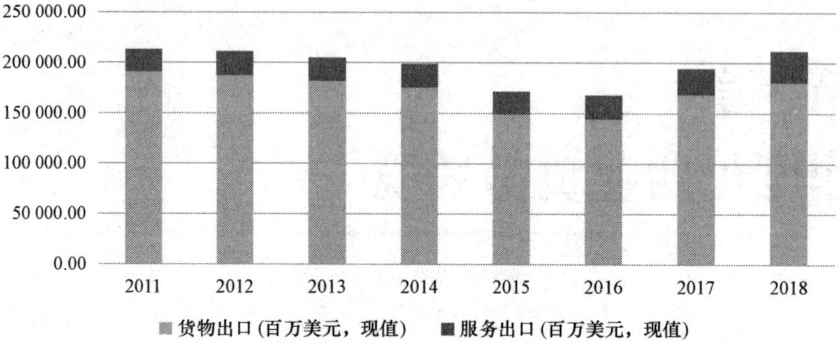

图 3-2　印度尼西亚货物与服务出口（2011—2018 年）

数据来源：世界银行，DataBank

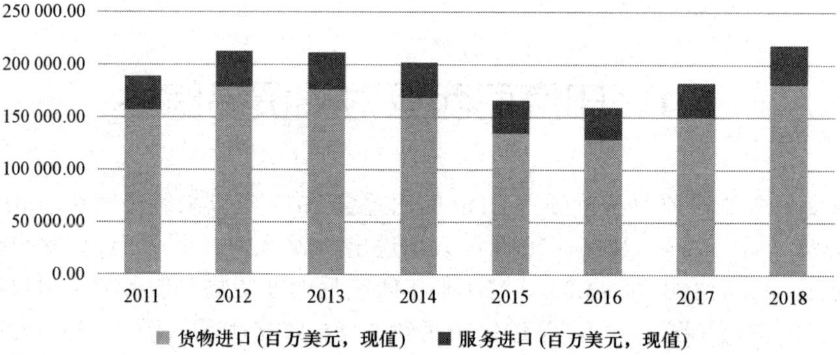

图 3-3　印度尼西亚货物与服务进口（2011—2018 年）

数据来源：世界银行，DataBank

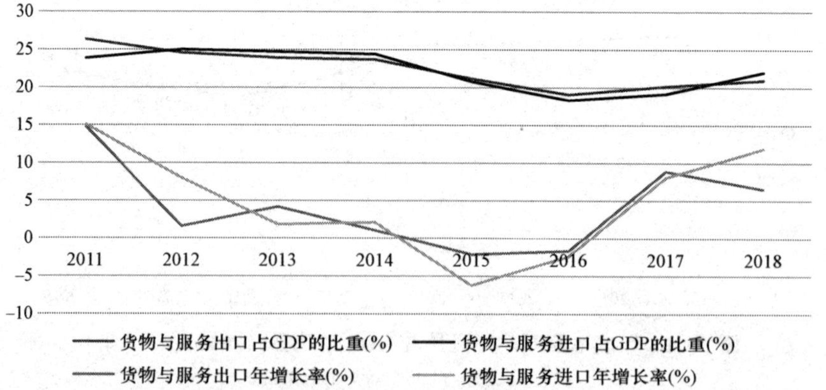

图 3-4　印度尼西亚货物与服务进出口占 GDP 的比重及年增长率（2011—2018 年）

数据来源：世界银行，DataBank

根据中国商务部的统计，2018 年，中国、日本和美国是印度尼西亚前三大贸易伙伴，印度尼西亚对上述三国出口分别为 271.3 亿美元、194.8 亿美元和 184.3 亿美元，分别同比增长 18.9%、11.4%和 3.6%，三国合计占印度尼西亚出口总额的 36.1%。印度尼西亚自上述三国进口 453.5 亿美元、178.8 亿美元和 101.5 亿美元，分别同比增长26.8%、17.3%和24.9%，三国合计占印度尼西亚进口总额的39%。印度是印度尼西亚最大的贸易顺差来源地，2018 年顺差额为 87.2 亿美元，同比下降 11.2%。此外，印度尼西亚对美国的贸易顺差额为 82.8 亿美元，同比下降 14.3%。

3.1.1 货物贸易现状

2018 年印度尼西亚货物出口总额（FOB 价格）为 1 802.15 亿美元，比 2017 年增长了 7%，居世界第 30 位（排除欧盟内贸易），占全球货物总出口量的 0.93%。其中，农产品的出口占 29.2%，工业制成品占 41.9%，燃料及矿产品占 27.8%，其他类产品占 1%。农产品的总出口额为 338.24 亿美元，与 2017 年相比降低了 6%。非农产品的出口额为 1 463.44 亿美元，比 2017 年增长了 10%。[①]

表 3－1　　2018 年印度尼西亚主要出口产品　　单位：百万美元

税则号	产品名称	金额	税则号	产品名称	金额
HS1511	棕榈油及其馏分	16 528	HS2701	煤；型煤；球煤	20 634
HS3823	工业一元羧酸	2 980	HS2711	石油气	10 649
HS1513	椰子或棕榈仁油	2 424	HS2709	石油、原油	5 120
HS2402	雪茄	932	HS2603	铜矿石及其精矿	4 187
HS1517	人造奶油；食用混合油	857	HS4001	天然橡胶、橡胶	3 951

数据来源：WTO Statistics

印度尼西亚主要出口商品有矿物燃料、动植物油、机电产品、橡胶及制品、机械设备等。其他出口商品还有矿砂、运输设备、纸张、纺织品、鞋类制品和木制品等。

2017 年货物出口的主要目的地为中国（15.1%）、日本（10.8%）、美国（10.3%）和欧盟 28 国（9.5%）等。

① 资料来源：WTO Statistics

货物进口总额（CIF 价格）为 1 887.12 亿美元，比 2017 年增长了 20%，居世界第 29 位（排除欧盟内贸易），占全球总进口量的 0.95%。[①]

其中，农产品的进口占 15.1%，工业制成品占 61.4%，燃料及矿产品占 22.4%，其他类产品占 1%。农产品的总进口额为 216.06 亿美元，比 2017 年增长了 13%。非农产品的进口额 1 663.86 亿美元，比 2017 年增长了 21%。

表 3－2　　2018 年印度尼西亚主要进口产品　　单位：百万美元

税则号	产品名称	金额	税则号	产品名称	金额
HS1001	小麦	2 571	HS2710	原油以外的石油	17 144
HS2304	豆油固体残渣	2 045	HS2709	石油、原油	9 161
HS1701	蔗糖或甜菜糖	1 800	HS8517	线路电话电器	4 316
HS5201	棉花，未经梳理或精梳	1 442	HS8708	机动车 8701－8075 配件	3 776
HS1201	大豆，不论是否破碎	1 103	HS2711	石油气	3 064

数据来源：WTO Statistics

印度尼西亚其他进口商品还有有机化学品、塑料制品、航天器、钢铁、粮食、肥料、橡胶制品、棉花和无机化学品等。

2017 年主要的进口来源地为中国（24.1%）、新加坡（11.3%）、日本（9.6%）、欧盟 28 国（7.9%）和泰国（6.4%）等。

3.1.2　服务贸易现状

2018 年服务出口总额为 272.15 亿美元，比 2017 年增长了 10%，占全球服务总出口的 0.47%。[②]其中，旅游业的出口占 51.8%，交通运输业占 13.2%，与货物相关的服务占 2.3%，其他商业服务占 32.6%。

2018 年服务进口总额为 349.82 亿美元，比 2017 年增长了 7%，占全球服务总出口的 0.64%。[③]其中，交通运输业的出口占 35.6%，旅游业占 25.1%，其他商业服务占 38.1%，与货物相关的服务占 1.3%。（图 3－5，图 3－6）

① 资料来源：WTO statistics

② 资料来源：WTO statistics

③ 资料来源：WTO statistics

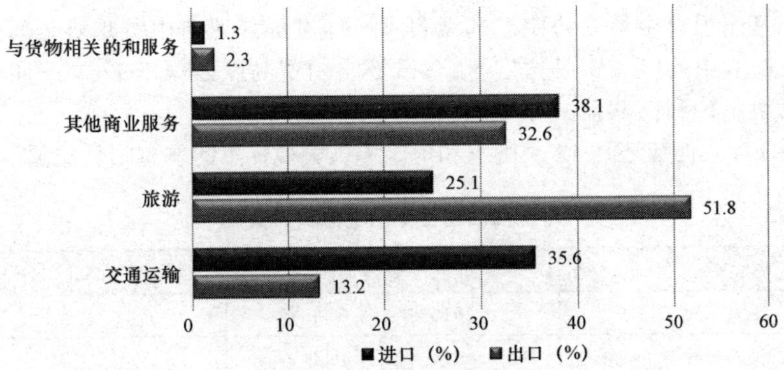

图 3-5 印度尼西亚服务贸易构成

数据来源：WTO Statistics

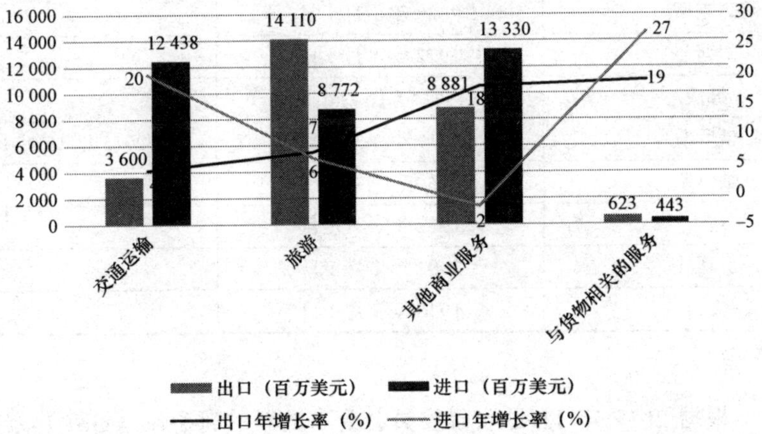

图 3-6 印度尼西亚商业服务各部门进出口额及年增长率

数据来源：WTO Statistics

3.1.3 辐射市场

1950 年 2 月 24 日，印度尼西亚加入《关税及贸易总协定》（GATT），1995 年成为世界贸易组织（WTO）的正式成员。

印度尼西亚参加的区域贸易协定有：《印度尼西亚—澳大利亚—新西兰自由贸易区协定》《中国—东盟自由贸易区协定》《东盟—印度自由贸易区协定》《东盟—日本自由贸易区协定》《东盟—韩国自由贸易区协定》《东盟自由贸易区协定》《智利—印度尼西亚自由贸易协定》《发展中国家全球贸易优惠制（GSTP）》《印度尼

西亚—巴基斯坦自由贸易协定》和《日本—印度尼西亚自由贸易协定》。

正在谈判中的区域贸易协定有：《欧洲自由贸易联盟（EFTA）—印度尼西亚自由贸易协定》和《欧盟—印度尼西亚自由贸易协定》。

此外印度尼西亚还是12个国家和地区提供关税优惠的普惠制受益国。（表3－3）

表3－3 印度尼西亚接受的优惠贸易安排

提供国	生效时间	终止时间
亚美尼亚	2016年4月6日	
澳大利亚	1974年1月1日	
欧盟	1971年7月1日	
日本	1971年8月1日	
哈萨克斯坦	2020年1月1日	
新西兰	1972年1月1日	
挪威	1971年10月1日	
俄罗斯	2010年1月1日	2016年10月10日
俄罗斯	2016年10月10日	
瑞士	1972年3月1日	
土耳其	2002年1月1日	
美国	1976年1月1日	

资料来源：WTO

其中，根据2012年11月欧盟委员会公布的新的普惠制（GSP）方案，将印度尼西亚列为普惠制第二类国家。自2014年1月1日至2023年12月31日，对印度尼西亚等40个低收入和中低收入国家的进口产品在最惠国税率基础上减少3.5%的关税。

3.2 印度尼西亚外贸管理机构

3.2.1 贸易法规体系

印度尼西亚与贸易有关的法律主要包括《1934年贸易法》《海关法》和《产业法》。与贸易相关的其他法律还涉及《国库法》《禁止垄断行为和不正当贸易竞争法》。印度尼西亚与投资相关的法律主要包括《外国投资法》《国内投资法》，和最新颁布的《2007 年印度尼西亚共和国投资法》。

近年来为了改善投资环境，印度尼西亚对外国投资法和劳工法进行了一些有利于外国投资者的修改，并简化了审批程序。印度尼西亚国会签署了新的劳工法，旨在为工人提供更多的合法保护，同时创造积极的投资气候，法令兼顾了劳工和雇主的利益。此后，国会将进一步商讨新的劳资双方冲突解决法案，以代替现行法案。现印度尼西亚政府正在修正破产法以改善司法确定性。如果公司重整法案正式成为法律，将是印度尼西亚被视为有司法确定性的里程碑。

3.2.2 贸易主管部门

印度尼西亚主管贸易的政府部门是贸易部，其职能包括制定外贸政策，参与外贸法规的制定，划分进出口产品管理类别，进出口许可证的申请管理，指定进口商和分派配额等事务。其他与贸易及投资相关的机构及职能见表 3－4。

表 3－4　　印度尼西亚贸易与投资政策制定主要机构

机构	贸易与投资相关职能
Coordinating Ministry of Economic Affairs 经济统筹部	负责确保整个政府经济政策（包括贸易政策）的一致性，包括制定法规。
National Team for the Enhancement of Exports and Investment（Timnas PEPI） 国家促进出口和投资小组	成立于 2003 年，由总统领导，由经济事务协调部长担任主席。由 20 多名部长和机构负责人组成。主要目标是通过增加出口和投资来加速国民经济的发展。在制定《2007 年投资法》和制定修订实施条例的初稿方面发挥了关键作用。2007 年成立了工作队，负责评估出口和投资政策，协调解决出口和投资争端，促进国内产品的使用。
Ministry of Trade（MoT） 贸易部	协调贸易政策，支持印度尼西亚进行国际贸易谈判，包括世贸组织。印度尼西亚反倾销委员会（KADI）秘书处设在该部。2011 年成立了部内非关税措施小组；范围仅限于贸易部授权下的措施。
Ministry of Finance（MoF） 财政部	负责关税；与关税小组合作。交通部拥有改变关税、出口税和在边境征收的其他关税的最终权力。关于关税的正式决定载于财政部长的法令中。
Team Tariff 关税小组	负责审查印度尼西亚关税的关税部际咨询机构。由财政部、工业部、贸易部、农业部和经济事务部组成。
Investment Coordinating Board（BKPM） 投资协调委员会	在国家层面，负责提供投资者服务，制定投资政策，并与国家政府机构和区域政府进行协调。几个海外办事处促进对印度尼西亚的投资。投资协调委员会主席直接向总统报告。投资协调委员会负责发行新的投资负面名单。
National Development Planning Agency（Bappenas） 国家发展规划局	负责制定国家发展计划；开发了一些监管改革工具。

资料来源：Trade Policy Review—Indonesia，WTO，2013

3.3 印度尼西亚进口管理制度

印度尼西亚贸易部主管该国的产品进口事宜，并负责执行与进口许可证规定相关的规例。

根据规定，在印度尼西亚进口产品，必先向印度尼西亚海关呈交相关文件，经印度尼西亚海关核实，产品是否接受检查。此外，进口商须为所有进口产品填写进口报关表并向海关申报，向海关总局申领海关标识符（NIK），以遵行各项海关规定；另外，亦须向贸易部或投资协调委员会申领进口许可证（API），方可进口产品。

3.3.1 海关程序

印度尼西亚有几个海关入境点。其主要海港有丹戎佩里约克港（雅加达）、丹戎霹雳港（泗水）、巴拉望港（棉兰）和丹戎埃马斯港（三宝垄）。其主要机场是索卡诺—哈塔机场（雅加达）。海关事务，包括促进和控制货物进出印度尼西亚领土以及征收关税、消费税和其他税，由财政部下属的海关总署（DGCE）负责。第10/1995号海关法（经第17/2006号法修正）管辖海关事项。

3.3.2 海关登记

向印度尼西亚进口货物不需要通过报关行。所有进口商必须在DGCE注册，以获得海关识别号（NIK）和进口商注册号（API）。自2007年以来，印度尼西亚使用两种类型的进口商注册号：通用API（API－U）和生产商API（API－P）。每个进口商只能获得一种注册号。这种双重登记制度经过多次修改。

通用API（API－U）授予进口货物用于贸易目的的进口商。注册API－U的进口商只允许进口一种属于印度尼西亚货物分类系统的货物，国有企业以及进出口公司之间有特殊关系的进口货物可以例外。

生产商API（API－P）是指进口商进口自用商品，如资本货物、原材料、辅助材料和/或支持生产过程的材料，不允许进口商交易或转让这些进口产品（在某些条件下，出于市场测试目的除外）。

3.3.3 配额制度

适用配额管理的主要是酒精饮料及包含酒精的直接原材料，其进口配额只发放给经批准的印度尼西亚本国企业。

印度尼西亚自 2017 年 1 月 1 日起，对包括轮胎在内的进口产品，执行进口配额限制政策，且在发货前需提供箱单、发票及 SNI 证书申请验货。SNI 强制认证范围之外的产品，需提供箱单、发票及相应的测试报告申请验货。

3.3.4 进口许可证制度

适用许可证管理的产品包括工业用盐、乙烯和丙烯、爆炸物、机动车、废物废品、危险物品，获得上述产品进口许可的企业只能将其用于自身的生产。其中，氟氯化碳、溴化甲烷、危险物品、酒精饮料及包含酒精的直接原材料、工业用盐、乙烯和丙烯、爆炸物及其直接原材料、废物废品、旧衣服等九类进口产品主要适用自动许可管理；丁香、纺织品、钢铁、合成润滑油、糖类、农用手工工具等六类产品主要适用非自动许可管理。

为方便进口，印度尼西亚贸易部 2009 年大力推行网上办理进口许可证，目前大部分工作已经完成，办理进口许可证过程更加简便，原本手工办理许可证需要 5～10 天时间，利用网上全国一站式服务只需 8 小时。

2010 年，印度尼西亚开始实施新的进口许可（API）制度，按照进口产品最终去向将现有的许可证分为两种，即一般进口许可证（API－U）及生产商进口许可证（API－P）。一般进口许可证主要是针对为第三方进口的进口商，制造商进口许可证主要是针对进口供自己使用或者在生产过程中使用的进口商。

印度尼西亚当局规定每个公司只可申领一类进口许可证。持有一般进口许可证的公司可以进口产品以作贸易或分销，而持有生产商进口许可证者，则只可进口产品自用，例如进口用于生产的工业设备及原材料。此外，若要进口电子产品、玩具、鞋履、纺织品、米、糖、玉米和大豆等产品，必须申领特别进口许可证（NPIK）。进口许可证及特别进口许可证均须每 5 年续期一次。

目前，印度尼西亚关税税目中近 20%的产品涉及进口许可要求，涉及对其国内产业的保护，如大米、糖、盐、部分纺织品和服装产品、丁香、动物和动物产品以及园艺产品。印度尼西亚的进口许可要求相当复杂，而且缺乏透明度，许多世贸组织成员已经对此表示了严重关切。印度尼西亚政府采取进口数量限制的产品如下：大米、糖、动物和动物产品，盐、酒精饮料和部分臭氧消耗物质。上述产品的进口数量是每年在印度尼西亚政府部长级会议上根据国内产量和消费量来决定，并通过印度尼西亚进口许可制度来具体实施。

2010 年 8 月，印度尼西亚财政部颁布了《有关汽车在自由贸易区和自由港进口和出口规则的财政部长条例》。根据该条例规定，机动车辆属于动产，为了监督和保障国家权益，拥有上述汽车必须向相关的主管机构注册。自由贸易区和自由港是在印度尼西亚共和国司法辖区内而与海关辖区分开的特定区域，因此得以豁免征收进口税、增值税、奢侈品销售税和税费。为了对汽车在自由贸易区和自由港的进口和出口进行监督，防止滥用免税优惠，有必要制定汽车行业进出口的法定义务，除了向海关申报，还必须申请由海关办事处发出的出入口证明书。已获得自由贸易区营业机构发给营业执照的企业家可以从区外进口汽车。

2015年7月，印度尼西亚贸易部颁布了2015年第48号贸易部长条例，对原进口有关条例进行修订，要求进口商在产品抵港前办理进口许可证，有关条例于2016年1月1日开始实施。

3.3.5 印度尼西亚的国家标准

SNI（Standard National Indonesia），意为印度尼西亚的国家标准。通过了印度尼西亚产品认证方案的生产商可以使用SNI标记。在SNI中，有90%为推荐性标准，10%为强制性标准。

印度尼西亚标准要求较高的领域有：农产品标准（如亚热带水果种植技术）、经济作物类标准（橡胶）、石油、天然气产品标准。

所有出口到印度尼西亚的管制产品都必须有SNI标记，否则不能进入印度尼西亚市场。目前被规范的产品范围分为四类：家用电子产品、电信及IT设备（共有46项）；建筑材料（共8项）；汽车零部件配件（共24项产品）；其他商品（如鞋类、皮革制品、玩具、衣服等共25项产品）。

3.3.6 印度尼西亚进口管制制度及其他

（1）入境口岸限制

入境口岸限制适用于以下产品：

① 食品和饮料、玩具、电子产品、鞋类和服装；

② 园艺产品；

③ 珍珠；

④ 消耗臭氧层物质；

⑤ 盐；

⑥ 酒精饮料；

⑦ 危险材料。

这些产品还须遵守装运前检查和进口许可要求。

（2）装船前检验

需由印度尼西亚政府认可的检验机构进行装船前检验的产品包括：

① 糖；
② 大米；
③ 盐；
④ 前体物；
⑤ 光盘（空的和填充的）以及用于生产光盘的机器和材料；
⑥ 纺织品；
⑦ 消耗臭氧层物质；
⑧ 硝基纤维素；
⑨ 危险品；
⑩ 彩色多功能机、彩色影印机和印刷机；
⑪ 非危险性和有毒废物；
⑫ 老旧资本货物；
⑬ 钢铁；
⑭ 电子产品、成衣、儿童玩具、鞋类、食品和饮料；
⑮ 陶瓷；
⑯ 平板玻璃；
⑰ 轮胎；
⑱ 珍珠；
⑲ 园艺产品。

这些进口货物大多须符合进口许可证要求，有些货物还受入境口岸限制。

（3）特别进口许可证

有些货物需要贸易部的特别许可证，个别货物禁止进口，某些货物只有经授权的独家代理商方可办理进口。许多货物还有进口垄断措施及配额的规定。

（4）单证要求

① 商业发票。发票上必须写明出口商和收货人的姓名和地址，发运的地点和时间，货运件的标记、序号、数量和种类，每件货物的重量和内容，并附有详细的商品名称和海关税则编号。

② 原产地证书。没有统一要求，只是印度尼西亚官方机构保留对个别情况下要求提供原产地证书的权力。产地证需要三个原件和两个副本。

③ 其他单证。检验报告要求所有货物在发运之前必须经过质量、数量、价格检查。其中有些货物属例外，如价值在 5 000 美元以下的特品、原油、石油、贵金属、宝石艺术品等。

（5）商品检验

印度尼西亚对凡价值在 5 000 美元以上的进口商品，绝大多数都要进行质量和数量检验。当需要对进口商品进行装船前检验时，印度尼西亚的相关部门会向出口国的检验代理人提供咨询性文件（包括进口许可证及其他特别文件），凭借这些文件，检验代理人将同卖方/出口方联系，安排出口商品检验。此时卖方必须提供价格表、产品性能说明书、正式发票副本以及检验代理人所必需的其他文件。卖方还应提供装货清单和提单等相关单据的副本。在检验完毕且要求的进口单据完备的情况下，进口检验代理人将出具检验结果报告。

（6）有关包装的特殊规定

对食品、饮料、陶瓷、玻璃器皿、家庭用品、纺织品和肥皂，必须以生产者的原包装发运，并且按货物的种类、性能和商标分别包装，还要在货物原装上明显标出货物的种类、数量、重量、商标等内容。此外，还应考虑到印度尼西亚的气候状况，特别注意防水和防锈。

（7）海关对滞存货的处理

到达印度尼西亚的货物必须在 30 天内完税。在雅加达港，货物超过期限后，将被送往有关监督机构的简易仓库，该机构隶属于国家港务公司。货物在那里可存放 1～3 个月，逾期不取的，在港务局的仓库里拍卖，拍卖所得用于支付仓储费。对扣除了拍卖费用后的余额保留 3 年，3 年后仍无人认领，则上缴印度尼西亚国库，货物在缴纳关税之前不允许退回。

（8）印度尼西亚保税区及其管理制度

目前，印度尼西亚已建有一百多个工业区，有些与自由贸易区相结合，形成了保税区。

印度尼西亚现有十多个保税区，货物由印度尼西亚海关领域以外的地区进入保税区，不被视为进口，也无须缴纳关税或其他出口税；

供加工或再出口等用途进口的各种原料或成品可自由进入保税区，不受印度尼西亚本国禁止进口规定的限制；

由印度尼西亚或印度尼西亚以外地区输往保税区的商品或原料，不论其用途是供直接消费，还是在保税区内加工或暂时储存，其在印度尼西亚本国的货物税、增值税、关税及其他税收皆可免征；

保税区内加工的产品，原则上以外销为主；

凡经印度尼西亚政府核准在保税区内设立的企业，皆可享受进口关税、进口货物税、扣缴税及印度尼西亚本国货物税等各项税收的减免优惠待遇。

另外，企业以合并或股票上市的方式扩大规模，仍可享受减免资本货物及原料或辅料增值税的退税待遇。如果资本货物的产权被转让或用于其他用途，则不能享受该项免税或退税待遇。

（9）印度尼西亚“红灯期”海关

印度尼西亚被很多外国投资者戏称为“世界上最难清关的国家”，拥有“全球最严的海关严查手段”，清关时间或达2～5个月。

在印度尼西亚，海关分为红灯期海关和绿灯期海关。如果某种出口货物在印度尼西亚海关红灯期的话，海关就比较注重保护本国生产该种货物的企业。那么出口企业出口货物到印度尼西亚的时候，就会遇到较为严格的海关措施。导致出口成本升高，企业出口量必然下降。

一般而言，印度尼西亚每年的12月至次年3月，为印度尼西亚进口清关的红灯期，印度尼西亚海关会联合其他执法部门对进口清关进行严查，清关手续较平时更为烦琐，时间更长，若操作不当，也会相应产生更多的费用。

“红灯期”海关应对策略：

① 针对不同的货物品类、数量，需要在发货前明确货物信息，务必与印度尼西亚当地客户提前沟通好，当地的海关最新政策如何，该类产品是否会遇到清关阻碍。最好按照有实力的目的港代理的装柜要求进行装柜。

② 印度尼西亚客户如果没有相应的进口权，或者具备进口权但资质较浅，一般更容易被查验（取得进口许可证API，甚至是申请到了Master List，都不代表就能无障碍清关）。因此，进出口业务中可采用DDP术语成交，即采用一些资质较好的进口代理或由国外出口商完成通关。

③ 采用了DDP术语成交，建议在订舱时向船公司申请至少14天免柜期（14 days free time of detention），这样即使清关所需时间较往常长些，也可不产生或减少柜租。

④ 发货人出货前一定要跟目的港收货人确认其是否有进出口权，无论海运、快递还是空运都必须确认，如果没有，切勿发货。因为在印度尼西亚对于没有进口权的收货人是不可以清关的。

⑤ 如果出口机械产品，请务必实报机器是全新的还是二手的，若是二手的必须提前说明，需要向海关提前申请备案，才不会产生额外费用。如是旧的，必须做SGS检测，在没有做SGS的前提下出口的话，如果被海关查验到，要么扣柜，要么退运，要么承受高额的罚金，不仅周期长，而且手续非常烦琐。

⑥ 印度尼西亚自2016年1月份起对于很多产品查验相当严格，比如LED灯、机械机器（旧的）和服装纺织品类等需要做SGS装柜前检验。

⑦ 出口货物与实际装箱清单必须一致，明细要尽量详细。若印度尼西亚目的

港查柜发现实际货物与实际箱单发票、提单所载内容不一致的话，罚金也是相当高昂。

3.4 印度尼西亚出口管理制度

出口货物必须持有商业企业注册号/商业企业准字或由技术部根据有关法律签发的商业许可，以及企业注册证。出口货物分为四类：受管制的出口货物、受监视的出口货物、严禁出口的货物和免检出口货物。受管制的出口货物包括咖啡、藤、林业产品、钻石和棒状铅。受监视的出口货物包括奶牛与水牛、鳄鱼皮（蓝湿皮）、野生动植物、拿破仑幼鱼、拿破仑鱼、棕榈仁、石油与天然气、纯金/银、钢/铁废料（特指源自巴淡岛的）、不锈钢、铜、黄铜和铝废料。严禁出口的货物包括幼鱼与金龙鱼等，未加工藤以及原料来自天然森林未加工藤的半成品，圆木头，列车铁轨或木轨以及锯木，天然砂、海砂、水泥土、上层土（包括表面土），白铅矿石及其化合物、粉，含有砷、金属或其化合物以及主要含有白铅的残留物，宝石（除钻石），未加工符合质量标准的橡胶、原皮，受国家保护野生动植物，铁制品废料（源自巴淡岛的除外）和古董。除以上受管制、监视和严禁出口的货物外，其余均属于免检的出口货物。

从 2014 年 1 月 12 日起，印度尼西亚政府禁止矿产公司出口矿物矿石产品（目前受出口许可证及税收管制）。届时矿产公司会被要求在境内从事精炼加工活动。禁止出口货物受 2012 年贸易部长条例第 44 条规制。

3.5 印度尼西亚的进出口商品检验检疫

3.5.1 动植物检验检疫措施

印度尼西亚农业检疫局（IAQA）、牲畜和动物卫生总局和园艺总局由农业部负责。鱼类检疫和检验局（FQIA）隶属于海洋渔业部。国家药品和食品控制局（BPOM）由总统负责。

所有与动植物检验检疫措施相关的法规在中央政府层面发布，并与地方政府协调。IAQA 是印度尼西亚的国家咨询点和动植物检验检疫事宜的国家通知机构。IAQA 在 151 个入境点设有 52 个动植物检疫站，FQIA 在全国 77 个入境点设有

47 个鱼类检疫站。

与食品安全和动植物卫生有关的主要法律有：《第 16/1992 号动植物检疫法》《第 7/1996 号食品法》《第 31/2004 号渔业法》《第 18/2009 号畜牧业和动物卫生法》和《2010 年第 13 号园艺法》。

印度尼西亚所有进口食品必须注册，进口商必须向印度尼西亚药品食品管理局申请注册号，并由其进行检测。检测过程烦琐且费用昂贵，每项检测费用从 5 万印尼卢比（约合 6 美元）到 250 万印尼卢比（约合 300 美元）不等，每一件产品的检测费用在 100 万印尼卢比（约合 120 美元）到 1 000 万印尼卢比（约合 1 200 美元）之间。此外，印度尼西亚药品食品管理局在测试过程中要求提供极其详细的产品配料和加工工艺情况说明。这可能侵害商业秘密，这些规定加重了出口商的负担。

2007 年起，印度尼西亚针对新鲜球茎蔬菜采取更为严格的检验检疫措施和技术要求，以提高印度尼西亚新鲜植物产品的国际竞争力。植物产品进口检验检疫要求重点对球茎形式进口的新鲜蔬菜的检验检疫和技术两方面提出要求。在检验检疫方面，该规定扩大了证书的要求范围，除了需具备与 2005 年法规相同的原产国权威机构签发的证书外，经转运的产品还须被提供转运国授权的证书。在技术要求方面，该规定进一步严格了原产国无虫害地区的调查及对植物性检疫虫害进行风险分析。上述规定在一定程度上提高了中国植物产品的出口门槛。

3.5.2 国家标准

印度尼西亚国家标准化局（Badan Standardisasi Nasional，BSN）仍然是负责协调和促进标准制定的政府机构。BSN 也是与国际标准制定机构合作的联络点。BSN 建立了标准开发技术管理委员会（MTPS）批准的标准开发指南。该委员会由专家以及来自监管机构、消费者和生产者协会的代表组成。特定部委内的技术委员会（TC）负责起草其职权范围内的标准；技术委员会主席和秘书处由 BSN 任命。技术委员会由来自政府、消费者协会、专家和行业的代表组成。印度尼西亚标准化协会（MASTAN）是一个向公众开放的独立机构，其目标是扩大利益相关者对国家标准制定的参与。

国家标准的制定大致分为五个阶段：编写、起草；形成国内共识和最终确定；国家标准的建立；国家标准的维护。技术委员会根据利益相关者的需求向 BSN 提交新标准或修订标准的提案。BSN 审查提案，如有必要，与 TC 协调，以确保提案符合 TC 的范围，然后提交给 MTP 批准。批准的提案被列入国家标准发展计划（PNPS）。然后，技术委员会将编制一份国家标准草案，该草案可邀请其他利益相关者发表意见，发送至 BSN 以征求意见，并在 BSN 网站上发布，供 MASTAN 成员评论（与国际标准相同的标准草案将直接经投票批准）。请技术专家和其他相关方审查标准草案，并在重新起草阶段考虑他们的意见，以便在 BSN 网站上投票。最终草案须经 BSN 电子投票批准，有关标准发布的信息在 BSN 网站上公布（http://websisni.bsn.go.id）。印度尼西亚政府表示，他们一直在努力使国家标准与国际标准保持一致，目前印度尼西亚 50%以上的标准已经统一。

相关技术委员会负责标准的定期评审。印度尼西亚政府指出，标准应在发布后五年内进行审查。评审后，如有必要，技术委员会可建议对标准进行修订或撤销。

与国家安全要求、防止欺骗性行为、保护人类健康或安全、动植物生命或健康、环境有关的，可以采取强制性措施。

2009 年以来，印度尼西亚政府开始在食品、饮料、渔业等诸多行业强制推行国家标准。印度尼西亚贸易部出台新规定，要求包括进口产品在内的所有产品必须附有印尼文说明。印度尼西亚海洋渔业部规定 81 种渔业产品必须符合印度尼西亚国家标准，甚至将捕鱼工具、渔产加工程序及微生物学测试程序也列入印度尼西亚国家标准。印度尼西亚工业部等政府部门在 2011 年对电线、电子、汽车零部件、家电、五金建材、玩具等几十种产品强制推行国家标准。

截至 2012 年 12 月，印度尼西亚批准的国家标准有 7 394 个：97%是自愿的，3%（即 254 个）是强制性技术法规。254 项技术法规分别来自工业部（79）；能源和矿产资源部（19）；海洋与渔业部（80）；公共工程部（57）；交通部（14）；国家农业部（4）；农业部（1）（图 3－7）。印度尼西亚政府表示，所有国家标准都在国家标准信息系统（SISNI）上公布（http://websisni.bsn.go.id）。

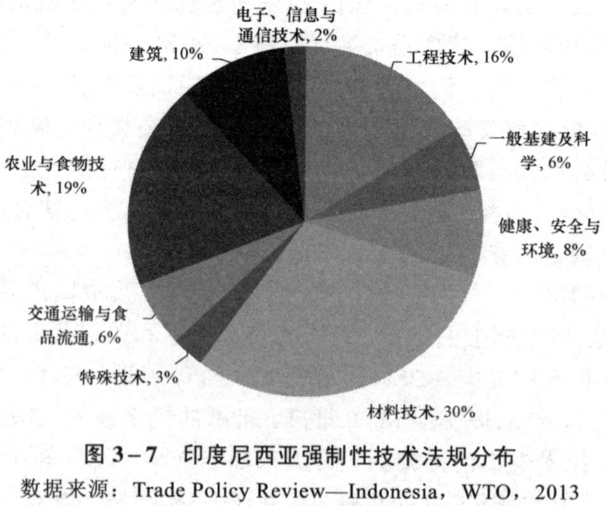

图 3－7　印度尼西亚强制性技术法规分布

数据来源：Trade Policy Review—Indonesia，WTO，2013

3.6 海关关税管理制度

印度尼西亚关税制度的基本法律是1973年颁布的《海关法》。现行的进口关税税率由印度尼西亚财政部于1988年制定。自1988年起，财政部每年以部长令的方式颁布一揽子“放松工业和经济管制”计划，其中包括对进口关税税率的调整。印度尼西亚进口产品的关税分为一般关税和优惠关税两种。印度尼西亚关税制度的执行机构是财政部下属的关税总局。为促进进出口贸易、改善投资环境，印度尼西亚财政部关税局2009年宣布，决定在部分港口推行和提供每周7日每日24小时的海关和港口服务。

3.6.1 印度尼西亚关税制度

印度尼西亚对进口商品的关税征收分为以下四类：

A类商品：为印度尼西亚本国必要的进口商品，包括稻米、面粉、某些钢铁制品、某些化纤产品、棉花、药材、农业机械设备等。这类商品的进口关税率大部分在5%～40%之间。

B类商品：为一些工业产品必需的零部件和材料，进口关税率为5%～35%。

C类商品：为印度尼西亚本国市场需求不大或需要保护的本国相关民族产业的商品。此类商品的进口关税较A类、B类商品要高。

D类商品：为奢侈品、某些高级消费品，以及本国虽可以生产，但特需保护的民族产业相关商品。此类进口商品所征收的关税最高。

根据世界贸易组织统计，印度尼西亚2019年简单平均约束关税继续维持在37.1%，其中农产品为47.1%，非农产品为35.5%；简单平均最惠国适用关税税率为8.1%，其中农产品和非农产品分别为8.7%和8.0%（表3－5）。印度尼西亚对汽车、钢铁以及部分化学产品不征收关税，并将大多数的关税约束在40%左右。根据印度尼西亚《2009—2012年协定关税表》，到2012年底，印度尼西亚对绝大多数的中国进口产品实行零关税。2010年，印度尼西亚将草药、化妆品和节能灯列为特种进口品，到目前为止，已有41种产品被列在该清单内。根据规定，这些产品只能通过印度尼西亚国内5个码头进口，即棉兰的勿佬湾、雅加达的丹戎不碌、三宝垄的丹戎额玛斯、泗水的丹戎贝拉克及锡江的苏加诺哈塔码头。其中，巴布亚的查雅布拉码头为只能进口食品和饮料的码头。同时，提高4种香烟关税，将4种香烟关税平均提高6%，这4种烟草产品为机器卷丁香烟、机器卷白烟、手卷丁香烟/白烟和滤嘴手卷丁香烟/白烟。

表 3-5　　印度尼西亚进口关税概况

概述		所有产品	农产品	非农产品	加入世贸组织时间	1995 年	
简单平均最终约束关税率		37.1	47.1	35.5	约束范围（%）	所有产品	96.3
简单平均最惠国待遇实施税率	2019	8.1	8.7	8.0		非农产品	95.8
贸易加权平均关税率	2018	5.4	5.6	5.3	配额关税（%）	1.0	
进口额（10 亿美元）	2018	188.0	21.6	166.4	特别保障措施（%）	0.7	

资料来源：WTO

2013 年 4 月，世贸组织秘书处对印度尼西亚做出第六次贸易政策审议报告，印度尼西亚的关税税率从 2006 年至 2012 年有所下降。印度尼西亚的简单平均最惠国适用关税税率从 9.5%降至 7.8%；农产品的简单平均最惠国适用关税税率从 11.4%降至 9.5%；非农产品的简单平均最惠国适用关税税率从 9.5%降至 7.5%。印度尼西亚对属于非基本需求的国内生产和进口的产品征收奢侈品税，该税在进口环节根据海关估价加上进口关税征收，税率从最低点的 10%至 75%，出口环节免征此税种。

表 3-6　　印度尼西亚关税率（2011—2018 年）　　单位：%

		2011 年	2012 年	2013 年	2016 年	2017 年	2018 年
实施简单平均关税率	所有产品	5.30	5.43	5.37	6.31	5.86	6.25
	工业制成品	5.18	5.21	5.23	6.21	5.75	6.11
	初级产品	6.23	7.13	6.56	7.18	6.82	7.39
实施加权平均关税率	所有产品	2.62	2.54	2.37	2.64	2.06	2.00
	工业制成品	3.12	3.08	2.94	2.78	1.95	1.90
	初级产品	1.87	1.61	1.51	2.35	2.28	2.29
简单平均最惠国关税率	所有产品	7.42	7.36	7.22	7.88	8.10	8.15
	工业制成品	7.27	7.23	7.23	8.29	8.56	8.56
	初级产品	7.96	7.86	7.25	6.77	6.87	7.03
加权平均最惠国关税率	所有产品	4.79	4.83	4.66	5.40	5.67	5.89
	工业制成品	6.26	6.31	6.31	6.45	6.64	6.76
	初级产品	2.57	2.30	2.16	3.33	3.61	3.77

数据来源：世界银行，DataBank

根据《中国—东盟全面经济合作框架协议货物贸易协议》，中国和印度尼西亚逐步削减货物贸易关税水平。中国—东盟自贸区在2010年初建成后，中国和印度尼西亚90%以上的进出口货物实现零关税。

表3-7　　按产品细进口关税率

产品类别	最终约束关税率				最惠国实施关税			进口	
	简单平均	免税产品比例（%）	最高	产品约束范围（%）	简单平均	免税产品比例（%）	最高	份额（%）	免税产品比例（%）
动物产品	43.7	0	50	100	7.1	8.1	30	0.7	2.9
奶制品	74.0	0	210	100	5.5	0	10	0.5	0
水果、蔬菜、植物	45.6	0	60	100	5.7	5.6	20	1.3	0.4
咖啡、茶	45.3	0	60	100	13.2	0	20	0.6	0
谷物及其制品	44.8	0	160	100	7.4	9.6	150	2.9	47.7
油籽及油料	39.9	0	60	100	4.4	12.0	10	2.1	79.9
糖和糖果	58.3	0	95	100	7.5	0	20	1.1	0
饮料和烟草	81.3	0	150	100	46.0	0	150	0.5	0
棉花	37.4	0	40	100	4.0	20.0	5	0.8	99.7
其他农产品	40.7	0	60	100	4.1	17.1	5	1.0	34.6
鱼和鱼制品	40.0	0	40	100	6.3	1.4	20	0.2	18.0
矿石与金属	38.8	0.1	40	97.7	7.1	17.7	30	17.3	40.0
石油	40.0	0	40	100	0.2	95.8	5	14.0	99.1
化工产品	37.9	0.1	60	96.0	5.3	14.9	150	13.2	25.1
木材、纸等	39.4	0	40	100	5.0	31.1	25	2.4	47.2
纺织品	26.4	0	40	99.7	11.5	0.9	35	4.5	1.9
服装	35.0	0	40	100	23.9	0	25	0.4	0
皮革、鞋类等	39.7	0	50	99.4	9.9	14.4	30	2.0	12.3
非电气机械	35.0	6.5	40	98.3	5.4	16.2	30	14.5	22.6
电气机械	30.5	23.2	40	96.5	6.0	24.9	20	11.3	53.3
运输设备	38.8	0	40	52.8	13.5	29.2	50	5.5	22.4
未在其他地方指定的工业制成品	35.4	9.4	40	87.0	7.5	8.0	25	3.1	12.7

资料来源：WTO Statistics

3.6.2 贸易限制措施

2012年以来，印度尼西亚贸易部、工业部、农业部等相继发布的一系列限制进出口贸易的政策规定值得关注。

（1）出口限制。印度尼西亚政府2012年5月施行关于提炼和加工原矿石活动而提高矿产品出口值的能源矿务部长第7号条例，对65种矿产品出口加征20%出口税并实行了其他限制措施，再次明确从2014年开始禁止原矿出口，鼓励外国投资者在印度尼西亚投资设立冶炼加工厂。从2014年1月12日起，印度尼西亚政府禁止矿产公司出口矿物矿石产品，届时矿产公司会被要求在境内从事精炼加工活动。

（2）进口禁令。2012年5月，印度尼西亚政府颁布了2012年第30号关于进一步规范蔬果进口的条例，通过进口许可证的方式限制新鲜蔬菜水果进口。6月初开始对进口新鲜瓜果蔬菜采取贸易保护措施，将进口上述产品的8个航空港和海运港口缩减至4个，并对出口商增设限制。

（3）技术性贸易壁垒。印度尼西亚政府对于更多种类的产品规定需符合印度尼西亚强制性国家标准的要求，2012年印度尼西亚相继发布了关于婴幼儿纺织服装及玩具的标准草案，并要求相关产品应符合SNI的要求，且生产商需持有SNI标志，否则不能进入印度尼西亚市场。由于印度尼西亚SNI认证流程复杂，所需资料繁多，且认证周期较长，给贸易带来了不必要的障碍。

3.7 中国与印度尼西亚双边贸易现状

3.7.1 发展概况

21世纪以来，中国与印度尼西亚的经贸关系日益密切，双边贸易年均增速超过20%，印度尼西亚成为中国对外投资的重要国家之一。中国已连续多年是印度尼西亚第一大贸易伙伴，根据中国商务部统计，2018年中印度尼西亚双边贸易额达773.7亿美元，创历史新高，同比增长22.2%。在中国主动扩大进口的系列举措拉动下，2016年以来，中国持续成为印度尼西亚第一大出口目的国。目前印度尼西亚已成为向中国出口燕窝最多的国家，中国也已成为拉动印度尼西亚棕榈油出口增长最重要的力量。2018年11月，首届中国国际进口博览会在上海成功举办，印度尼西亚是全球12个主宾国之一，共有43家印度尼西亚企业参展，展览面积超过1 700平方米，成交总金额超过7.2亿美元。

从发展历程上来看，2009 年到 2018 年这 10 年期间，在贸易规模上，中国与印度尼西亚的双边贸易额除了 2014 年和 2015 年在全球经济增长乏力的国际大环境影响下略微显得有所下降，其他年份中国与印度尼西亚的双边贸易额均呈现出增长的态势。2009 年，中国成为印度尼西亚第二大贸易伙伴、第二大出口市场和第二大进口来源国，仅次于日本；2011 年，印度尼西亚与中国双边贸易额为 491.5 亿美元，中国超过新加坡成为印度尼西亚第一大进口来源国。从贸易差额上看，十年期间，在与印度尼西亚的双边贸易关系中，中国一直处于贸易顺差状态，2018 年中国贸易顺差 182.2 亿美元，是 2009 年的 7.3 倍（2009 年中国贸易顺差额为 25 亿美元），占当年两国双边贸易总额的 25.14%，中国的贸易顺差有逐步扩大的态势。

由于初期中国与印度尼西亚的贸易规模较小，双边贸易中印度尼西亚处顺差地位，但随着经贸合作的不断加深，印度尼西亚逐渐“转顺为逆”。2008 年，印度尼西亚首次在两国贸易中出现逆差，随后，逆差额持续扩大，2008 年为 36 亿美元，2014 年达 130.18 亿美元，2015 年为 143.65 亿美元。2016 年，中印度尼西亚贸易总额 457.83 亿美元，同比增长 7.76%，其中对中国出口 150.97 亿美元，同比增长 13.85%；自中国进口 306.86 亿美元，同比增长 5.0%。2018 年，两国双边贸易额达到 724.8 亿美元，其中中国自印度尼西亚进口 271.3 亿美元，中国对印度尼西亚出口 453.5 亿美元。中国继续成为印度尼西亚非油气产品第一大贸易伙伴，日本和美国分居第二和第三位。按出口额计算，中国为印度尼西亚第二大出口国，美国和日本分居第一和第三位。

从贸易增长速度上看，2010 年到 2018 年期间双边贸易总额的平均增长速度为 13.59%，保持着较高的增长速度，但 2014 年和 2015 年双边贸易分别出现了 8.7%、7.1%的负增长，2015 年后双边贸易额恢复了快速增长阶段。

作为两个资源和人口大国，中国和印度尼西亚在资源、产业和进出口商品结构上具有较强的互补性。中国与印度尼西亚的双边贸易商品结构是比较多元化的，中国与印度尼西亚的贸易产业内贸易与产业间贸易并存，其中机电产品和矿产品以产业间贸易为主，前者为中国向印度尼西亚出口，后者为中国自印度尼西亚进口；贱金属及制品、化工产品、食品、饮料、烟草主要以产业内贸易为主；纺织品及原料、植物产品和光学、钟表、医疗设备也存在产业内贸易。

中国对印度尼西亚出口的主要产品为核反应堆、锅炉、机械器具及零件、电机、电气、音像设备及其零附件、钢铁、钢铁制品、车辆及其零附件、船舶及浮动结构体、贵金属的化合物、棉花、化学纤维长丝、针织物及钩编织物、有机和无机化学品、塑料及其制品、涂料、油灰、家具、灯具、活动房、蔬菜、食用水果及坚果、烟草、烟草及烟草代用品的制品、矿物燃料、矿物油及其产品沥青、铝及其制品、光学、照相、医疗等设备及零附件、橡胶及其制品、肥料、纸及纸板；纸浆、纸或纸板制品、陶瓷产品、玻璃及其制品等。

中国自印度尼西亚进口的主要产品为矿产品、动植物油脂、塑料、橡胶、化工产品、纤维素浆及纸张、木及制品、纺织品及原料、机电产品、贱金属及制品、活动物及动物产品、食品、饮料、烟草、植物产品、鞋靴、伞等轻工产品、光学、钟表、医疗设备、运输设备等。

3.7.2 中国和印度尼西亚两国间贸易安排

中国—东盟自贸区已于2010年1月1日全面启动，双边贸易、投资自由化和便利化程度进一步提高。2013年10月，国家主席习近平访问印度尼西亚并出席亚太经合组织第二十一次领导人非正式会议，中印度尼西亚建立起全面战略伙伴关系，并签署了多项政府间合作文件。

1994年11月18日，印度尼西亚和中国签署了《促进和保护投资协定》并约定：一旦中国成为《关于解决国家和他国国民之间投资争端公约》的成员国，双方的争议就将提交“解决投资争端国际中心”进行调解或仲裁。2000年5月，中国和印度尼西亚在北京签署了《关于未来双边合作方向的联合声明》。双方将共同致力于促进建立一个更具吸引力的、更有利以及更好的经贸合作环境。通过交换信息和加强协调，增加贸易法规的透明度和非歧视性，简化投资程序，定期举行投资促进会，推动双向投资不断发展，并提供切实保障。2001年11月，中国和印度尼西亚双方签署了《避免双重征税协定》。

自2013年中国与印度尼西亚全面战略合作伙伴关系建立来，两国在双边层面、区域经济合作和国际层面广泛地开展合作。在中国—东盟自由贸易区、中国—东盟东部增长区、G20等区域经济合作机制和“一带一路”建设的影响下，两国政府共同致力于贸易、投资、海洋等领域的合作，双边贸易也取得突飞猛进的发展。特别是在中国“一带一路”倡议下，“21世纪海上丝绸之路”与印度尼西亚“全球海洋支点”战略对接以及在中国与印度尼西亚共建“区域综合经济走廊”的影响下，中国与印度尼西亚双边贸易发展迅速，贸易规模不断扩大，贸易结构不断多元化发展，双边贸易商品既有产业内贸易，又有产业间贸易，双边贸易具有极大的发展潜力。

2018年11月，在新加坡举行的中国东盟领导人（10+1）会议上，李克强总理宣布，中国和东盟10国全部完成中国—东盟自由贸易协定“升级版”国内程序。中国已经连续9年成为东盟第一大贸易伙伴，东盟连续7年成为中国第三大贸易伙伴，双方的双向投资额累计超过2 000亿美元。中国—东盟自由贸易协定“升级版”正式全面生效，在经济全球化发展受阻、中美贸易摩擦进一步升级的情况下，中国—东盟经贸关系必将快速发展。

第4章 印度尼西亚投资环境

4.1 印度尼西亚吸引外资情况概述

4.1.1 印度尼西亚吸引直接投资额

目前，印度尼西亚经济保持较快增长，国内消费成为印度尼西亚经济发展稳定动力，各项宏观经济指标基本保持正面，经济结构比较合理。印度尼西亚持续向好的经济发展前景和特有的比较优势将继续吸引外资涌入。根据联合国贸发会议发布的2020年《世界投资报告》显示，2019年流入印度尼西亚的资金比2018年增长了14%，达到创纪录的230亿美元。在制造业、金融服务和采矿业方面的投资最为强劲，对这些行业的投资约占2019年流入量的65%。

根据中国商务部的统计，2018年，印度尼西亚实际吸引外资293.1亿美元，同比下降8.8%。从投资来源地看，国外投资前五大来源地依次为：新加坡（91.9亿美元，占比31.4%）、日本（49.5亿美元，占比16.7%）、中国（23.8亿美元，占比8.2%）、中国香港（20.1亿美元，占比6.8%）和马来西亚（17.7亿美元，占比6.2%）。中国连续第三年成为印度尼西亚第三大外资来源地。

2018年，印度尼西亚落实投资721.3万亿印尼卢比，同比增长4.1%，完成当年投资目标的94.3%。国内直接投资（DDI）328.6万亿印尼卢比，同比增长25.3%。按投资地域分布，爪哇岛落实投资 405.4 万亿印尼卢比，同比增长 4.0%，占比56.2%；爪哇岛外落实投资315.9万亿印尼卢比，同比增长4.3%，占比43.8%。2018年，印度尼西亚落实投资共创造就业96.0万人次，其中国内投资创造就业47.0万人次，外国投资创造就业 49.0 万人次。

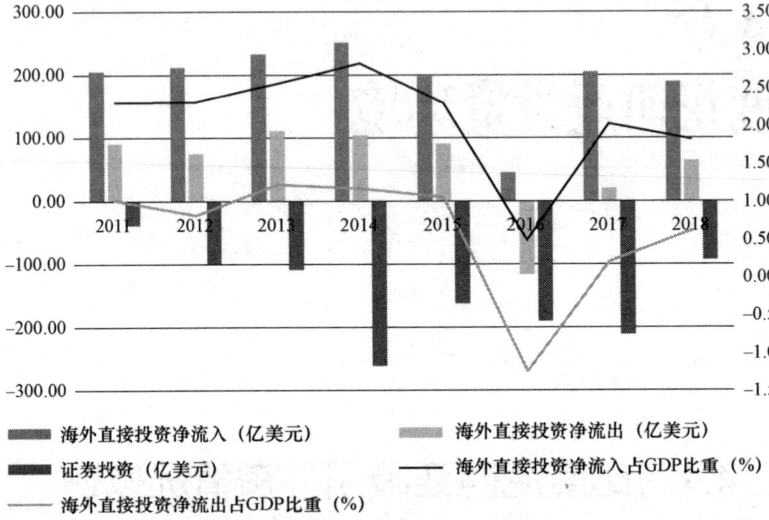

图 4－1　印度尼西亚海外投资状况（2011—2018 年）

数据来源：世界银行，DataBank

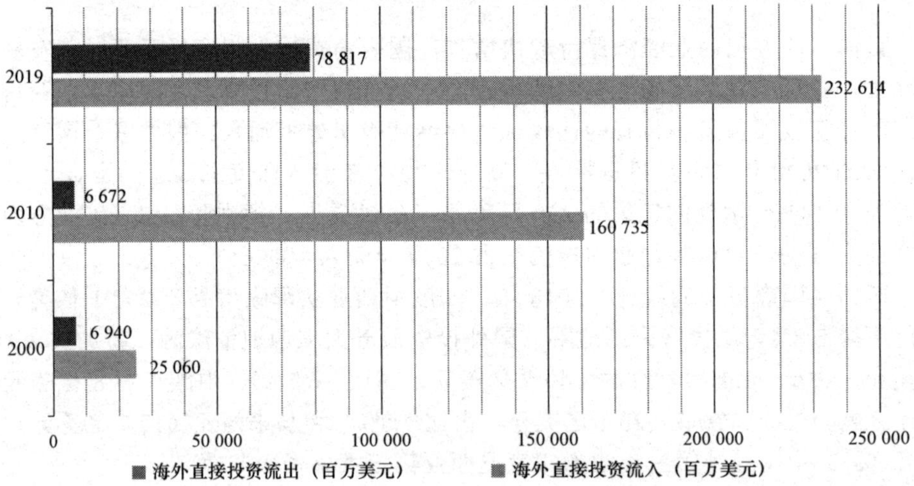

图 4－2　印度尼西亚海外直接投资存量

数据来源：World Investment Report 2020，UNCTAD

印度尼西亚的最大投资者主要是亚洲企业（主要来自日本和东盟内部），新加坡和日本的企业主要投资于制造业。韩国企业也一直很活跃，如韩国的乐天化学正在建设一个价值43亿美元的石化综合体，现代汽车正在建设一个价值15亿美元的汽车工厂。来自日本和韩国的中小企业是金融服务的主要投资者。对数字经济的投资仍然充满活力，这突出表明该国对电子商务和其他数字业务的吸引力日益增长。

除外国直接投资外，许多外国企业还通过非股权手段，包括作为工程、采购和建筑承包商，参与该国的基础设施和经济特区的发展。

4.1.2 印度尼西亚投资吸引力

根据世界经济论坛2019年的《全球竞争力报告》，印度尼西亚在141个国家和地区中排名第50位，比上一年下降5位。全球竞争力指数（GCI）总分为64.6，比上一年下降了0.3，其表现基本保持不变。在东盟国家中，印度尼西亚排名第4位，仅次于新加坡（第1位）、马来西亚（第27位）和泰国（第40位）。印度尼西亚的主要优势是市场规模（82.4，第7位）和宏观经济稳定性（90.0，第54位）。印度尼西亚还拥有充满活力的商业文化（69.6，29）和稳定的金融体系（64.0，第58位），两项指标比2018年均有改善。考虑到国家尚处在发展阶段，印度尼西亚的技术采用率相对较高（55.4，第 72 位），但是创新能力仍然有限（37.7，第74位），但正在稳步提高。①《报告》还指出，印度尼西亚政府官僚程序效率低，是继仅次于贪腐之后制约印度尼西亚经济发展的又一重大障碍。

世界银行《2020年营商环境报告》显示，印度尼西亚在全球190个经济体中，营商便利度排名第73位，较上年提升18位。在开设企业、办理施工许可、纳税和执行合同4个关键项目的排名分别是第140、110、81、139位。②

中国对外承包工程商会发布的《“一带一路”国家基础设施发展指数（2019）》显示，印度尼西亚连续多年排名榜首，其发展环境、发展潜力和发展趋势指数均排名前列。

在投资评级中，印度尼西亚继续获得良好评价。该评级反映了印度尼西亚抵御全球金融危机、改善政府和外部信用指标，以及管理国内的政治挑战和推进改革的能力。

三大国际信用评级机构标普、穆迪和惠誉给予印度尼西亚的主权信用评级都为投资级别。截至2019年6月11日，国际评级机构穆迪对印度尼西亚主权信用评级为Baa2。截至2019年3月14日，国际评级机构惠誉对印度尼西亚主权信用

---

① The Global Competitiveness Report 2019，World Economic Forum

② Doing Business 2020，World Bank Group

评级为 BBB，展望为稳定。截至 2019 年 3 月 31 日，国际评级机构标普对印度尼西亚主权信用评级为 BBB/A－2，展望为稳定。

表 4－1　　印度尼西亚信用评级

机构	等级	展望
惠誉评级	BBB	稳定
穆迪	Baa2	稳定
标准普尔	BBB/A－2	稳定

资料来源：印度尼西亚投资协调委员会

印度尼西亚利用外资快速增长，作为东南亚最大的国家，已成为东盟 10 国中最具吸引力的投资目的国之一。从投资环境角度来看，印度尼西亚的吸引力主要表现在以下方面：

（1）政局较为稳定；

（2）自然资源丰富；

（3）经济增长前景看好，市场潜力大；

（4）地理位置重要，控制着关键的国际海洋交通线；

（5）人口众多，有丰富、廉价的劳动力；

（6）市场化程度较高，金融市场较为开放。

但同时，印度尼西亚投资环境的诸多硬伤仍未得到明显改观。基础设施严重滞后是最大的瓶颈，物流成本高企、通信条件普遍较差、电力供应难以满足基本需求。基础工业落后，产业链上下游配套不完备，影响部分制造业企业扩大再投资。政府低效和腐败现象仍比较严重，部分领域如矿业等行政管理混乱、税费复杂繁多等等，都在很大程度上降低了印度尼西亚对外资的吸引力。

外资企业在印度尼西亚面临的主要障碍有：

（1）印度尼西亚各地区工人最低工资、工业用电、燃油价格较大幅度上涨，增加企业特别是劳动力密集型企业成本；

（2）资源民族主义和贸易保护主义抬头，少数保守社会团体鼓动政府出台不利于外资的政策；

（3）基础设施滞后问题越发严重，机场、码头、道路运力严重不足，雅加达和重点城市交通干道常年拥堵，猝不及防的水灾、停水、停电等时有发生；

（4）最近，政府有关经济政策带有较强的“民粹”色彩，不利于稳定投资者信心。

4.1.3 投资主管部门

印度尼西亚主管投资的政府部门包括投资协调委员会、财政部和能矿部，其中印度尼西亚投资协调委员会负责促进外商投资，管理工业及服务部门的投资活动，但不包括金融服务部门；财政部负责管理包括银行和保险部门在内的金融服务投资活动；能矿部负责批准能源项目，而与矿业有关的项目则由能矿部的下属机构负责。

投资协调委员会是印度尼西亚非官方组织，负责投资主管，直接对总统负责。委员会设主席一人，同时兼任投资部长。投资协调委员会的职能是协助总统制定投资政策，办理投资批准许可，监督实施投资项目，具体职能如下：

（1）起草投资政策，交总统批准；

（2）根据投资法律法规，协调行业和地区投资计划，制定出全国投资总规划；

（3）定期会同有关行业的主管部门整理审议“禁止和限制投资行业目录”；

（4）将上述目录提交总统批准后以总统令形式颁布；

（5）依据国家发展政策推动各省的投资活动；

（6）就投资项目咨询提供广泛的信息；

（7）与投资者和商界保持联系，建立有效的促进和交流机制；

（8）依照投资政策、法律、法规对投资申请进行评估；

（9）将外资申请项目遴选和评估结果呈报总统批准；

（10）审批内资和外资的投资申请和变更；

（11）代表有关行业的主管部门办理执照和投资许可；

（12）会同地方投资协调委员会与其他有关部门监督实施已批准的投资项目。

投资协调委员会不仅负责投资规划与管理，而且协助投资者寻找可行的投资项目及合适的当地合作伙伴，帮助投资者解决投资实施阶段中出现的各种问题。

4.2 印度尼西亚商务成本

4.2.1 水电气价格

印度尼西亚商业用电价为：450W 以内每度 420 印尼卢比，451W～900W 每度 465 印尼卢比，901W～1 300W 每度 473 印尼卢比，1 301W～2 200W 每度 518 印尼卢比，2 201W 以上每度 545 印尼卢比；工业用电价为：450W 以内每度 395 印尼卢比，451W～900W 每度 405 印尼卢比，901W 以上每度 460 印尼卢比。印度尼西亚政府于 2013 年对用电超过 1 300W 的用户或企业增收 15%的税，旨在提高印度尼西亚的用电效率，对于大部分均用电 450W 至 900W 的用户不会有太大的影响。

印度尼西亚的自来水、气价格可参照表 4－2 和表 4－3。

表 4－2　　雅加达用水价格

用户类别	价格（印尼卢比/M³）		
	0～10M³	11～20M³	＞20M³
Ⅰ类	1 050	1 050	1 050
Ⅱ类	1 050	1 050	1 575
ⅢA 类	3 550	4 700	5 500
ⅢB 类	4 900	6 000	7 450
ⅣA 类	6 825	8 150	9 800
ⅣB 类	12 550	12 550	12 550
Ⅴ类/特别用途	14 650	14 650	14 650

资料来源：商务部对外投资合作国别（地区）指南——印度尼西亚（2019 年版）

注：Ⅰ：宗教场所；Ⅱ：政府、医院；ⅢA：居民住宅；ⅢB：小工业企业；ⅣA：外交使团；ⅣB：星级酒店。

表 4－3　　雅加达地区居民用气价格

用户类别	价格（印尼卢比/M³）
1 类居民用气	1 680
2 类居民用气	2 016
1 类小型固定客户用气	1 680
2 类小型客户用	1 932

资料来源：商务部对外投资合作国别（地区）指南——印度尼西亚（2019 年版）

4.2.2 劳动力供求及工薪

印度尼西亚就业人员虽然日益庞大，但劳动力素质不够高。

印度尼西亚政府基本上每年都依法上调最低工资标准。2017年印度尼西亚首都雅加达周边工业区工人最低工资标准为每月335万印尼卢比（约248美元），各省会根据全国最低工资标准制定本省标准。印度尼西亚劳动力价格在亚洲地区具有竞争力，但就地区工资及工业种类而言，雅加达城区的工资比爪哇农村高，石油工业工资较高，农业工资则较低。雇主须向雇员提供医疗保障及福利。

4.2.3 土地及房屋价格

印度尼西亚土地价格行情随着土地所在地区、基本设施完善与否、面积大小、完整性程度和治安条件好坏而有较大差异。大体来讲，工业区土地较一般工业用地价高，私有土地较国有土地为高，热门投资区比偏远地区的土地价格高。据印度尼西亚央行调查结果显示，在雅加达、茂物、勿加西和加拉横的工业区，2015年第三季度土地价格每平方米达220美元。雅加达市区工业用地平均价格每平方米330美元，勿加西、茅物及加拉横的工业用地平均价格每平方米200美元。另外，万隆和泗水价位相当；其他城市如棉兰、三宝垄、日惹则更低。

另据日本有关机构数据，2012年雅加达周边工业用地平均价格达191美元/平方米，2013年初已涨至200美元以上，部分工业地块出售价格更高，如雅加达东部布洛卡栋（Pulogadung）工业园的土地价格竟高达630美元/平方米，比2010年时的80～100美元/平方米涨了6倍以上。目前，印度尼西亚的工业用地价格已高于其他东南亚国家，其中泰国曼谷为119美元/平方米，菲律宾马尼拉约52～102美元，马来西亚吉隆坡仅20～25美元，新加坡约为189美元。

随着经济稳步增长及商业活动活跃，印度尼西亚房屋需求上升。印度尼西亚各大城市房地产价格上涨，其中万鸦老最高达到21.90%，紧随其后的分别是望加锡17.21%，巴里巴板12.58%，万隆10.61%，泗水8.80%，巴淡岛8.37%，马辰8.35%，三宝垄8.30%，巨港6.99%。雅加达南部中央商务区公寓价格已飞涨到3 283美元/平方米，其他非黄金地段价格也在2 000美元左右。

印度尼西亚幅员辽阔，土地获得（承租或购买）较为容易。不过印度尼西亚政府法令规定外国人对土地的所有权仅为30年，不能终身拥有，但可以申请延长。外商如欲购地或租地，可直接向印度尼西亚投资协调委员会申请。外国人和外资企业只可能获得以下四类土地产权，他们都不是土地所有权，而是土地的次级产权，即对土地的使用和获益的权利，对地上附着物的所有权和收益权等。四类产权在土地来源类型、土地用途、批准和登记主体、最长期限、可转让抵押程度等方面存在一些差异。其中，建筑权与使用权的主要区别在于后者适用范围更广，前者一般涉及大型项目用地，多是与土地事务局（BPN）打交道；使用权与租赁权的主要区别在于规范程度不同，租赁权的形成是纯粹民间行为，无政府登记和权证，受保护程度相对较低。

表 4-4　　外商在印度尼西亚可能涉及的四类土地产权

类型	适用土地类型	权利内容	符合条件的外商	政府登记或批准部门	最长年限	转让和抵押
耕种权	国有土地	在相应土地上进行农业、渔业、畜牧业等领域生产活动和获利的权利	依据印度尼西亚法律注册的法人，且常住地在印度尼西亚境内	由国家土地事务局批准、登记和颁证	1. 首次授予不超过 30 年 2. 可申请展期不超过 25 年	可转让和抵押
建筑权	国有土地或私有土地	在相应土地上建造并拥有建筑物或其他附着物的权利	依据印度尼西亚法律注册的法人，且常住地在印度尼西亚境内	国有土地由国家土地事务局批准；私人土地由交易形成，BPN 负责登记和颁证	1. 首次授予不超过 30 年 2. 可申请展期不超过 25 年	可转让和抵押
使用权	国有土地或私有土地	在相应土地上进行生产经营或其他合法用途的权利	依据印度尼西亚法律注册的法人，且常住地在印度尼西亚境内；或外国企业在印度尼西亚的代表处	由地方政府批准，BPN 负责登记，合同期间私人土地的所有权将暂时转移到国家	1. 首次授予不超过 25 年 2. 可申请展期不超过 20 年	可抵押，转让条件按合同约定
租赁权	私有土地	在相应土地上进行生产、生活活动的权利	外国人、在印度尼西亚注册的外资法人、外国企业在印度尼西亚的代表处	无政府部门登记和相关权证，合同期间实际所有人仍为原产权人	按租用合同约定	不可抵押，转让条件按合同约定

资料来源：印度尼西亚经济社会发展报告（2018），社会科学文献出版社

4.2.4　建筑成本

目前，印度尼西亚水泥价格约 100 美元/吨，2017 年印度尼西亚国内水泥产能 7 000 万吨，同比增长 14%；国内销售水泥 6 640 万吨，同比提高 7.8%；出口销售 297 万吨，同比大增 84%。但 2017 年印度尼西亚水泥工业生产能力仍剩余 40%，约合 2 000 万吨熟料（相当于 2 500 万吨水泥）。

印度尼西亚钢铁协会数据显示，印度尼西亚目前年钢铁消费量为 1 340 万吨，

预计到 2025 年将达到 2 300 万吨。2017 年印度尼西亚进口钢材 643 万吨，占其全年钢铁消耗的 48%。目前印度尼西亚生铁年产能为 670 万吨，粗钢年产能为 1 176 万吨，轧钢厂钢材年产能为 1 560 万吨。喀拉喀托钢铁公司（Krakatau Steel）属印度尼西亚国有企业，是印度尼西亚最大的钢企，粗钢年产能约 590 万吨，占据印度尼西亚粗钢产能的一半以上。

4.3 外资引进方向

根据 2007 年《第 25 号投资法》，国内外投资者可自由投资任何营业部门，除非已被法令限制或禁止。法令限制或禁止投资的部门包括生产武器、火药、爆炸工具与战争设备的部门。另外，根据该法规定，基于健康、道德、文化、环境、国家安全和其他国家利益的标准，政府可依据总统令对国内与国外投资者规定禁止行业。相关禁止行业或有条件开放行业的标准及必要条件，均由总统令确定。

2007 年 7 月 4 日，印度尼西亚颁布《第 25 号投资法》的衍生规定，即《2007 年关于有条件的封闭式和开放式投资行业的标准与条件的第 76 号总统决定》和《2007 年关于有条件的封闭式和开放式行业名单的第 77 号总统决定》。根据这两个决定，25 个行业被宣布为禁止投资行业，仅能由政府从事经营。禁止投资的行业包括：毒品种植交易业、受保护鱼类捕捞业、以珊瑚或珊瑚礁制造建筑材料，含酒精饮料工业、水银氯碱业、污染环境的化学工业、生化武器工业、机动车型号和定期检验、海运通讯或支持设施、舰载交通通信系统、空中导航服务、无线电与卫星轨道电波指挥系统、地磅站、公立博物馆、历史文化遗产和古迹、纪念碑以及赌博业。

此外，外国投资者可投资绝大部分营业部门。依照印度尼西亚《投资法》的规定，外国直接投资可以设立独资企业，但须参照《禁止类、限制类投资产业目录》规定，属于没有被该《目录》禁止或限制外商持股比例的行业。外国投资者也可以在规定范围内与印度尼西亚的个人、公司成立合资企业，还可通过公开市场操作，购买上市公司的股票，但受到投资法律关于对外资开放行业相关规定的限制。

上述《目录》还对某些领域的外资准入限制条件进行了调整，主要变动如下：

（1）除非法律另有规定，如果外资只是把在印度尼西亚的相同业务经营拓展到印度尼西亚境内其他地区，政府不再要求外资事先设立新的企业或申请新的许可；

（2）通过在印度尼西亚资本市场实现的非直接投资或资产组合投资，可不受《禁止类、限制类投资产业目录》中有关规定的约束；

（3）对在同一业务领域的兼并、收购和合并行为，存续公司受有关外资股权限制规定的约束；

（4）合资公司因业务发展，需要增加股权投资。如印度尼西亚合作方无力增资，外方有优先增资权。如企业增资后，外方所持有的股权超过法规允许的最高比例，外方需通过以下方式，在两年内将所持有的股权将至法规允许的最高比例范围内：

① 向印度尼西亚合作方出售超出上限的股份；

② 通过印度尼西亚境内资本市场出售超出上限的股份；

③ 由合资公司回购超出上限的部分。

（5）为促进相关行业发展，印度尼西亚政府放宽外资进入以下领域的条件：

① 以特别许可证形式允许外资进入过去不对外开放的糖精工业部门；

② 在建筑公共工程行业，外资股权比例最高限制由55%提高到67%；

③ 开放外资进入文化旅游领域中的电影服务业（包括影片工作室、影片处理实验室、配音设备、电影洗印和复制）。外资股权比例最高不超过49%；

④ 外资在医院服务、专科诊所、临床试验室的股权比例限制由 65%提高到67%。对外资的经营地点不再限制，允许外资在印度尼西亚境内开展经营业务；

⑤ 电力行业。允许外国企业通过合作方式参与开发 0.1 万至 1 万千瓦的发电项目；对 1 万千瓦以上的发电项目，外资股权比例不得超过 95%。

（6）为保持新法令的一致性，向印度尼西亚投资者提供更多的投资机会，印度尼西亚政府对外资在以下行业领域的股权比例进行了调整：

① 根据 2009 年《第 41 号关于保护农业用地可持续利用的法令》，主要粮食作物（玉米、大豆、花生、绿豆、大米、木薯和红薯等）种植面积超过 25 万公顷的，外资股权比例最高不能超过 49%；

② 信息通信领域。根据 2009 年《第 38 号关于邮政的法令》，从事邮递业必须获得特殊许可，且外资股权比例最高不能超过 49%；电信基站建设、运营和管理等，须 100%由内资控股。

此外，《禁止类、限制类投资产业目录》附件中，增加了新的条款，进一步放宽对东盟其他成员国投资者在印度尼西亚投资的股权限制和地域限制。如在海运货物装卸服务领域，东盟成员国投资者被允许最高持股比例 60%，而东盟以外国家投资者只被允许最高持股比例 49%。

4.4 外资政策调整

4.4.1 2009 年调整的外资政策

2009 年初，印度尼西亚颁布新的《矿产和煤炭法》。根据该法，外国公司不再被禁止申请和持有矿业许可证，这是印度尼西亚矿业领域利用外资政策的重大突破。但新法规定，已在印度尼西亚获得矿产经营准字（IUP）和矿产经营协议（PUP）的已生产的企业，需建设矿产冶炼加工厂，而按照原有工作合同生产的企业，最迟在新法实施后 5 年内建立上述冶炼厂。按照新法规定，企业面临采矿期被缩短、采矿面积也被缩小的局面。在企业缴纳正常的所得税和矿产税之外，新法还增加了一项税率为 10%的附加税，中央和地方政府分别得到 4%和 6%。印度尼西亚能矿部颁布的相关实施细则规定，对优先使用本土公司提供的矿业服务、外资公司向当地政府或企业转让股权等问题作出具体规定。

2009 年以来，印度尼西亚的外资政策调整还包括：根据 2009 年通过的新《电力法》，印度尼西亚向私营企业开放电力投资领域。政府拟修订《非鼓励投资目录》，放宽医疗、教育、物流、电信等行业的外资准入。与此同时，印度尼西亚对外资进入某些领域做出了限制，具体如下：

（1）限制外企在基建工程的投资。印度尼西亚国家计委称，将限制外国企业在政府基础设施工程的投资，以保护国内企业市场份额。外资企业只被允许参加基础设施部门建筑价值在 1 000 亿印尼卢比以上，其他部门采购和服务价值在 200 亿印尼卢比以上的投标。此外，外资企业只许参加合同价值在 100 亿印尼卢比以上的服务咨询投标。

（2）限制外国投资者拥有农用地股权。印度尼西亚农业部表示，将限制外国投资者对与食品有关的土地如稻田的所有权，其拥有的股份比例不得超过 49%。

4.4.2 2010 年调整的外资政策

（1）2010 年，印度尼西亚政府采购需使用国货。为更好地扶植国内工业发展，印度尼西亚政府拟修改有关条例，规定今后凡政府单位采购价值超过 50 亿印尼卢比（约合 56 万美元），必须使用本国的物资与服务。

（2）出台绿色建筑法令。印度尼西亚于 2010 年实施首个绿色建筑标准法令，意在发展低碳建筑来提高能源利用效率。该法令以大城市的酒店、办公楼和公寓等碳排放量较大的建筑为对象，设定符合绿色建筑标准的9项条件，包括环保材料、低碳燃料、水和废物管理以及室内空气质量等。法令要求，绿色建筑所使用的材料应来源于当地且具有绿色证书，该证书由印度尼西亚环境部指定的独立机构出具。

（3）强力推行投资审批一站式服务制度。印度尼西亚政府颁布多部门联合签发的条例，强制要求地方各级政府推行投资审批一站式综合服务，要求全部省市县在2010年实施投资审批一站式综合服务以及网上办理许可证等制度，以提高投资效率，对于能提供良好投资服务的地方政府，中央政府将予以奖励；对不实施或实施不力的地方政府将予以惩罚，如减少财政资金分配等。

（4）促使商业银行合理增加信贷以支持实体经济发展。印度尼西亚央行颁布新规，要求商业银行将存贷款比例（即发放贷款占存款的比率）控制在78%至100%之间，而存贷款比例低于78%或高于100%的商业银行将增缴额外的存款准备金。此外，印度尼西亚央行还要求商业银行公布贷款的基础利率。长期以来，印度尼西亚商业银行惜贷现象较为普遍，贷款利率居高不下，印度尼西亚央行此举意在鼓励商业银行增加放贷，并防范过度放贷的风险。

（5）印度尼西亚政府在2010年取消了大宗商品出口信用证限制，外国游客在印度尼西亚购物可获10%的退税，并与巴黎、香港等城市签订避免双重征税协定。

4.4.3 2011年调整的外资政策

（1）2011年，印度尼西亚政府表示将进一步加大政策扶持力度，通过奖金奖励和提供辅助设备，吸引投资者发展经济特区基础设施建设。目前各经济特区的基础设施建设还不能达到投资者要求，交通运输、能源、电力、劳工、原料、市场、投资等方面的手续办理程序和规定尚未完备，这使得吸引投资者的进程十分缓慢。从2005年到2010年，14个经济特区只吸收到27.5兆印尼卢比投资额，占全国投资总额的3.14%。目前只有东加里曼丹（11兆印尼卢比）、南加里曼丹（3兆印尼卢比）和北苏拉威西（3兆印尼卢比）三个经济特区吸收了较大投资额。根据《147号政府条例》，对上述14个经济特区投资可享受5年内减免所得税30%的优惠。

（2）出台税收的鼓励措施，主要有：

① 外企自用机械设备、零配件及辅助设备等资本物资免征进口关税和费用；

② 外企两年自用生产原材料免征进口关税和费用；

③ 生产出口产品的原材料可退还进口关税；

④ 位于印度尼西亚东部的外企，65%产品出口，雇用外籍人员不受限制；

⑤ 外企用于研究开发、奖学金、教育和培训以及废物处理的开支可列入成本并从毛收入中提扣；

⑥ 对政府孤立的重点领域，可提供8～10年亏损结转或提高设备及建筑物折旧率；

⑦ 在印度尼西亚东部地区投资，土地和建筑物税在8年内减半征收；

⑧ 在开创性行业的投资，企业所得税可由政府承担10～12年；

⑨ 政府对保税区和设在全国15个地区的综合开发区的外国投资还给予一些优惠待遇。

（3）印度尼西亚政府暂停颁发矿业经营许可证。2011年不再颁发或延长矿业经营许可证，政府先对有问题的8 000个矿业经营许可证进行审计。截至2010年8月份，印度尼西亚拥有采矿权的企业已突破1万家，而在2000年之前，只有579家企业拥有采矿权。

（4）印度尼西亚国会通过新《园艺业法》。新《园艺业法》规定外国投资最多只能占到30%，并且必须把资金存放在印度尼西亚国内的银行。该限制是针对新投资者，对于新法颁布前的老投资者，则给予4年的时间来让出股份。该限制措施是为了防止大型园艺企业被外资所控制，因为目前多数大型的园艺企业如种子公司为外资所控制。新《园艺业法》有四个重要组成方面，即地域规定、制种规定、贸易规定和行销规定。地域规定将由各地方长官来决定。在制种方面，政府将放开让小型制种公司来销售其产品，不需要证书。

4.4.4 2012年调整的外资政策

（1）自2011年12月1日起，在印度尼西亚的投资者可以申请免税优惠，相关的执行准则已经出台。刚刚签署的执行准则中规定，凡有意申请免税优惠的投资者，必须把投资额10%的资金存放于印度尼西亚国民银行。投资者可以向印度尼西亚工业部或投资协调署提出免税优惠申请。

（2）2012年9月，印度尼西亚出台了新的投资批准政策，以提高投资便利化水平和进一步改善投资服务。印度尼西亚投资协调署将出台包括网上交易服务在内的一系列新型投资服务，方便投资者查询申请投资许可的步骤和进度，并加强对投资资金的统计和监管。

4.4.5 2013年调整的外资政策

（1）印度尼西亚政府将于2013年推出供工程用途的外国贷款限额。在

2013—2015 年检的最高贷款限额介于 60 亿至 61 亿美元之间。通过该措施，将加大印度尼西亚政府对外国贷款的选择性，提高外国贷款质量，同时确保降低外债比例，实现外债占国家 GDP22%的目标，保证国家财政状况良好。此外，该措施也将成为印度尼西亚国家计划部制定使用外国贷款或外国赠款计划的参照。印度尼西亚国家计划部强调，外国贷款必须用于从事生产性的工程。

（2）为更好吸引外资，印度尼西亚政府将对各地方政府办理外资企业营业执照特别是办理投资许可证程序进行全面评估和改进，并将发布法令，要求从 2014 年起，营业执照办理时间从现在的 17 天缩短为 10 天。

（3）印度尼西亚央行颁布新规，要求印度尼西亚国内银行贷款总额的 20%以上必须贷给中小微企业。

4.4.6 2014 年调整的外资政策

印度尼西亚官方投资统筹机构 2013 年 12 月 24 日公布了最新修订的投资负面清单。印度尼西亚政府通过修订投资领域的负面清单，放宽了对外资准入的限制。其表现为，一方面扩大了外商投资的领域，开放了部分原先仅限当地投资的行业；另一方面，对外资的持股比例要求放宽，一些行业外商可以控股。修订的主要内容如下：

（1）第一类为对外资更加开放领域，陆路交通客站和车辆常规检验部门的外资可持股比例从零放宽至 49%，为此次放宽幅度最大的两个行业。其他两个行业为制药业和金融风险投资业，外资持股比例分别从原来的 75%和 80%调整至 85%。广告业外资可持股比例亦从零放宽至 49%，但仅限于东盟国家。

（2）第二类为新设定的外资可持股领域，固定通信、多媒体综合网络电信、多媒体服务供应商的外资可持股比例分别为 65%、65%和 49%。

（3）第三类为公私合营的基础设施项目领域，其中机场、港口和陆路交通客站（含铁路）的经营管理外资可持股比例分别为 49%、95%和 49%，供水 95%，收费公路 95%，10 兆瓦以下发电厂 49%，10 兆瓦以上的 100%，输电和配电分别为 100%。此外，此次修订负面清单还收紧了几个外资可持股比例领域，如货物分销业和仓储业从 100%缩减至 33%。农业领域外资可持股比例因须与 2010 年颁布的《园艺业法》规定相配套，从 95%缩减至 30%。

目前清单中完全禁止类的产业有部分化学品、特殊交通设施和博彩业等，部分禁止类的产业有制糖、矿业和医药等。

4.4.7 2016 年调整的外资政策

2016 年，印度尼西亚政府将之前禁止外资涉及的 35 个行业从投资负面清单中移除，外资可拥有 100%持股比例，包括冷藏、旅游（餐馆、咖啡馆、酒吧和体育馆等）、仓储、电影、电子商务、高速公路运营、电信设备检测、垃圾处理及药物原料等，其中电子商务投资额需达到 1 000 亿印尼卢比，电影发行放映 60%应为印度尼西亚影片。此外，政府也有比例限制开放投资负面清单中 20 个行业予外国投资者，如火车运输业外资最高持股 49%，保健服务外资持股比例则从之前的 49%上调至 67%。

4.4.8 2017 年调整的外资政策

2017 年 12 月 4 日，印度尼西亚投资协调委员会颁布了 2017 年 13 号法令——《关于资本投资许可和设施实施指导意见和程序的规定》（Regulation No.3 of 2017 on Guidelines and Procedures for the Implementation of Capital Investment Licensing and Facilities），于 2018 年 1 月 2 日在印度尼西亚国家 BPKM 生效，且最迟应在 2018 年 7 月 2 日前在地方省级、市级的 BPKM 实施。新的 13 号令在申请投资许可证、批准流程简化、股份减持义务延期、外资代表处运营期限等方面作出了新的规定，对于原有印度尼西亚外商投资审查制度进行了较大变更。新令旨在提高在印度尼西亚投资的便利性。

新规将投资协调委员会原颁发的“投资许可证”（lzin Prinsip）更名为“投资申请”（Pendaftaran Penanaman Modal）。这意味着投资协调委员会旨在改变原有的审批体制，对于无需在公司运营前进行前期准备且满足特定条件行业要求（比如不需要建设厂房、引进生产经营设备的行业）的行业领域，允许其直接申请营业许可证，而无需根据此前的规则先申请临时投资许可证，待公司具备生产经营条件后再申请正式的营业许可证。

新规规定某些特定业务领域（主要包括建筑施工、基础设施建设等业务领域）的外资投资者/公司可以直接申请营业许可证，而无须先获得投资申请后再申请营业许可证。

对于不需要生产筹备期的行业，比如无需建设厂房、引进生产经营设备的行业，新规允许外资投资者/公司可以直接申请营业许可证，但必须满足下列条件：

（1）依照现行规定已注册外资公司；

（2）获得纳税注册登记号（NPWP）；

（3）已有办公室（签署了租赁合同）。

新规再次强调了禁止外资公司的股权代持。根据新规，可以要求投资者作出股权不存在代持的公证声明。此项规定增加了外资公司股权代持的法律风险。以往所有的旨在规避股权代持的所谓股份质押和借款安排，均存在被认定代持而无效的风险。

新规允许公司在股东同意并满足以下信息的情况下不履行股权减持义务：

（1）对于外资合资公司（JV），印度尼西亚股东同意公司不履行减持义务；

（2）对于外商全资公司（WFOE），所有股东申明没有和任何印度尼西亚方达成出售股份的协议。

新规规定投资额在 100 亿印尼卢比（不包括土地和对建筑物的投资）以下的公司若要申请延长投资许可期限，需要将投资额增加到 100 亿印尼卢比（不包括土地和建筑物的投资）以上。

新规规定，如外资公司不满足以下任一条件只可申请有效期为一年的“临时营业许可证”：

（1）最新财务报表显示公司净资产超过 100 亿印尼卢比，不包括土地和建筑物的资产；

（2）最新财务报表显示公司年度收入额超过 500 亿印尼卢比。

“临时营业许可证”可以申请延长一次，一次延长一年。

新规规定外资区域代表处的许可证有效期为三年，且可以延长。但是新规没有规定可以延长的次数和期限。

新规将公司分支机构设立的批准机构由以往的省级政府变更为投资协调委员会。

4.4.9 2018 年调整的外资政策

2018 年 11 月，印度尼西亚政府修订并公布了投资负面清单，大幅放宽外资准入或持股比例。外国投资者可以在互联网服务、制药、针灸服务设施、商业性画廊、艺术表演画廊及旅游开发等行业拥有 100%股权。此次被排除出投资负面清单的有五大领域 54 项业务，允许外国投资者拥有 100%股权。这些投资领域包括制药行业、针灸服务设施、艺术表演画廊、商业画廊、旅游业开发、市场调研服务；固定电信网络、移动电信网络、电信服务内容、互联网接入、信息服务中心或呼叫中心等在内的数据通信服务；海上石油天然气钻井、地热钻井、地热发电厂、职业培训、征信调查等。印度尼西亚政府希望该项投资放宽政策能够吸引更多的外商投资印度尼西亚。本轮投资负面清单调整是印度尼西亚政府推出第 16 套经济改革措施的重要内容。该套经济改革措施还包括减税、出口收入回流等措施，意在增加外国投资者信心和弥补贸易逆差。

4.5 印度尼西亚设立外商投资企业的相关法律政策

4.5.1 外资引进模式

外资可以在印度尼西亚申请成立三种形式的企业：

（1）合资企业：根据2007年《第25号投资法》及相关规定，在规定范围内，外国投资者可与印度尼西亚的个人、公司成立合资企业。

（2）独资企业：依照印度尼西亚《投资法》的规定，外国直接投资可以设立独资企业，但须参照《非鼓励投资目录》规定，属于没有被该《目录》禁止或限制外资持股比例的行业。

（3）外资并购：外国投资者可以通过公开市场操作，购买上市公司的股票，但受到投资法律关于对外资开放行业相关规定的限制。印度尼西亚市场中多数律师事务所和咨询公司提供此项服务。

4.5.2 设立外资企业的程序

在印度尼西亚可以成立100%外国直接投资（简称PMA）的独资企业，也可以成立合资企业，这两种企业都是印度尼西亚的有限责任公司（简称PT）并在印度尼西亚注册。

外国投资可在印度尼西亚雅加达向投资协调委员会提出申请，也可向各地方投资协调委员会或者通过印度尼西亚驻各国的外交代表机构（大使馆、总领馆、领事馆）提出，所以，投资者可以选择其中一个认为最方便的地方提交投资申请书。不过若在保税区内投资，则应先将投资申请提交保税区主管部门，再由保税区政府提交投资协调委员会。

印度尼西亚的投资协调委员会以及地方投资协调委员会或印度尼西亚政府驻外代表，将对投资者的申请进行评估，如果还需要其他文件或资料，则会致函投资方加以补寄。若投资申请得到批准，则投资协调委员会主任或者印度尼西亚政府驻外代表机构将发出投资同意书。从收到申请到颁布批准证书全过程约10个工作日。在颁布投资批准证书后，外国投资公司可按印度尼西亚有限责任公司的条款，去印度尼西亚的公证机关，以对章程进行公证的形式成立企业。

外国投资者向印度尼西亚投资协调委员会或印度尼西亚政府驻海外机构提出申请时，须填写一式两份的专门表格，并提交投资协调委员会或印度尼西亚驻外使馆，同时提交以下附件：

（1）由外国投资方（自然人）提供的：

① 英文或印度尼西亚文的公司章程；

② 外国人有效的护照复印件

（2）由外国投资公司（PMA）提供的：

① 公司章程；② 纳税注册登记号（NPWP）

外国直接投资（PMA）申请程序及其执行准字

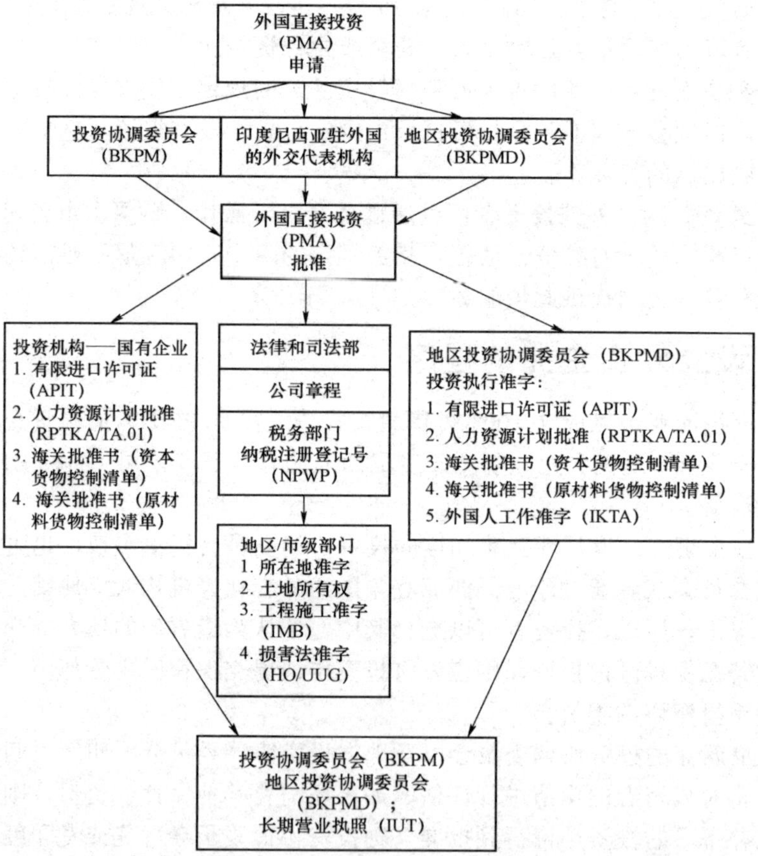

图 4－3 外国直接投资（PMA）申请程序及其执行准则[①]

---

① 引自商务部《对外投资合作国别（地区）指南——印度尼西亚（2019 年版）》。

（3）由印度尼西亚合作方提供的：

① 公司章程、个人身份证；② 纳税注册登记号（NPWP）

（4）① 工艺流程或生产流程图和加工原材料的规格；② 服务性行业的业务活动介绍

（5）有关合作伙伴：

① 根据印度尼西亚有关中小企业的法律规定，在小企业和大中型企的合作中，应当确定各方的权利义务和合作形式；

② 由相关小企业出具一份声明，表明合作项目符合 1995 年 9 号法律《印度尼西亚小型企业的规定》。

（6）保税区投资的申请

企业如要在保税区投资，则应通过保税区管理委员会向投资协调委会提出申请，并要求享受有关优惠政策。向保税区提交的申请材料及附件和以上小节内容相同。

保税区管理委员会授权对项目的申请书进行预审，并对项目所需土地、建筑及有关基础设施情况进行初步评估。为此，保税区管理委员会有权要求投资者追加说明材料。保税区管理委员会在收到投资申请书两周内，应将该申请书连同保税区管理委员会对项目的意见呈报投资协调委员会。保税区管理委员会随后负责签发土地使用准字，项目所在地准字、厂址许可证、建筑许可证、环保执照和外籍人员工作准字。

无论是内资还是外资向经济发展特区投资时，都要向发展特区管理委员会提出申请，经济发展特区对项目进行评估，评估结果将报投资协调委员会主席，由主席颁布批准证书，并通过经济发展特区管理委员会正式通知申请人。经济发展特区将负责对投资实施中的许可证准字进行评估和签发。

（1）许可证经营的批准（执行阶段）

（2）项目获批准后，投资协调委员会根据投资者的要求签发下列证件：

① 海关批准证书（SPP）给予税收和进口减免；

② 进口许可证（APIT）；

③ 人员计划批准书（RPTK）；

④ 营业执照（IUT）。

除上述许可证外，地方政府将负责签发地区准字，如项目所在地准字、建筑物施工准字、损害许可准字、土地准字等。

4.5.3 其他批准程序

4.5.3.1 申请纳税人注册号

按印度尼西亚1984年《税法》规定，公司有义务向其居住地或者住址所在地的税务局报告其经营活动的地点，以便确认其为纳税公司，即纳税人（PKP），并办理纳税人确认号（NPPKP）。

外国公司应填写纳税人注册表，并附上下列文件，通过邮局交给当地税务局。

（1）对纳税人

① 一份合资企业公司章程复印件；

② 一份公司股东人之一的身份证复印件；

③ 一份营业执照复印件，或一份由营业所在地政府部门出具的推荐信复印件。

（2）对公司财务人员

身份证/驾驶执照/护照复印件

4.5.3.2 海关的批准步骤

外国投资公司应向投资协调委员会提交一份清单，报告其将要进口的货物，如机器设备和原材料等，并附上下列文件：

（1）申请书；

（2）主要进口货物清单；

（3）投资批准复印件；

（4）设备流程图；

（5）技术说明书或技术文件；

（6）纳税人注册号复印件；

（7）应纳税人确认号复印件；

（8）生产工艺流程图；

（9）生产能力计算文件。

投资协调委员会将从法律上确认申请书的合法性，然后对主要进口货物清单上的货物颁发海关进口免税证明。只有在75%的机械设备安装完毕后，方可进口为期两年批量生产所需要的原材料。

4.5.3.3 限制进口许可证（APIT）的批准步骤

外国投资公司按自己计划进口主要货物和原材料辅料应申领进口许可证

（APIT）。向投资协调委员会申领 APIT 要提供下列文件：

（1）公司负责人在限制进口身份号卡上签字并加盖公司公章，若此负责人不是公司董事，则必须有公司董事的授权代理申明；

（2）公司章程；

（3）外国投资公司的纳税人注册号；

（4）有权签署重要文件的外国人工作许可证复印件；

（5）有权签署进口文件的人员名单，并附护照照片一张；

（6）投资批准书复印件。

4.5.3.4 公司所在地的批准步骤

公司所在地许可证是投资公司取得土地的重要条件之一，其目的是为了控制和管理投资公司获取土地的行为。公司所在地许可证上表明土地是在一块地图上以具体面积表示的用于投资的土地。外国投资公司要申请土地准字，必须向地方政府土地事务局（BPM）提出申请并附下列文件：

（1）投资批准书复印件一份；

（2）纳税注册登记号（NPWP）复印件一份；

（3）所需土地规划图；

（4）有关项目建议书；

（5）公司章程复印件一份。

在评估通过之后，当地政府将给投资者签发土地准字。外国投资公司依据土地准字，开始购置土地。

4.5.3.5 工程施工准字的批准步骤

已获得土地并已购得土地的外国公司可以向当地公共劳工联合会主席或者房屋与基础设施局申请工程许可证并附下列文件：

（1）土地准字复印件；

（2）申请签字人身份证复印件；

（3）公司章程复印件；

（4）土地所有权证书或证明复印件；

（5）土地和建筑税支付凭证。

在未取得工程施工准字（IMB）前，工业性建筑可先开始施工。

根据审计后的评估报告，地方政府将签发工程施工许可证（IMB），这一许可证也可以作为建筑物使用准字。

4.5.3.6 土地使用权的批准步骤

外资公司在获得土地之后，应当尽快向当地政府土地事务局（BPN）申请地面建筑物所有权（HGB），向省土地事务局申请耕作权（HGU）。申请时应附下列文件：

（1）投资批准书复印件一份；

（2）获得土地的法律文件如购买收据及其他文件的复印件；

（3）公司章程；

（4）使用土地达到或者超过 200 公顷，则由国家土地事务局签发土地耕作权；使用土地少于 200 公顷，将由省政府土地事务局签发同意书。

4.5.3.7 损害许可准字的批准步骤

外资公司（PMA）要获得损害许可准字（UUG/HO），要向当地政府行政秘书处提出申请并附下列文件：

（1）公司所在地土地准字复印件一份；

（2）纳税注册登记号复印件一份；

（3）公司章程一份；

（4）土地和建筑税支付凭证复印件一份；

（5）土地所有权证书或证明复印件一份；

（6）机械设备安装布局图纸复印件一份；

（7）生产保护和废物处理流程图复印件一份；

如果工厂坐落在工业区内，或者符合环境影响分析标准（AMDAL）的产业，则无需申请损害许可准字。

4.5.3.8 永久经营许可证的批准步骤

开始进行商业运行的外资公司需要向投资协调委员会申请永久经营许可证（IUT），并附下列文件：

（1）司法部长批准的公司章程，中小企业部批准的企业协议复印件一份；

（2）土地权证书、土地所有权证明或土地租赁协议复印件一份；

（3）损害法许可准字复印件一份；

（4）环境管理计划署（RKL）和环境监测计划署（RPL）出具的批准文件复印件一份，投资计划的批准文件复印件一份；

（5）项目调研备忘录（BAP），若投资协调委员会尚未及时完成所需要的项目调研备忘录，则由申请人附上目前的投资活动报告（LKPM）。

若申请书不是由总裁签字，必须附上签字人委托书。

要注意的是，从事某些特定行业须递交下列文件：

（1）从事电力供应业务，须由电力和能源总司长签发运行检测证书；

（2）从事旅游经营业务，须由旅游总司长签发宾馆等级证书；

（3）从事出租车运营业务，须由地方政府出租车管理部门出具营运准字。与地方旅游局就旅游运输业务签订承包旅游运输车合同或租赁合同的，须由地方政府出具营运准字；

（4）从事宾馆和饭店含酒精饮料零售业务，须获得销售准字。

4.5.3.9 投资计划变动的批准程序

外资公司投资计划的扩大或更改须向投资协调委员会或者相关地区投资协调委员会递交申请。

（1）投资扩大批准程序

申请扩大投资包括追加投资和设备，用以扩大已批准的生产能力、增加商品品种、扩大服务领域等方面。园艺或种植行业的扩大投资包括追加资金或下列多个方面的业务：

① 增加植物品种，使其多样化；

② 采用更优化的种子；

③ 不增加土地，采用密植增加产量；

④ 增加处理技术设备，提高生产能力；

⑤ 扩大种植面积；

⑥ 业务综合开发。

申请扩大投资向投资协调委员会提出。

（2）投资计划更改的批准程序

① 投资计划更改包括：

② 项目地点的更改；

③ 经营和生产行业的更改；

④ 外国雇员的人事变动；

⑤ 投资和财政来源的变更；

⑥ 合作伙伴或形式的变更；

⑦ 外国投资公司股份所有权的变更。

投资计划的更改也须向投资协调委员会提出申请。

4.6 印度尼西亚税收政策

4.6.1 税收体系和制度

印度尼西亚实行中央和地方两级课税制度，税收立法权和征收权主要集中在中央。

现行的主要税种有：公司所得税、个人所得税、增值税、奢侈品销售税、土地和建筑物税、离境税、印花税、娱乐税、电台与电视税、道路税、机动车税、自行车税、广告税、外国人税和发展税等。印度尼西亚依照属人原则和属地原则行使其税收管辖权。

印度尼西亚税务总署是所属财政部负责税务征管的部门，其主要机构有：税务总署办公室、税务数据及文档处理中心、雅加达特殊税务区域办事处、税务总署区域办事处、大企业税务办公室、税务主管办公室和税务咨询办公室。

除 2008 年 7 月 17 日通过的《所得税法》之外，为吸引外国投资，印度尼西亚出台了一系列优惠政策。公布于 1999 年的《第七号总统令》恢复了鼓励投资的免税期政策；2009 年印度尼西亚政府通过的经济特区新法律进一步规定了特别经济区税收优惠政策。

所得税优惠由《有关所规定的企业或所规定的地区之投资方面所得税优惠的第 1 号政府条例》规定。自 2011 年 12 月 1 日起，在印度尼西亚的投资者可以申请免税优惠，根据相关的执行准则规定，凡有意申请免税优惠的投资者，必须把总投资额的 10%资金存放在印度尼西亚国民银行。投资者可以向印度尼西亚工业部或投资协调署提出免税申请。

4.6.2 主要税赋和税率

4.6.2.1 所得税

（1）个人税收

个人税收区分居民与非居民。居民从税务角度，在任一连续的 12 个月的期间内在印度尼西亚居住达 183 天或以上的，或在相应财政年内居住于并打算继续留驻印度尼西亚的个人，将被认为是居民。非居民纳税人则是在印度尼西亚居住少于 183 天且无留驻印度尼西亚打算的个人。非居民无需进行税务注册。

应税收入和税率居民个人纳税人针对其全球总收入纳税，除可扣除费用和免税收入外。非居民个人只针对其源自印度尼西亚的收入纳征。

在印度尼西亚，个人所得税只在国家层面征收。应税收入包括就业收入，从商业或职业活动中获得的收入和其他收入，如被动收入（股息、利息和特许权使用收入）、资本收益等。雇员收到的实物利益在大多数情况下，不对雇员征税（或不可在雇主税收中作为扣除项）。但由某些类别的雇主所提供的实物利益也可能成为征税项目。

为政府资助项目提供服务的承包商和供应商可获得税收减免，但他们的工作人员、分包商、下属咨询公司和下级供应商则被征税。

2008 年 7 月 17 日，印度尼西亚国会通过了新《所得税法》，个人所得税最高税率从 35%降为 30%，分为四档，5 000 万印尼卢比以下，税率 5%；5 000 万印尼卢比至 2.5 亿印尼卢比，税率 15%；2.5 亿印尼卢比至 5 亿印尼卢比，税率 25%；5 亿印尼卢比以上者，税率 30%。除上述规定以外，个人取得的股息分红的最终税率为 10%。如果个人纳税人的纳税义务期间并非包括全年，其应纳税额应按照纳税义务天数除以 360 得到的比例占全年收入的金额进行计算。

纳税年度为公历年。

表 4－5　　印度尼西亚对个人的税收项目一览[①]

印度尼西亚对个人的税收项目一览		
所得税税率（5%～30%）	不超过 5 000 万印尼卢比的部分	5%
	超过 5 000 万印尼卢比至 2 亿 5 000 万印尼卢比的部分	15%
	超过 2 亿 5 000 万印尼卢比至 5 亿印尼卢比的部分	25%
	超过 5 亿印尼卢比的部分	30%
资本收益税税率	与所得税一致	
税基	全球	
双重课税减免	是	
纳税年度	公历年	
报税截止日期	3 月 31 日	

① 根据《印度尼西亚投资指南——赤道上的翡翠（2015 年）》和商务部《对外投资合作国别（地区）指南——印度尼西亚（2019 年）》整理。

表 4－6　　预扣税税率[①]

预扣税税率（适用于源自印度尼西亚的收入）	
－股息 －利息 －特许权使用收入	10%（居民）；20%（非居民） 15%/20%（居民）；20%（非居民）15%
净资产税	无
社会保险（雇员供款）： －社会保障（BPJS）人力资源计划 －社会保障（BPJS）医疗保健计划	2% 0.5%（2014 年 1 月 1 日至 2015 年 6 月 30 日） 1%（2015 年 7 月 1 日起）
遗产税	无
土地和建筑物税	0.3%
土地和建筑物收购税	5%
交易税	0.1%（转让在印度尼西亚证交所上市的股票）； 5%（非居民转让其所持未上市的印度尼西亚常驻公司的股份）；销售总额或应税销售价值的 5%，以较高者为准（出售土地和/或者建筑物）
在股票首次公开发行（IPO）时，对创始人所持股票的征税	0.5%
增值税	10%

扣除和减免扣除通常用适用于为获得收入所发生的费用。

表 4－7　　扣除与减免项目[②]

扣除的基础	可扣除的总额（每年）
纳税人	2 430 万印尼卢比
配偶	202.5 万印尼卢比（若夫妻收入合并计算，则在此基础上另加 2 430 万印尼卢比）
家属	每人 202.5 万印尼卢比（最多三个有血缘或者婚姻关系的家属）
职业支持	总收入的 5%，最多 600 万印尼卢比
退休金（适用于退休人员）	总收入的 5%，最多 240 万印尼卢比
对获批养老金的缴纳，如社会保障（BPJS）人力资源计划	由自己缴纳的额度

① 引自《印度尼西亚投资指南——赤道上的翡翠（2015 年）》，德勤。

② 引自《印度尼西亚投资指南——赤道上的翡翠（2015 年）》，德勤。

财政部长被授权可对个人税收的扣除额度进行重新确定。

表 4－8　个人所得税税率[①]

应税收入	税率
不超过 5 000 万印尼卢比	5%
超过 5 000 万印尼卢比但不超过 2.5 亿印尼卢比	15%
超过 2.5 亿印尼卢比但不超过 5 亿印尼卢比	25%
超过 5 亿印尼卢比	30%
收入类型	**预扣税实际税率**
从印度尼西亚公司获得的分红	10%
支付给非居民个人的： －工资、股息、利息、特许权使用费、物业租金、奖品或奖励 －为其所提供的技术、管理和其他服务支付的款项	20%（1）
从其所持有的在印度尼西亚证交所上市的公司股票中所获的收益	0.1%
以 IPO 价格出售创始人股份的附加税	0.5%
出售土地或者建筑物所得收益	5%（2）
非居民转让其所持未上市的印度尼西亚常驻公司的股份	5%（3）
个人出租土地和/或建筑物的租金收入	10%
储蓄或定期存款的利息	20%
小型的企业/公司	1%（4）

注：

（1）受税收协定中的降低税率的影响。

（2）按销售总额或应税销售价值征税，以较高者为准。

（3）按转让价征税，除非可根据税收协定获得豁免。

（4）受一定条件的影响，按收入总额征税，考虑最终税遗产与赠予税印度尼西亚不征收遗产税或赠予税。

针对土地、建筑物和永久性搭建，应每年缴纳土地和建筑物税。尽管较高的税率会适用于某些高价值的住房和大型的房地产，但税率通常不超过财产价值的 0.3%。某些售价的免税部分也不包括在此税中。

对个人出售土地和/或建筑物（除主要从事于土地或建筑物转让的纳税人出售基本简单房和基础公寓外），按其销售总额或应税销售价值的 5%征税，以较高者

① 引自《印度尼西亚投资指南——赤道上的翡翠（2015 年）》，德勤。

为准。税收豁免将授予以捐款或者继承为目的的土地和/或建筑物的转让，以及出售价值低于 6 000 万印尼卢比的土地的个人且其年收入不超过免税收入的门槛。

当个人获得价值超过免税收入门槛（即 6 000 万印尼卢比）的土地或建筑物的产权时，应按该土地或建筑物的转让价的 5%纳税。但如果该权利是通过继承所获得的，则纳税人有权享受最低 3 亿印尼卢比的免税门槛。

（2）企业所得税

表 4-9　　印度尼西亚对企业的税收项目一览[①]

印度尼西亚对企业的税收项目一览	
企业所得税税率	25%
分支机构利润税税率	20%
资本收益税税率	5%/25%
税基	全球
参与免税	是
亏损宽免	
结转 移前扣减	5 年 否
双重课税减免	是
税收合并	否
转让定价规则	是
资本弱化规则	否
受控外国公司规则	是
纳税年度	公历年或财务年
税收的预付	是
报税截止日期	公历年/财务年后 4 个月
预扣税税率	
支付给非税务居民 股息 利息 特许权使用收入 分支机构利润	 20% 20% 20% 20%

① 引自《印度尼西亚投资指南——赤道上的翡翠（2015 年）》，德勤。

续表

预扣税税率	
支付给税收居民	2%（服务和设备租赁收入） 10%（土地和/或建筑物租赁收入） 15%（股息、利息、特许权使用收入）
资本税	无
社保供款	7.24%～11.74%
土地和建筑物税	0.3%
土地和建筑物收购税	5%
转让税	0.1%（转让在印度尼西亚证交所上市的股票） 5%（非居民转让其所持未上市的印度尼西亚常驻公司的股份） 销售总额的 5%（出售土地和/或建筑物）
在股票首次公开发行（IPO）时，对创始人所持股票的征税	0.5%
印花税	不定
增值税	10%

从税务角度，一个企业如果在印度尼西亚注册成立，或者在印度尼西亚进行其有效的管理活动，将被认为是常驻印度尼西亚的企业。

资本收益将在扣除资本损失后作为普通收入征税。然而，对出售在印度尼西亚证交所上市的股票，按其交易价的 0.1%征税。在股票首次公开发行时，对创始人所持股票，不管之后是否被继续持有或被出售，也按其股票发行价的 0.5%征税。

对出售或转让土地或建筑物，按其销售总额的 5%征税。另外，除非适用于税收协定中的优惠税率，对外国人出售其所持的未上市的印度尼西亚常驻公司的股份，应按其销售总额的 5%征税。

常驻企业已在境外对其境外来源的收入缴税的，有权对其所缴的境外税收获得单方面税收豁免。该豁免仅限于对该境外收入的印度尼西亚应纳税额。在此，国别限制适用，即该豁免仅限于在该国对该境外收入的印度尼西亚应纳税额。

纳税年度为一个公司的财政年度。

所有进行商业活动或独立职业的纳税人必须保持定期且适当的会计记录，并据此定期纳税。通过有限公司形式在印度尼西亚开展业务活动的外国公司通常与居民纳税人一样具有纳税义务。非有限公司形式的外国公司则通过印度尼西亚付款人对其印度尼西亚来源的收入进行税务的预扣来履行其纳税义务。

税收的征管是在一个自助申报的系统下运行的。企业所得税按月支付，并在每个纳税评估月次月的第 15 日到期。纳税申报表（不是实际纳税）则必须于次月的第 20 日之前提交。企业的年度纳税申报表必须在其财政年结束后的四个月内提交。其他税务的支付也有相应的时间表。多支付的税收可能被返还，但仅发生在进行税务审计之后。

对股息、利息、特许权使用费、租金、专业服务费、技术和管理服务费、建设服务费用等收入的征税是通过预扣税的形式来完成的。如果接收方是印度尼西亚居民，预扣的税款被认为是一项考虑到公司最终应纳税额的支付；但如果接收方不是印度尼西亚居民，则预扣的税款即为最终税款。对股息、利息、特许权使用费及其他费用的预扣税必须在纳税评估月次月的第 10 日内支付。从员工的工资中扣除的所得税必须在次月的第 10 日内支付。

企业所得税率，2009 年为过渡期税率 28%，2010 年后降为 25%。印度尼西亚对中、小、微型企业还有鼓励措施，减免 50%的所得税。为减轻中小企业税务负担，2013 年印度尼西亚税务总署向现有的大约 100 万家印度尼西亚中小企业推行 1%税率，即按销售额的 1%征税。2018 年 5 月，印度尼西亚政府已完成了 2013 年关于某些固定企业所得税第 46 号政府条例的修改，主要内容是把中小微企业最终所得税税负率从原先的 1%降低为 0.5%。

另外，上市的居民纳税人如果有不少于 40%的股权在印度尼西亚证券交易所交易流通，并符合其他特定条件，可以取得所得税率降低 5 个百分点的优惠。

（3）伊斯兰教商业的企业税

从非常广义上讲，伊斯兰金融不同于传统金融的基本特点在于其禁止对“利息”的收取或支付。尽管伊斯兰教法禁止收取或支付利息，但它并不排斥其他形式的投资回报，例如双方在签署合同时商定的租金或利润。

表 4-10 对伊斯兰银行和金融服务机构的所得税处理①

收入接收方	收入类型	税务处理
银行	从客户的交易中获得的红利、利润分红和差额其他收入	利息 按照相关交易的一般所得税规定进行处理
投资人/储户	通过印度尼西亚的伊斯兰教银行或境外伊斯兰教银行的印度尼西亚分行所获得的红利、利润分红和其他离岸受托基金收益其他收入	利息 按照相关交易的一般所得税规定进行处理

① 引自《印度尼西亚投资指南——赤道上的翡翠（2015 年）》，德勤。

表 4－11 伊斯兰金融服务[①]

交易类型	税务处理
租赁	正常的经营租赁；租赁资产不可折旧
金融租赁	类似于可选择的金融租赁；租赁资产不可折旧
保理	收益或利润作为利息处理
消费金融	收益或利润作为利息处理
信用卡	对所收卡费或其他收益，按照相关交易的一般所得税规定进行处理
其他伊斯兰金融活动	对所收费用或其他收益，按照相关交易的一般所得税规定进行处理
资金来源于投资人的企业融资	收益或利润作为利息处理

4.6.2.2 增值税

印度尼西亚对供应货物和提供服务，及在生产和分配的每个阶段，都征收增值税，标准税率为 10%。对出口的应税货物和某些出口的应税服务，其增值税税率为零。适用于零税率增值税的出口服务仅限于：来料加工服务；为在印度尼西亚海关管辖区以外使用的可移动货物或相关货物提供的维修和保养服务；和为处于印度尼西亚海关领土以外的不动产或与之相关不动产提供的施工服务。

增值税适用于无形商品（包括特许权）和几乎所有在印度尼西亚境外为印度尼西亚企业提供的服务（即进口服务）。增值税对于所有制成品，无论是本地生产的还是进口的，都以同等条件适用。此处，制造被定义为会改变产品原有形式或属性，创造新产品，或增加原产品价值的任何行为：包括制造、烹饪、组装、包装和灌装。

增值税的进项税和销项税可相互抵消。

印度尼西亚没有增值税分类的概念。一家企业如果拥有位于不同税务机关管辖区域的一个或多个分支机构，可以申请对增值税的申报和支付进行集中化处理。集中化处理通常是由总部进行；但在满足一定条件时，也可以由其中一个活跃的分支机构进行。

印度尼西亚的增值税标准税率为 10%，根据不同货物可调整范围为 5%～15%。向进口商、生产商、批发商及零售商等提供服务，大部分按 10%的一般税

① 引自《印度尼西亚投资指南——赤道上的翡翠（2015 年）》，德勤。

率征收增值税。同时，增值税法准许单项税率的调整，现有非 10%税率包括香烟及二手车辆，诸如包裹快递及旅游中介这类服务按 1%的税率征税，而代理经营则是按所收佣金的 5%征税。

印度尼西亚对出口的有形货物、出口的无形货物和出口的应税劳务增值税税率为零。

根据 2010 年 4 月 1 日起生效的 2009 年《增值税法第 42 号》，服务业的出口所适用的增值税率为零。然而财政部的法规进一步规定了零税率增值税只适用于下列服务：

（1）符合以下条件的合同分包服务：① 应税服务的买家或接受方在关境以外且为非居民纳税人并且没有所得税法中所指定的常设机构；② 由应税服务的买家或接收者提供规格规范以及材料；③ 上述材料是指原材料、在产品或用于进一步加工为应税商品的辅助材料；④ 应税货物的所有权属于购买方或接收方；⑤ 分包合同商按应税服务买家或接收者的要求将产品递送至关境外。

（2）位于关境以外包括施工计划、施工工程和施工监理在内的建筑服务。

（3）与关境外所使用流动资产相关的修缮及维护服务。

4.6.2.3 房地产税

针对土地、建筑物和永久性搭建，应每年缴纳土地和建筑物税。尽管较高的税率会适用于某些高价值的住房和大型的房地产，但税率通常不超过财产价值的 0.3%。当个人获得价值高于 6 000 万印尼卢比的土地或者建筑的产权时，应当支付税率为 5%的土地和建筑物收购税。但有各种豁免，包括企业合并过程中的房地产转移和亲属间的房地产转移。

土地和建筑物税在一些领域（如石油和天然气、地热、矿业、种植业、林业）另有特殊规定。

4.6.2.4 交易税

对出售在印度尼西亚证交所上市的股票，按其交易价的 0.1%征收交易税。在股票首次公开发行时，对创始人所持的股票，不管之后是否被继续持有或被出售，也按股票发行价的 0.5%征税。

对非印度尼西亚居民转让其所持的印度尼西亚常驻公司的股票，除非税收协定另有规定，应按转让价的 5%征缴预扣税。

4.6.2.5 奢侈品销售税

除增值税外，印度尼西亚对于属于应税分类的奢侈品销售或进口征收奢侈品销售税。对出口货物不征奢侈品销售税。

奢侈品的应税商品含义为：

（1）不是基本日常所需的商品；

（2）由特定人群消费的商品；

（3）一般由高收入人群消费的商品；

（4）可通过消费而显示自身地位的商品；

（5）可能损害健康和社会道德，扰乱公共秩序的商品。

奢侈品销售税的计税基础与增值税一致，为销售价格、进口价格、出口价格以及其他法规规定的价格。该税仅在生产环节及进口环节一次性征收。

4.6.2.6 印花税

在印度尼西亚，对金融交易及契约和凭证的交易都征收印花税。同时，根据交易的金额和文件的类型，税额从3 000到6 000印尼卢比不等。

4.6.2.7 关税

所有来自海外且进入印度尼西亚关税领土的产品都被当作“进口商品”，对此通常征收进口关税和进口税。进口商必须在贸易部注册并获得进口商识别码（API），被认为是同时必须在海关总署注册并获得海关识别码（NIK）。

对已签署自由贸易协议（FTA）和经济伙伴协议（EPA）的国家采用优惠税率。这意味着对从FTA/EPA伙伴国进口的特定货物适用较低的进口关税或完全免税。

目前，印度尼西亚有下列优惠关税计划：

（1）东盟贸易协议（ATIGA）：这是基于印度尼西亚与东盟国家之间的协议的特惠关税。此关税适用于从东盟国家进口到印度尼西亚的货物。

（2）东盟与中国自由贸易协议（ACFTA）：这是东盟国家与中国签订的关于建立自由贸易区的协议。中国指的是中国大陆，不包括特别行政区（香港、澳门）和台湾省。

（3）东盟与韩国自由贸易协议（AKFTA）：这是东盟国家与韩国签订的关于建立经济合作伙伴关系的协议。

（4）印度尼西亚与日本经济合作伙伴关系协议（IJEPA）：这是印度尼西亚与日本政府之间签订的关于建立两国经济合作伙伴关系并促进两国之间贸易与投资的协议。

（5）东盟与澳大利亚和新西兰自由贸易区协议（AANZFTA）：这是东盟国家

与澳大利亚及新西兰签订的关于建立自由贸易区的协议。

（6）东盟与印度自由贸易区协议（AIFTA）：这是东盟国家与印度签订的关于建立自由贸易区的协议。

（7）印度尼西亚和巴基斯坦伊斯兰共和国政府关于进口关税税率的规定：这是基于印度尼西亚和巴基斯坦伊斯兰共和国政府所签订的优惠贸易协议，并在其框架内制定的规定。

关税及进口税都应在货物运出海关区域（港口）前付清。如货物需要缴纳消费税，税款同样需要在货物离开海关前付清。未按规定纳税的，将按未纳税额予以惩罚，罚金上限为未纳税额的10倍。

4.7 政府吸引外资的优惠政策

4.7.1 优惠政策框架

4.7.1.1 旅游业优惠

东盟旅游部长会议（东盟旅游论坛）于1999年1月在新加坡举行，各国一致同意对外资投资旅游业提供以下优惠：

（1）兴建观光旅馆、休闲中心、高尔夫球场可免税，外资可持有100%股权；

（2）旅游设施进口手续简化并免征关税；

（3）印度尼西亚考虑将旅游土地使用年限延长为70年（目前为30年），使旅游业成为吸引外资的火车头。印度尼西亚投资部考虑像泰国一样成立投资单一窗口，帮助外商办理各项繁杂事务；投资部还将授权印度尼西亚驻外使领馆办理外商投资申请前的协调、咨询事务，以使外商能在入境10天内完成所有行政手续。

4.7.1.2 制造业优惠

1998年12月，东盟各国首脑峰会在越南河内召开，这次会议发表了包括《河内宣言》《河内行动计划》《东南亚自由贸易区》及《共同优惠税率计划》在内的《大胆措施方案》。在该方案中印度尼西亚对外商的优惠措施有：所有制造业均允许外资拥有100%股权（包括经审核的批发零售业）；外商可拥有已登记注册的新银行的100%的股权；1亿美元以下的投资案，审核时间将在10天内完成。

4.7.1.3 税收优惠

1999 年 1 月，印度尼西亚政府《第七号总统令》公布了恢复鼓励投资的“免税期”政策。对纺织、化工、钢铁、机床、汽车零件等 22 个行业的新设企业给予 3 到 5 年的所得税免征期。如投资项目雇用工人超过 2 000 人，或有合作社 20%以上的股份，或投资额不少于两亿美元，则增加 1 年优惠期。对于已超过 30%的规模进行扩大再生产的项目，减免其资本货物以及两年生产所需材料的进口关税。对于某些行业或一些被视为国家优先出口项目和有利于边远地区开发的项目，政府将提供一些税收优惠。上述行业及项目将由总统令具体决定。对出口加工企业减免其进口原料的关税和增值税及奢侈品销售税。对位于保税区的工业企业，政府还有其他的鼓励措施。

2008 年 7 月 17 日，印度尼西亚通过《所得税法》，2009 年印度尼西亚政府通过的经济特区新法律进一步规定了特别经济区税收优惠政策。所得税优惠由《有关所规定的企业或所规定的地区之投资方面所得税优惠的第 1 号政府条例》规定。印度尼西亚政府对有限公司和合作社形式的新投资或扩充投资提供所得税优惠。提供的所得税优惠包括：

① 企业所得税税率为 30%（根据新《所得税法》，2010 年后为 25%），可以在 6 年内付清，即每年支付 5%。

② 加速偿还和折旧；

③ 在分红利时，外资企业所缴纳的所得税税率是 10%，或者根据现行的有关避免双重征税协议，采用较低的税率缴税；

④ 给予 5 年以上的亏损补偿期，但最多不超过 10 年。

上述所得税优惠，由财政部长颁发，并且每年给予评估。

自 2011 年 12 月 1 日起，在印度尼西亚的投资者可以申请免税优惠，根据相关的执行准则规定，凡有意申请免税优惠的投资者，必须把总投资额 10%资金存放在印度尼西亚国民银行。投资者可以向印度尼西亚工业部或投资协调署提出免税申请。

印度尼西亚政府 2013 年将为企业获得税收优惠进一步简化手续，并降低获得免税期和免税津贴的标准。根据印度尼西亚政府现行规定，在基础金属、炼油、天然气、有机基础化学、可再生能源和电信设备等 5 个工业部门，投资额超过 1 万亿印尼卢比（约合 1 亿美元）的企业，可获得 5 至 10 年的所得税免税期。同时，对在印度尼西亚偏远落后地区投资的 129 个劳动密集型行业的企业，最低投资额 500 亿印尼卢比（约合 500 万美元）且投资期限超过 6 年的，可最多按总投资的

30%降低应纳税所得。印度尼西亚将改变目前仅对投资额超过 1 万亿印尼卢比（约合 1 亿美元）给予优惠待遇的政策，视不同情况对有关企业给予同等优惠待遇，以吸引更大规模的投资，促进印度尼西亚经济发展。同时，印度尼西亚将增加可获得税收优惠的产业部门，让更多领域的企业投资获得税收优惠，并对企业申请较少的产业部门减少或取消优惠政策。

4.7.2 行业鼓励政策

4.7.2.1 行业优惠

自 2007 年 1 月 1 日起，印度尼西亚政府对 6 种战略物资豁免增值税，即原装或拆散属机器和工厂工具的资本物资（不包括零部件），禽畜鱼饲料或制造饲料的原材料，农产品，农业、林业、畜牧业和渔业的苗或种子，通过水管供应的饮用水，以及电力（供家庭用户 6 600 瓦以上者例外）。

2007 年，为吸引外商进入印度尼西亚，与当地企业合作从事鱼类加工业，印度尼西亚政府准备采取多项税收措施，具体包括免除国内加工鱼产品的出口税，减轻渔业加工机械进口税，减免收入税及增值税，在综合经济开发区和东部地区投资的企业还可获得土地建设税减免优惠。

2009 年，印度尼西亚政府进一步明确对工业发展用机器、货物和原料免征进口税。

2010 年，对部分行业的投资给予财政奖励或税收优惠。印度尼西亚政府将对至少 10 个营业部门提供财政奖励以支持其发展，即食品饮料业、纺织业、电子行业、交通运输业、通信信息产业、基础金属与机器工业、石化工业、农畜产品加工业、林业和海洋产品加工业、创意产业。此外，印度尼西亚政府还拟对环保型企业、大型投资项目、在落后地区投资的基建项目，以及具有较多附加值、提供广泛就业机会和运用先进科技的工业部门提供税收减免等优惠。

2011 年以来，推出财政奖励政策，大力支持资本和劳动力密集型产业的发展。针对包括原金属、炼油、天然气、有机基础化学、可再生能源和电信设备等 5 个工业部门，投资规模在 1 万亿印尼卢比（约合 1.17 亿美元）以上的，免除其开始商业运行后 5～10 年的税款，已投资印度尼西亚但经营尚不足一年的企业也可以享受到此项优惠税收政策。同时对符合印度尼西亚产业导向和优先发展领域的 120 个产业和地区提供相应的税收优惠。

为提高本国钢铁产能，印度尼西亚政府一直鼓励钢铁工业和炼油厂的投资建设，包括给予长达 15 年的免税期，并给予两年的减税 50%优惠期。

4.7.2.2 投资便利

印度尼西亚中央与地方政府实行投资审批一站式服务。实行一站式服务之后，每个部门都派代表到投资统筹机构办事处，以便加快办理审批手续。依据《投资法》第30条第7款，需要中央政府审批的投资领域包括对环保有高破坏风险的天然资源投资、跨省级地区的投资和与国防战略和国家安全有关的投资。

2013年10月，印度尼西亚采取的配套政策焦点是为提高在印度尼西亚进行投资或经商提供的便利。政策主要将适用于雅京首都专区，为提高经商便利，该经济政策配套由8个方面组成，即：开始经营业务、安装电力、缴税和缴保险费、解决有关合约而提出的民事诉讼、解决破产案件、有关注册土地和建筑物所有权、房屋建造许可证，以及获得贷款便利。

2018年7月6日，印度尼西亚OSS系统正式启动。OSS是Online Single Submission的首字母缩写，意为一站式线上提交。设立该系统一是为了方便外国投资者处理注册公司、办理许可证等一系列在印度尼西亚投资所需要的手续，二是为了减少办理许可证过程中的繁杂手续。

4.7.2.3 地区鼓励政策

印度尼西亚为了平衡地区发展，按照总体规划部署和各地区自然禀赋、经济水平、人口状况等特点，将重点发展“六大经济走廊”（Economic Corridors），即爪哇走廊——工业与服务业中心，苏门答腊走廊——能源储备、自然资源生产与处理中心，加里曼丹走廊——矿业和能源储备生产与加工中心，苏拉威西走廊——农业、种植业、渔业、油气与矿业生产与加工中心，巴厘—努沙登加拉走廊——旅游和食品加工中心，巴布亚—马鲁古群岛走廊——自然资源开发中心。

印度尼西亚政府将按照规划出台政策和措施，对在上述地区发挥比较优势的产业提供税务补贴等优惠政策，优先鼓励发展当地规划产业。除爪哇岛等地区外，未来几年印度尼西亚的发展重点，将是包括巴布亚、马鲁古、苏拉威西、加里曼丹、努沙登加拉等在内的东部地区，印度尼西亚将进一步出台向投资当地的企业提供税务补贴等优惠政策。

4.7.3 经济特区

4.7.3.1 经济特区介绍

2014年初以来，印度尼西亚政府已批准成立10个经济特区，分别是北苏门答腊省（Sei Mangkei）、东加里曼丹省（Maloy Batuta）、中苏拉威西省巴鲁（Palu）、北马鲁姑省（Morotai）、南苏门答腊省（Tanjung Api-Api）、万丹省（Tanjung Lesung）、西努沙登加拉省（Mandalika）、北苏拉威西省比通（Bitung）、邦加勿里洞省勿里洞县 Sijuk 镇丹绒格拉洋（Tanjung Kelayang）和巴布亚省的梭隆（Sorong）特殊经济区。2019 年，印度尼西亚东部地区成立比通、摩罗泰和加里曼丹经三个经济特区。

对于经济特区，印度尼西亚期望能引进更多的先行性企业，行业涵盖物流、工业、技术、旅游、能源、出口加工等。投资企业可享受 5 到 10 年不等的免税期。经济特区都将提供开放和灵活的特殊政策，拥有进入国际市场的能力（近海港或空港），位于第一资源地区，欢迎个人和私人资本采用多样化的合作模式进行投资。

4.7.3.2 经济特殊法规

2009 年，印度尼西亚通过了经济特区新法律。在特别经济区开展业务的公司，可以享受税收（包括增值税、销售税及进口税等）、土地使用等方面的优惠政策。政府将简化投资人申请设立公司或申办其他事项的手续。

2015 年 11 月，印度尼西亚内阁秘书部公布报告称，此前印度尼西亚政府发布的第六期经济措施配套，将对经济特区提供各项优惠政策，主要惠及 9 个方面。分别为：

（1）所得税方面的优惠。投资额超过 1 万亿印尼卢比的企业可享受为期 10 年至 25 年的减税期或者免税 20%至 100%优惠；投资额超过 0.5 万亿印尼卢比的企业可享受 5 年至 15 年的减税期或者免税 20%至 100%优惠。

（2）增值税和奢侈品销售税的优惠（包括免税进口）。从其他地区购买商品或原材料进入经济特区可免税；从经济特区运至其他地区也可免税；经济特区内企业之间的交易可免税，经济特区企业与另外的经济特区企业的交易也可免税。

（3）海关方面的优惠。从经济特区进入国内市场的进口税按照原产地证书（SKA）的规定。

（4）外籍人士拥有房地产的优惠。外国公民或外国企业可以在经济特区拥有公寓或房地产；拥有公寓或房地产的外国公民或外国企业，可以通过经济特区管理机构的保证获得居留证；所拥有的奢侈品可获得免除增值税、奢侈品销售税。

（5）旅游业方面的优惠。可以获得削减 50%至 100%的第一期建设税；可以获得削减 50%至 100%的娱乐税。

（6）劳动力方面的优惠。经济特区将成立工资委员会，以及成立由政府、雇主和雇员组成的合作机构；每一个企业只有一个工会或工人论坛；经济特区有权直接发出和延长使用外国员工的计划书；可在经济特区延长外国员工准字。

（7）移民方面的优惠。可获得为期 30 天的首次访问签证，并可连续延长 5 次每次 30 天的时间；可以获得为期 1 年的多次访问签证；在经济特区拥有房地产的外籍人士可以获得居留证；在旅游业经济特区的外籍老年人可以获得居留证。

（8）土地方面的优惠。通过经济特区私营企业的建议，可以获得有关建筑物使用权，并可持续延长使用年限；经济特区行政组织可以直接为业者提供土地方面的服务。

（9）许可证方面的优惠。经济特区管理人可以直接发出原则许可证和营业证书；从开始申请直至发出许可证的时间最久为 3 个小时；将提供许可证方面和非许可证方面的服务列表；可以通过经济特区管理员申请处理许可证方面和非许可证方面的服务。

4.7.4 保税区

对于在保税区内设立的企业，有以下优惠措施：

（1）对于进口生产过程中所需要的资本货物、设备以及原料可免进口税、所得税以及奢侈品的增值税。

（2）允许企业将 50%的最终出口产品通过正常的进口手续转销到国内市场，若是非最终出口产品，可 100%转销到国内市场。

（3）允许将一些边角料或废料销入印度尼西亚关境内，但含有生产所用材料的量不超过 5%。

（4）允许这些企业将自己的机器设备出借给保税区以外的或无出口加工地位分包商进行深加工，期限不超过两年。如果这些企业将其产品从保税区或出口加工转口区交到这些区域以外的分包商或是这些区域内的其他公司进行深加工，则对其免征增值税和奢侈品销售税。

4.7.5 综合经济发展区

为发展某些区域的经济建设，如印度尼西亚东部地区或者偏远地区，印度尼西亚政府已开辟几个综合经济发展区，在这些区域的投资者，可获以下优惠措施：

（1）给予 30%的投资补助；

（2）加速折旧和摊提；

（3）亏损结转可延长 10 年；

（4）降低股息税。

4.8 中国与印度尼西亚的投资关系

中国和印度尼西亚两国自 1990 年恢复外交关系以来，双边经贸合作全面发展，尤其是近年来，两国在贸易、投资和工程承包等领域合作发展迅猛。2013 年 10 月，习近平主席在印度尼西亚首次提出共建“21 世纪海上丝绸之路”，中国和印度尼西亚双边关系提升至全面战略伙伴关系。投资已成为双边经贸合作的最大亮点。

4.8.1 中国对印度尼西亚投资

据中国商务部统计，中国已连续 3 年成为印度尼西亚第 3 大外资来源地，2018 年中国对印度尼西亚直接投资达 24 亿美元，占当年印度尼西亚吸收外资总额的 8.2%，中国企业对印度尼西亚的投资涉及农业、矿冶、电力、房地产、制造业、产业园区、数字经济和金融保险等广泛领域，遍布印度尼西亚各大主要岛屿，产能合作取得显著成效。青山集团在印度尼西亚投资建设了全球产业链最长的不锈钢生产基地；宏桥集团投资建设了印度尼西亚第一家也是东南亚最大的冶炼级氧化铝厂；小米、OPPO、VIVO 已跻身印度尼西亚最主要的智能手机品牌行列；阿里巴巴、腾讯、京东等互联网企业不仅为印度尼西亚消费者带来全新的生活体验，还培育了一大批新型创业家。

印度尼西亚长期是中国企业开展工程承包的前十大海外市场之一。据中国商务部统计，2017 年，中国企业在印度尼西亚新签承包工程合同 1 521 份，新签合同额 172.04 亿美元，完成营业额 55.62 亿美元；累计派出各类劳务人员 11 569 人，年末在印度尼西亚劳务人员 17 734 人。2018 年，中国企业在印度尼西亚工程承包新签合同额和完成营业额分别达 114 亿美元和 61 亿美元。中国企业积极参与印度尼西亚的电站、高速公路、桥梁、水坝等项目建设，为增进印度尼西亚各地的互联互通、推进基础设施建设做出了积极贡献。当前，中国企业在印度尼西亚主要投资和承包的项目有：风港电站、达延桥项等工程项目，爪哇 7 号、南苏 1 号等一大批电站建设项目，青山镍铁工业园、西电变电器生产项目，华为技术有限公司承建印度尼西亚电信项目等。东南亚首条高铁——雅加达—万隆高铁、中国建筑工程总公司承建印度尼西亚美加达卫星城项目、印度尼西亚目前单机容量最大的机组——爪哇 7 号燃煤电站项目等代表性项目正在稳步推进之中。

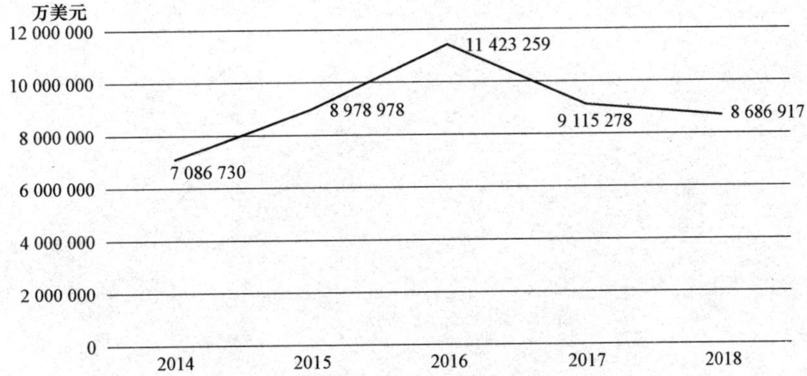

图 4－4　中国对印度尼西亚直接投资净额（2014—2018 年）

数据来源：中华人民共和国国家统计局

4.8.2　双边投资协定

1994 年 11 月 18 日，中国与印度尼西亚签署双边投资保护协定《中华人民共和国政府和印度尼西亚共和国政府关于促进和保护投资》。2011 年 4 月 29 日，两国签署《中华人民共和国政府和印度尼西亚共和国政府关于扩大和深化双边经济贸易合作的协定》。

2015 年 3 月 26 日，中国与印度尼西亚签署《中华人民共和国政府和印度尼西亚共和国政府关于对所得避免双重征税和防止偷漏税的协定》。

第5章 印度尼西亚金融环境

5.1 印度尼西亚的货币政策

5.1.1 印度尼西亚的货币政策目标

印度尼西亚央行的目标是实现和维持印尼卢比的稳定性。

印尼卢比稳定性被定义为通货膨胀中所反映出的商品和服务价格的稳定。为实现这一目标，印度尼西亚央行于2005年决定采用通货膨胀目标框架，其中通货膨胀是货币政策的首要目标，同时坚持自由浮动汇率制度。汇率稳定对实现价格和金融体系的稳定起着至关重要的作用。为此，印度尼西亚央行还实施了旨在尽可能降低汇率剧烈波动的汇率政策，而不是将汇率与特定水平挂钩。

为了实现这一目标，印度尼西亚央行有权通过制定货币目标（如货币供应量或利率）来实施货币政策，其主要目标是将通货膨胀率保持在政府规定的水平。在操作层面上，这些货币目标依赖于金融工具的使用，包括对印尼卢比和外汇货币市场的公开市场操作、设定贴现率、规定最低准备金率以及对信贷或融资进行监管。印度尼西亚央行也可能根据伊斯兰教教法原则（Sharia Principles）实施货币管制。

5.1.2 印度尼西亚的货币政策框架

为了实施货币政策，印度尼西亚央行选择了一个称为通胀目标框架（Inflation Targeting Framework，ITF）的工作框架。该框架于2005年7月正式通过，取代了以往以基础货币为货币政策目标的货币政策。[①]

在这一框架下，印度尼西亚央行明确向公众宣布政府设定的通胀目标，为实现这一目标而调整货币政策。对于要达到的通胀目标，实施前瞻性的货币政策，意味着只有在评估未来通胀发展是否与既定通胀目标同步之后才能对货币政策进行调整。在这一框架下，货币政策的运作具有透明度，并对公众负责。在操作层面，货币政策的立场反映在政策利率的设定上，以政策利率影响货币市场利率，进而影响银行体系的存贷款利率。这些利率的变化最终将影响产出和通胀。随着1997年放弃爬行区间汇率制度，印度尼西亚央行需要一个新的名义锚来管理货币政策。名义锚是一种名义变量（如价格指数、汇率或货币供应量），央行明确将其作为其他价格形成的基础或基准。

为什么货币政策需要名义锚？如果没有名义锚，货币政策的走向就不可能明朗，公众也就没有什么可以引导他们对通胀的预期。这就像一艘在海上漂流的船，没有明确的方向驶向下一个港口。反之，名义锚使公众能够商业运行管理过程中形成与名义锚相符合的通胀预期。印度尼西亚央行宣布通胀目标并确保一致实现这一目标，可以提高其货币政策的可信度，进而引导公众对通胀的预期与印度尼西亚央行设定的目标保持一致。

在通胀目标框架中使用名义锚的原因包括：

（1）通胀目标框架更容易被公众理解。有了明确的通胀目标，公众就会明白通胀的方向。相比之下，当采用基准货币目标时，公众更难理解未来通胀的走向，特别是在与通胀的联系尚不明确的情况下。

（2）根据印度尼西亚央行的授权，通胀目标框架将通货膨胀作为货币政策的优先事项。

（3）通胀目标框架是具有前瞻性的，根据政策对通货膨胀产生影响的滞后性而定。

（4）通胀目标框架加强了货币政策的透明度和问责制，从而提高了货币政策的可信度。透明度、问责制和目标的明确性是赋予独立的银行良好治理的一部分。

（5）通胀目标框架不要求货币供应量、产出和通货膨胀之间关系的稳定性假设。相反，它代表了一种更全面的方法，考虑了经济状况下的许多信息变量。

在通胀目标框架下，印度尼西亚央行宣布了特定时期的未来通胀目标。在每个时期，印度尼西亚央行都将评估通胀预测是否与所采纳的目标相一致。该预测采用了许多模型和各种信息描述未来的通胀状况。如果通胀预测不再与目标相符，印度

---

① 印度尼西亚央行，https://www.bi.go.id/en/moneter/kerangka－kebijakan/Contents/Mengapa.aspx

尼西亚央行将使用其可支配的工具作出回应。例如，如果通胀预期超出目标，印度尼西亚央行将采取偏紧的货币政策。印度尼西亚央行定期向公众解释对通胀状况的评估、未来展望和所作的决定。如果达不到通胀目标，必须向公众作出解释，并采取措施使通胀回到目标轨道。

1997 年亚洲金融危机中，印度尼西亚银行业受到巨大冲击，印尼卢比严重贬值，出现清偿危机，并导致大规模的挤兑现象，银行失去社会信誉。为此，根据与国际货币基金组织（IMF）达成的协议政府对银行体系实行全面的改革。经过整顿，银行效益明显改观。IMF 和亚洲开发银行向印度尼西亚提供贷款，大大改善了印度尼西亚的金融环境。

5.2 印度尼西亚货币体系

5.2.1 当地货币

印度尼西亚货币为印尼卢比，印尼卢比可自由兑换。在印度尼西亚的金融机构、兑换点，印尼卢比可与美元、欧元等主要货币自由兑换。2015 年以来，受世界经济不景气的影响，印度尼西亚出口额不断下降，而印度尼西亚国内需求旺盛，进口大幅上升，导致经常项目逆差扩大。最高峰时印尼卢比贬值 25%，美元对印尼卢比一度接近 1∶14 000 的关口。2016 年，佐科政府持续推出经济改革政策及税务特赦政策，印度尼西亚经济表现良好，全年经济增长 5.02%，且汇率提高 2.41%。2017 年，印尼卢比币总体稳定，兑美元汇率在 1 美元兑 13 500 印尼卢比左右。2018 年，印尼卢比兑美元汇率持续走软，截至 7 月 25 日已达 14 500 印尼卢比兑 1 美元的高位。

图 5－1　印度尼西亚当地货币—印尼卢比

5.2.2 货币政策

印度尼西亚货币政策是印度尼西亚货币当局为实现宏观经济目标而对货币供应量进行调节和控制所采取的方针、政策。印度尼西亚货币政策的总目标是保持币值稳定，促进经济发展，扩大就业和提高人民生活水平，把稳定币值放在首位。20 世纪 50 – 60 年代，印度尼西亚经历了高通货膨胀，国际收支逆差给印尼卢比对内对外大幅度贬值造成了压力。因此，印度尼西亚中央银行采取的首要对策就是稳定货币。一方面，1965 年 12 月，印度尼西亚实行了重大的货币改革，以 1 000 旧卢比兑换 1 个新卢比。印度尼西亚从 1969 年开始实施经济建设的五年计划，基本都执行以稳定币值为主要目标的货币政策。

20 世纪 70 年代初，世界范围的商品市场繁荣给印度尼西亚的传统出口产品带来了有效收益。特别是 1973 年的石油价格上张，使印度尼西亚石油出口增长，改善了其国际收支。而 1973—1974 年，印度尼西亚出现了高达 30%～40%的通货膨胀，印度尼西亚金融当局立即采取了紧缩措施，控制货币增长，压缩信贷。但是由于货币大幅度贬值，公众对国家政策失去信心，这些努力没有很快见效。1978 年，印度尼西亚再次受到印尼卢比贬值的通货膨胀的冲击，印度尼西亚政府努力推行稳定经济发展计划，同时再次实行了紧缩的金融政策和有节制的财政政策。如：控制 M_1 的增长，临时冻结物价、对印尼卢比实行浮动汇率管理。印度尼西亚中央银行还采取了一些直接控制方法：

（1）由中央银行规定商业银行的贷款限额，并实行严格的监督，使整个商业银行的实际贷款总额低于中央银行所限定的贷款分配额。

（2）中央银行规定统一的贷款利率、再贴现率和再贷款利率，必要时可由中央银行进行调整。

（3）为加强商业银行的吸收存款能力，政府对商业银行的存款利率进行了加息补贴。

（4）印度尼西亚还采取了一种较独特的金融手段——“进口存款比率”管理，即要求进口部门按进口额的一定比例，在银行存款，印度尼西亚中央银行可以根据需要调整这个比率。这个手段的目标是在通货膨胀时期，回笼货币，控制进口。

但是，印度尼西亚的金融市场欠发达，金融工具也不够多，所以，印度尼西亚主要是采取了直接控制的体制，其手段主要是限制贷款的最高额，控制存款、贷款利率，实行利息补贴，统一外汇管理等。这种货币体制虽然有利于稳定国内的通货膨胀，但不利于本国金融市场的发展，限制了国内商业银行的积极竞争，也不利于发展市场化的调控体制。

20 世纪 80 年代初，当第二次石油危机再次严重影响印度尼西亚的宏观经济时，印度尼西亚政府下决心开始金融改革，试图以间接的货币管理体制来代替旧体制，同时将过去的以信贷规模控制为目标的货币政策转变为利率控制目标的货币政策。此后，印度尼西亚中央银行采取的具体措施包括：

（1）取消信贷最高限额控制。

（2）取消对商业银行的利率控制。

（3）引进公开市场业务。1984 年初，印度尼西亚中央银行开始发行自己的债券，这种短期债券可充当银行的超额储备或商业银行在中央银行的印尼卢比准备，中央银行通过债券买卖手段调节市场货币量。

（4）1984 年，印度尼西亚成立了两个再贴现机构来补充储备货币管理体制。这两个机构负责对金融机构融通短期资金，并通过提供临时性贷款鼓励他们进行长期投资。

（5）为了进一步发展货币市场，印度尼西亚中央银行在 1985 年 2 月开始允许各商业银行和其他金融机构在他们之间或与中央银行之间进行新的证券交易。

（6）加强吸收外资。1985 年和 1986 年，印度尼西亚两次简化外国投资申请，对外资采取优惠的政策措施。

印度尼西亚的金融改革加强了国内金融业的竞争，利率水平趋于合理，国内印尼卢比定期存款和储蓄存款总额不断增长。新的货币市场证券增加了金融当局管理控制货币和准备金的能力，同时也发展了国内的货币市场。随着金融改革的深入，印度尼西亚逐步走向了市场化的管理体制，为其经济稳定增长创造了较好的基础。

表 5-1　　印度尼西亚广义货币供给及年增长率（2011—2018 年）

	2011 年	2012 年	2013 年	2014 年	2015 年	2016 年	2017 年	2018 年
广义货币（万亿，印尼卢比）	2 877.2	3 307.5	3 730.2	4 173.3	4 548.8	5 004.9	5 419.2	5 760.0
广义货币占 GDP 比重（%）	36.7	38.4	39.1	39.5	39.5	40.4	39.9	38.8
广义货币年增长率（%）	16.4	15.0	12.8	11.9	9.0	10.0	8.3	6.3

数据来源：世界银行，DataBank

表 5-2　　印度尼西亚实际利率预存贷利率（2011—2018 年）

	2011 年	2012 年	2013 年	2014 年	2015 年	2016 年	2017 年	2018 年
实际利率（%）	4.59	7.75	6.37	6.79	8.35	9.22	6.50	6.47
存款利率（%）	6.93	5.95	6.26	8.75	8.34	7.17	6.52	6.13
贷款利率（%）	12.40	11.80	11.66	12.61	12.66	11.89	11.07	10.54

数据来源：世界银行，DataBank

5.3 印度尼西亚外汇政策

5.3.1 汇率政策发展历程

自 1997 年金融危机以来，印度尼西亚一直实行浮动汇率制，在定价方法上主要是参考一篮子货币定价。同时，印度尼西亚的外汇管理相对自由，跨境资本可自由流动。在上述汇率安排与外汇管理制度下，印尼卢比的汇率较易受到国内外市场因素和跨境资金流动的影响，相应的汇率波动也较为频繁。为了防止和缓解浮动汇率制下本币汇率的剧烈波动，及其可能对国内经济带来的不利影响，印度尼西亚政府采取了一系列措施，并取得了成效。

2001 年 9 月，印度尼西亚政府宣布恢复有管理的浮动汇率制，中央银行通过干预外汇市场使汇率维持在其不公开的目标水平。

从过去这十年左右的情况看，印尼卢比的汇率上下波动较为频繁，市场化特点明显。其中，从 2011 年开始，汇率曲线虽有起落，但是整体上看是上扬的，也就是说，印尼卢比相对美元而言，呈长期贬值趋势。①

受 2008 年全球金融危机的影响，亚洲各国汇率大幅下降，印尼卢比也未能幸免。但印度尼西亚政府采取了一系列宽松的财政政策和货币政策，如减税、增加基建投资、实施总额为 73 万亿印尼卢比的经济刺激计划，以及降低存款准备金率、调低基准利率、提高存款保险上限等。这一系列措施不仅增加了市场的流动性，还促进了本国生产和消费，为印尼卢比的逐步回升起到了积极的作用。同时，苏西洛总统的连任，增强了市场对政策持续性的信心。2011 年 8 月 2 日，印尼卢比币值一度升至 1 美元兑 8 460 印尼卢比，是十年来的最高值。但此后，印尼卢比又进入了较为长期的贬值区间。

2011 至 2015 年，印尼卢比开始进入长期贬值通道。第一个贬值峰值出现在 2013 年年底。当年 6 月，美联储表态将逐步退出量化宽松货币政策。受此影响，东南亚股市暴跌，印度尼西亚雅加达综指 5 日、10 日和 30 日跌幅全球最大，分别是 10.26%、9.41%和 11.71%。印尼卢比也急速下跌。从 2013 年 6 月 3 日的 9 811 跌至同年 12 月 30 日的 12 270，跌幅达 25%。第二个贬值峰值出现在 2015 年三季度末。受世界经济不景气的影响，印度尼西亚经济增长放缓，出口额也在不断

① 引自《印度尼西亚汇率制度及其汇率走势分析》，胡军伟，https://www.cnki.net

下降，经常项目连年逆差。美联储加息预期引导资本外流，进一步加大了印尼卢比的贬值压力。世界银行、国际货币基金组织和亚洲开发银行等机构，连续下调了印度尼西亚2015年的经济增速预期。2015年9月29日，印尼卢比汇率一度跌破14 728，达到1998年东南亚危机以来的最低值。

2016年至2018年年初，印尼卢比币值略有回升。进入2016年，全球经济放缓带来的外部压力仍然没有缓解，印度尼西亚政府采取了一些应对措施，如通过央行的降息降准来鼓励国内投资和消费，通过调控食品与战略物资的成本价格来抑制通胀，通过税务特赦计划来引导境外资金回流等。此外，为了减少因美元在国内交易中占比过高而导致本国经济过多受到美元波动及美国经济的影响，印度尼西亚央行从2011年开始，要求境内交易使用本币。这一政策，增加了市场对印尼卢比的需求，也是印尼卢比升值的动因之一。

通过实施这些政策措施，印度尼西亚国内经济状况有所改善。2016年，经济增长5.02%，通胀率为3.02%（为2010年来最低），外汇储备年内增长了105亿美元，达到1 164亿美元。2016年至2018年年初，印尼卢比币值的波动情况相对稳定，基本上在13 000和14 000之间浮动。

2018年至今，印尼卢比先贬后升，汇率逐步回稳。2018年，主要受美联储加息等外部因素的影响，印尼卢比出现明显贬值，且在2018年10月11日达到15 253的峰值。在此轮贬值中，印度尼西亚央行采取了以下五项措施来维护印尼卢比稳定：一是提高利率，引导资金回流。二是同步干预外汇市场和政府债券市场，动用外汇储备，以即期、掉期或远期等多种方式，从市场上买入印尼卢比或向银行发放外汇定期存单，吸收银行过多的外汇资金，影响本外币的供求。三是保持货币市场和银行间掉期市场的充分流动性。央行针对加息进行平衡操作，放宽贷款房价比率、下调首付款比例、放松抵押和信用条件等，刺激地产销售，以激活银行业信贷市场。四是加强与金融业、工商界、经济学界间的有效沟通，形成市场对汇率的理性预期，减少印尼卢比不符合经济基本面的过度波动。五是推出一定的资本管制措施，如对央行票据6个月持有期的要求、对短期离岸借款和外汇准备金进行限制等。

上述一系列举措取得了积极成效：自2018年11月开始，汇率开始回稳。2019年2月22日，雅加达银行间即期汇率（JISDOR）1美元兑14 079印尼卢比，已基本回升到美联储加息前的汇率水平。

5.3.2 外汇管理机构及法律

印度尼西亚的中央银行负责执行汇率政策和对外汇储备进行管理。

外汇管理的主要法规包括《监管银行和非银行金融机构的外汇交易流量法》（1999年）以及《印尼卢比与外汇交易限制法》（2005年）。

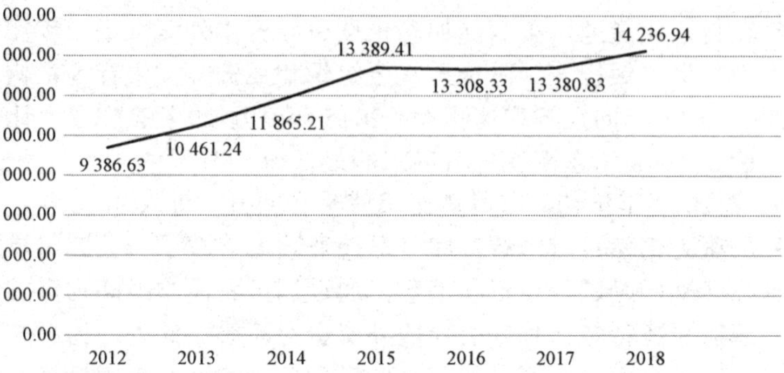

图 5－2　印尼卢比对美元汇率（2011—2018 年）

数据来源：世界银行，DataBank

印度尼西亚法定货币为印尼卢比，印尼卢比不可在境外使用或划转，除部分特定项目外，印度尼西亚境内不允许外汇结算；印度尼西亚实行浮动汇率制，货币政策框架为通货膨胀目标制，汇率由外汇市场的供求决定，但当达到特定通胀目标时，为维持宏观经济稳定，印度尼西亚银行可通过提供流动性进行干预。

5.3.3　外汇管理政策

5.3.3.1　经常项目外汇管理政策

货物贸易：出口方面，不得向联合国实施贸易禁运的国家出口，出口商须获得贸易部颁发的贸易许可证，矿产、煤炭、石油和天然气等出口须使用信用证方式结算。进口方面，印度尼西亚对进口融资需求不设上下限，进口付汇可根据进口商与出口商协议自由选择结算方式，但进口付汇需与进口交易单据相符，印度尼西亚限制涉及基地组织和塔利班的资金支付。服务贸易、收益和经常转移：无限制。

5.3.3.2　资本和金融项目外汇管理政策

（1）直接投资：负面投资清单中部分行业的外商投资受限，如外商不可投资港口机场等国内基础设施项目。在农业、通信业、仓储物流业、金融业、采矿业、教育业、健康业，外商最大持股比例从 30% 到 95%不等。外商投资公司可不在负面投资清单内的行业全额持股，但须在商业经营开始后 15 年内将部分股份通过定向增发或间接通过国内资本市场出售给印度尼西亚公民或公司。外商投资企业可自由汇出利润或转让资本，但不得将从税收减免中获得的投资收益汇出印度尼西亚。

（2）资本和货币市场工具：外国投资者在印度尼西亚资本市场购买本国企业发行的股票不受限制。国外企业可以通过托管银行在印度尼西亚发行“印度尼西亚信托凭证”。养老基金不得投资境外股票或债券，集合投资计划共同基金在国外投资规模不能超过其净资产的15%。受保护的共同基金和担保共同基金在境外投资不能超过其净资产的30%。受印度尼西亚金融监管局监管的发行人须履行披露义务。

境内非居民不得在一级市场购买专门为零售投资者和个人发行的国债；境内非居民个人购买的集体投资证券不能超过基金份额的1%。借入外债的非银行机构必须通过境内银行对冲25%的离岸净负债，且必须满足一定的信用评级标准。

（3）衍生品及其他工具：银行只能使用外汇或利率衍生工具进行衍生交易。进行外汇交易时，银行须与客户签订书面协议并告知交易风险，外汇交易需通过在线日报系统上报印度尼西亚银行。衍生品交易可采用全额结算，仅在提前终止、解除等目的时才可净额结算。非居民购买或出售超过100万美元以上的衍生产品须提供原始单据；仅未在印度尼西亚证券交易所上市的居民实体企业可在境外购买或出售衍生产品。

（4）信贷业务：除离岸银团贷款、信用卡和境内使用的个人贷款外，境内银行和非银行机构不得向非居民发放贷款。仅满足境外银行提供的反担保以及100%的现金存款保证金条件时，银行才可向非居民企业提供担保和保证。

5.3.3.3 个人外汇管理政策

（1）个人经常项目：出境者可自由携带等值1亿印尼卢比的本币现钞出境，超出限额须由印度尼西亚银行批准，且须向海关申报。入境者可自由携带等值1亿印尼卢比的本币现钞入境，超出限额须向海关申报。出入境者可自由携带等值1亿印尼卢比的外币现钞和硬币出入境，超出限额须向海关申报。

（2）个人资本项目：限制较少，除非居民个人不得在印度尼西亚国内购买或出售房产外，其他资本交易均可进行。

5.3.3.4 金融机构外汇业务管理政策

（1）银行业：一年以上的银行境外借款须得到印度尼西亚银行批准；银行短期外债日余额需占资本的30%以下。经印度尼西亚银行批准后，银行可在本地外汇交易市场贷款，但须遵守外汇头寸敞口管理相关规定。获得印度尼西亚银行外汇交易许可的银行可购买本地发行的外汇债券，银行不得购买“可疑”或“损失”类不良贷款企业发行的外币证券。外汇存款账户须缴纳1%的存款准备金。银行境外投资只能限于金融机构或从事金融服务业机构且不得超出一定额度，如租赁、风险投资、证券承销等；非居民银行机构在合资银行中最高持股比例为99%，且须提供原籍国货币当局的信誉建议。银行日净外汇头寸最高占资本的20%，外汇风险资本金须占总净外汇头寸的8%以上。银行客户向境外外币转账累计超过等值 10 万美元的，需要向银行提交证明材料。2015 年 9 月，印度尼西亚银行将远期外汇交易门槛金额由 100 万美元升至 500 万美元；2015 年底，为应对美联储加息，印度尼西亚银行将即期外汇交易门槛金额由每月 10 万美元降至 2.5 万美元，并扩大允许交易的种类。

（2）保险业和基金业：2017 年 7 月 1 日起，保险及再保险公司对所有公开发行股票的投资不得超过其总投资额的 40%，对单一债券的投资比例限制由 15%提升至 20%，对单一共同基金的投资不得超过总投资额的 10%，对所有共同基金的投资总额不得超过总投资额的 20%。

（3）货币兑换机构：非银行类货币兑换机构有权通过购买和出售外币及购买旅行支票进行汇兑活动，但不得进行资金转移或汇款。

表 5－3　　印度尼西亚国家外汇管理情况表[①]

	汇兑限制	跨境资金流动限制	额度管理	国别间歧视	企业资质限制
经常项目外汇管理政策				不得向联合国实施贸易禁运的国家出口；限制涉及基地组织和塔利班的资金支付。	出口商须获得贸易部颁发的贸易许可证。
资本和金融项目外汇管理政策		在农业、通信业、仓储物流业、金融业、采矿业、教育业、健康业，外商最大持股比例从30%到95%不等。负面投资清单中部分行业的外商投资受限，外商不可投资港口机场等国内基础设施项目。外商投资企业不得将从税收减免中获得的投资收益汇出印度尼西亚。	外国投资者在印度尼西亚资本市场购买本国企业发行的股票不受限制。国外企业可以通过托管银行在印度尼西亚发行“印度尼西亚信托凭证”。养老基金不得投资境外股票或债券，集合投资计划共同基金在国外投资规模只能占其净资产的 15%。受保护的共同基金和担保共同基金在境外投资的规模为其资产净值的30%。	非居民购买或出售超过 100 万美元以上的本地衍生产品须提供原始单据。境内非居民不得在一级市场购买专门为零售投资者和个人发行的国债。境内非居民个人购买的集体投资证券不能超过基金份额的 1%。除离岸银团贷款、信用卡和境内使用的个人贷款外境内银行和非银行机构不得向非居民发放贷款。	仅未在印度尼西亚证券交易所上市的居民实体企业可在境外购买或出售衍生产品。非居民实体企业具有真实的境外银行提供的反担保以及 100%的现金存款保证金时银行才可向其提供担保和保证。

① 引自国家外汇管理局，《“一带一路”国家外汇管理政策概览》，2018 年。

续表

	汇兑限制	跨境资金流动限制	额度管理	国别间歧视	企业资质限制
个人外汇管理政策			出境者可自由携带等值1亿印尼卢比的本币现钞出境，超出限额须由印度尼西亚银行批准，且须向海关申报。入境者可自由携带等值1亿印尼卢比的本币现钞入境，超出限额须向海关申报。出入境者可自由携带等值1亿印尼卢比的外币现钞和硬币出入境，超出限额须向海关申报。		
金融机构外汇业务管理政策	非银行类货币兑换机构有权通过购买和出售外币和购买旅行支票进行汇兑活动，但不得进行资金转移或汇款。	银行客户向境外外币转账累计超过等值10万美元的，需要向银行提交证明材料。	银行短期外债日余额须占资本的30%以下，外汇存款须缴纳1%的存款准备金。银行日净外汇头寸最高占资本的20%，外汇风险资本金须占总净外汇头寸的8%以上。保险及再保险公司对所有公开发行股票的投资不得超过其总额的40%，对单一债券的投资比例限制由15%提升至20%，对单一共同基金的投资不得超过总额的10%，对所有共同基金的投资总额不得超过总额的20%。	非居民银行机构在合资银行中最高持股比例为99%，且须提供原籍国货币当局的信誉建议。	获得印度尼西亚银行外汇交易许可的银行可购买本地发行的外汇债券，银行不得购买“可疑”或“损失”类不良贷款企业发行的外汇证券。

5.4 印度尼西亚金融机构体系

印度尼西亚的金融体系由政府监管部门、金融机构、金融市场等共同组成，但以银行体系特别是商业银行为主。在经营和监管模式上，实行银行、证券、保险分业经营、分业监管，但允许商业银行投资参股证券、保险等公司。亚洲金融危机以来，随着印度尼西亚经济逐步复苏并进入增长期，以及政府大力整顿金融体系特别是银行体系，印度尼西亚金融体系的安全性得到提升，国家主权及金融机构的信用评级被逐步调升，外汇储备逐步增加，显示了投资者看好其经济金融发展前景。

5.4.1 印度尼西亚银行体系

印度尼西亚银行体系开展经营管理活动遵循的主要原则是稳健、民主、经济的原则，主要功能是集合并调动公众资金支持本国经济发展，同时促进公平分配、维持国家稳定和最大限度地提高社会福利。

银行体系的战略地位表现在三方面：一是保证支付系统顺利运作；二是执行货币政策；三是维持金融体系稳定。为实现上述目标，必须建立一个稳健、透明度高且可靠的银行体系。

印度尼西亚的主要金融中心是雅加达、三宝垄、万隆、泗水（位于爪哇主岛）、棉兰、巨港（位于苏门答腊岛）、登巴萨（位于巴厘岛）和望加锡（位于苏拉威西岛）。新加坡是印度尼西亚的离岸银行中心。

5.4.2 中央银行

印度尼西亚银行（Bank Indonesia）是印度尼西亚的中央银行。该行是一个独立的政府机构，不受政府部门和其他机构的干预，但受法律中有关规定的限制。

印度尼西亚央行的战略目标是：

（1）维持货币稳定；

（2）维持自身财务的持续发展；

（3）加强货币管理；

（4）建立健全稳定有效的银行和金融体系；

（5）维持支付体系的安全性和有效性；

（6）采用良好的法人治理结构；

（7）在以知识为基础的企业文化的支持下强化组织管理，培养高度胜任的人力资源；

（8）确保印度尼西亚央行改革成功。

印度尼西亚央行的主要职责是：

（1）制定并执行货币政策。设定货币政策目标，包括：控制货币发行和通货膨胀；在伊斯兰教义的基础上发放贷款和进行融资，以帮助商业银行克服短期资金困难；在商业银行因系统性风险而有可能因此危及金融体系安全时，给予紧急融资支持；执行汇率政策；对外汇储备进行管理。

（2）规范和确保支付体系的正常运作。决定支付工具的使用；管理银行间清算体系；组织银行间支付交易的最终结算；发行印尼卢比以及废除、取消印尼卢比的流通。

（3）对银行进行监管。制定监管制度；授予或废除银行经营执照；监管银行并依规对违规银行进行处罚。

印度尼西亚央行由一个管理委员会领导。该委员会由印度尼西亚总统任命并须经国会批准，其成员包括：总裁（1人）、高级副总裁（1人）、副总裁（4～7人）。为协助国会对央行进行专门监督，印度尼西亚政府成立了一个专门监督机构（Special Supervision Agency）以加强印度尼西亚央行的可靠性、独立性以及透明度与信用度。监督机构的职责包括：

（1）检查印度尼西亚央行的年度财务状况；

（2）检查印度尼西亚央行的营运与投资预算；

（3）检查印度尼西亚央行货币政策以外的运营及资产管理方面决策的程序。

在组织架构上，印度尼西亚央行的组成包括：总部四大部门（下辖21个司）、3个办公署和1个中央银行培训学习部，还有37个国内分区行以及位于纽约、伦敦、东京与新加坡的4个海外代表处。印度尼西亚央行通过四个部门、国内分区行和海外代表处来行使其职能并对管理委员会负责。

图5–3　印度尼西亚银行的古董金库门和金库锁

5.4.3 商业银行

印度尼西亚的银行，特别是商业银行在金融体系中占据主导地位，且在提供金融中介服务中发挥重要作用。

根据 1992 年颁布的《印度尼西亚银行法》（1998 年修订版），印度尼西亚商业银行主要分为两类：商业银行和农业银行，两者均以传统商业银行经营原则和/或伊斯兰教义为基础开展业务，唯一的功能区别在于是否可提供活期账户。农村银行主要进行简单银行业务，经营规模小且服务对象主要是低收入的个人。商业银行则可以自由地进行各种银行业务，但外汇交易仍需有特殊的资格和许可。伊斯兰教义是部分商业银行同其他团体进行资金存放、融资交易或其他准则中规定业务的协议准则。

商业银行依法可以三种形式成立，即有限责任公司、地区性政府银行和合作社。

传统商业银行的经营范围包括：

（1）以活期存款、定期存款、大额存单、储蓄存款等方式从公众筹集资金；

（2）发放贷款；

（3）发行票据；

（4）自主经营或代客户买卖证券；

（5）自营或代客户资金划转；

（6）通过信汇、电汇、票汇、支票或其他方式开展同业存放、同业拆借；

（7）有关证券交易的支付结算；

（8）提供存放有价物品和票据的保险箱服务；

（9）根据合同为第三方提供代保管业务；

（10）以非挂牌的有价证券形式为客户之间安排资金；

（11）开展保理、信用卡和信托业务；

（12）按照伊斯兰教义同时遵守印度尼西亚央行的有关法规开展融资及其他业务；

（13）经营其他银行业务，只要这些业务符合有关法律法规；

（14）按照印度尼西亚央行的有关规定经营外币业务；

（15）按照印度尼西亚央行的有关规定参股于其他银行或提供金融服务的经济实体，包括租赁公司、投资公司、证券交易所、保险公司、票据交换所和托管公司等；

（16）按照印度尼西亚央行的有关规定，遵循伊斯兰教义为解决坏账所进行的临时的、到一定时间后可撤销的参股；

（17）按照养老基金的有关法规创建和管理养老基金。

伊斯兰教义商业银行不得经营传统商业银行的业务。

亚洲金融危机以后，印度尼西亚政府对银行业进行了重组与整合，商业银行的盈利能力普遍增强，资产质量明显改善。近年来，印度尼西亚中央银行采取切实措施调整银行系统架构，完善银行法规，提高监管能力，改善银行管理运营，强化银行发展基础和加强客户保护，促使银行经营管理更加透明，内部控制进一步强化，央行监督机制逐步向国际标准转轨。2004 年后，印度尼西亚央行开始实施《巴塞尔协议 II》，并规定各商业银行须在 2008 年前达到《巴塞尔协议 II》设置的所有目标。

根据印度尼西亚央行的统计资料，截至 2009 年末，印度尼西亚共有 130 家商业银行，其中 3 家国有商业银行，26 家区域性发展银行，71 家私营全国银行（其中 34 家具有外汇业务牌照，37 家不具有外汇业务牌照），30 家外资合资银行（其中合资银行 19 家，外资银行 10 家）。印度尼西亚当地的主要商业银行有：曼迪利银行（Bank Mandiri）、印度尼西亚中亚银行（Bank Central Asia）、印度尼西亚人民银行（Bank Rakyat Indonesia）、印度尼西亚国际银行（Bank International Indonesia）和印度尼西亚金融银行（Bank Danamon）等。

印度尼西亚当地外资银行有：汇丰银行、花旗银行、美国运通银行、JP 摩根大通银行、荷兰银行、东京三菱银行、德意志银行、渣打银行、盘谷银行以及中国银行、中国工商银行和中国建设银行。与中国银行合作较多的当地代理行有汇丰银行和中亚银行。

5.5 印度尼西亚金融市场

5.5.1 股票市场

印度尼西亚的证券交易所原由荷兰殖民政府管理，在两次世界大战期间关闭。该交易所于 1977 年重新开放，并建立了资本市场监管局（Capital Market Supervisory Agency），对交易所的运营进行管理。随后几年，印度尼西亚经济增长迅速，该交易所在 1992 年实行了私有化，成立了雅加达证券交易所（Jakarta Exchange Inc，JSX）。

20 世纪 90 年代，该证券交易所进一步发展，1995 年 3 月 22 日，JSX 推出了雅加达自动交易系统（Jakarta Automated Trading System，JATS）。2007 年 9 月，雅加达证券交易所与苏腊巴亚证券交易所（Surabaya Stock Exchange）合并，合并之后的交易所名为印度尼西亚证券交易所（Indonesia Stock Exchange），总部位于首都雅加达。

印度尼西亚于1976年成立资本市场执行机构（Capital Market Executive Agency，BAPEPAM），标志着印度尼西亚重新恢复资本市场；1977年8月，在资本市场执行机构的监管下，雅加达股票交易所（Jakarta Stock Exchange）的交易正式启动。

1977年至1989年，雅加达股票交易所的交易并不活跃，只有24家上市公司。直到1989年印度尼西亚政府放宽法规限制，市场交易才得以活跃起来。放宽政策包括允许外国投资者进入，允许证券交易所私有化。1989年，印度尼西亚成立了一个场外交易市场（Indonesian Parallel Stock Exchange），同时印度尼西亚第一家私人股票交易所——泗水股票交易所（Surabaya Stock Exchange）成立。1992年12月，印度尼西亚政府将雅加达股票交易所私有化。原先的资本市场执行机构转变职能，改名为资本市场与金融机构监管机构（BAPEPAM），隶属于印度尼西亚财政部。1995年7月，印度尼西亚场外交易市场和泗水股票交易所正式合并。

1995年12月，印度尼西亚政府颁布了《资本市场法》，对资本市场实行新的法律约束，明确资本市场的发展目标是建立一个公平、有序、高效和透明的市场。

2007年，雅加达股票交易所与泗水股票交易所合并，合并后的交易所正式更名为印度尼西亚股票交易所（Indonesia Stock Exchange）。

2018年印度尼西亚本国上市企业总市值为4 867.7亿美元，股票交易总额为1 046.5亿美元，占GDP的10.4%。上市公司数量缓慢增长，至2018年底为619家。（图5－4，图5－5）

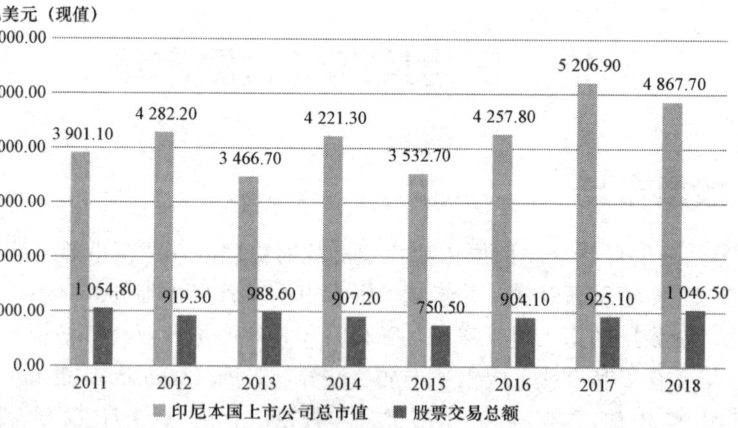

图5－4　印度尼西亚本国上市公司总市值及股票交易总额（2011—2018年）

数据来源：世界银行，DataBank

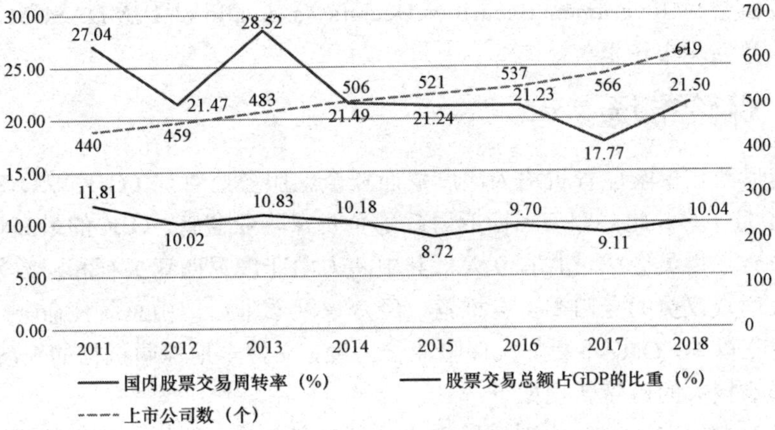

图 5－5　印度尼西亚上市公司数、股票交易周转率及股票交易总额占 GDP 的比重（2011—2018 年）

数据来源：世界银行，DataBank

5.5.2　债券市场

印度尼西亚债券市场主要交易的债券包括：印度尼西亚央行债券（Sertifikat Bank Indonesia，SBIs）、印度尼西亚政府债券（Government Securities，SUN，包括财政证券和主权债券）、调整资本结构债券（Recapitalization Bonds，Recap Bonds）、国家机构债券（State Agency Bonds）、可转让大额存单（Negotiable Certificates of Deposit）、商业票据（Commercial Paper）、中期债券（Medium－Term Notes）、企业债券（Corporate Bonds）。其中印度尼西亚央行证券是由央行发行以印尼卢比标价的短期债券，是印度尼西亚央行用于公开市场操作的主要工具之一。印度尼西亚财政债券期限在 12 个月以内，而主权债券期限在 12 个月以上。

债券市场的参与者主要是当地投资者。SBIs 和 Recap 的投资者主要是银行和共同基金，企业债券的投资者主要是养老基金、保险公司和共同基金。印度尼西亚债券市场对外国投资者的进入没有限制。

印度尼西亚对外国投资者债券投资的利息收入和买卖债券收益征收 20%的预扣税，但如果有双边税收协定，预扣税税率可降至 10%。

在印度尼西亚债券市场上交易的债券必须经印度尼西亚当地的评级机构进行

评级，而且还必须在 BAPEPAM 注册登记。

目前，印度尼西亚还没有有组织的债券回购市场，印度尼西亚央行和政府证券交易商协会（Government Securities Dealers Association，HIMDASUM）正致力于建立债券回购市场框架。

5.5.3 保险市场

印度尼西亚保险监管机构为印度尼西亚金融服务监管局（OJK）。OJK 成立于 2013 年 1 月 1 日，此前印度尼西亚财政部负责保险业监管。OJK 的最高管理层是管理委员会，委员会成员共有 9 人，其中两人由印度尼西亚央行和财政部任命，另外 7 人由众议员的专门委员会推荐，经众议院选举后，由总统任命。

自成立以来，OJK 不断加大保险监管力度，支持本地保险机构的发展。其中，对市场影响较大的监管新规如下：

（1）2014 年 1 月，出台财产险和车险标准费率表，限制财产险公司非理性降价争夺市场，要求财产险公司必须按照费率标准拓展业务，否则予以暂停营业等处罚。

（2）2014 年 12 月，出台再保险业务管理规定，要求保险公司必须选择在当地注册的再保险公司牵头进行再保险合同安排，临分业务优先在印度尼西亚当地市场安排，并对临分业务做了最低分保额度的规定，如财产险和工程险业务，至少优先在印度尼西亚市场安排 5 000 万美元保额的临分。

（3）2015 年 3 月，签发文件强调经营保险业务的各方需首先获得 OJK 的保险业务经营许可，禁止保险公司与未获得经营许可的经纪人和再保险经纪人开展业务合作。

保险市场的准入条件为：传统保险公司的最低实缴资本为 1 000 亿印尼卢比（约合 5 000 万人民币），伊斯兰保险公司的最低实缴资本为 500 亿印尼卢比（约合 2 500 万人民币）；再保险公司最低实缴资本为 2 000 亿印尼卢比（约合 1 亿人民币），伊斯兰再保险公司最低实缴资本为 1 000 亿印尼卢比（约合 5 000 万人民币）。外国保险公司进入印度尼西亚市场只能采取合资公司的形式。目前，OJK 为了提高印度尼西亚保险行业竞争力，收紧发放新牌照，鼓励市场并购。

截至 2014 年底，印度尼西亚保险市场共有 135 家商业保险公司，其中财产险公司 80 家、寿险公司 49 家、再保险公司 6 家。其他保险机构包括：153 家经纪公司、29 家再保险经纪公司、25 家代理公司、25 家公估公司以及 28

家精算师事务所。[①]

总体而言，印度尼西亚保险市场规模不算大，市场渗透率有待提高。但印度尼西亚拥有 2.4 亿人口，保险市场发展潜力十分巨大。随着印度尼西亚经济持续发展和人均收入水平提高，保险市场规模也将持续扩张，渗透率有望进一步提高，这将给市场的竞争主体带来发展机遇。

5.5.4 外汇市场

印度尼西亚实行相对自由的外汇管理制度，印尼卢比可自由兑换，资本可自由转移。印度尼西亚货币实行自由浮动汇率政策，印度尼西亚银行采取一揽子货币汇率定价法，根据印度尼西亚主要贸易伙伴的货币汇率的特别提款权的汇率变化来确定印尼卢比的对外比价，每日公布其汇率。

印度尼西亚有关外汇和印尼卢比的交易主要遵循印度尼西亚央行 2005 年 7 月颁布的《印尼卢比与外汇交易限制法》的规定。该法案规定，除符合本法规的有关豁免规定并提供相关文件，禁止岸内银行给非居民贷款，禁止印尼卢比资金划转到岸外银行账户。尽管印度尼西亚央行没有明确表明，但实际上是不允许印尼卢比在岸外交易的。印度尼西亚央行申明，这个法规只是禁止印尼卢比在海外市场流通，以减少印尼卢比汇率波动，而不是为了取消自由浮动汇率制或进行资本项目管制。

印度尼西亚央行对外汇市场的监管政策如下：

（1）岸内交易。在岸内市场，可自由进行即期和远期外汇交易。持有外汇业务经营许可证的银行可以为客户开立任何可自由兑换货币账户。对非居民持有印尼卢比和外国货币没有限制。

（2）岸外与岸内交易。岸外银行可自由进行印尼卢比对美元的即期交易，或与岸内银行签订买入印尼卢比，卖出美元的远期合约。在任何情况下，与印尼卢比有关的外汇买卖交易都必须与岸内银行进行。除非符合央行的豁免规定，所有向交易对手支付的印尼卢比都必须转入岸内银行账户。

（3）对外汇市场的干预。为抑制市场汇率的过度波动，印度尼西亚央行会入市干预，通常是在美元需求大于供给时，印度尼西亚央行通过国有银行卖出美元。印度尼西亚央行偶尔也会直接命令商业银行减少投机交易。

截至 2018 年底，印度尼西亚总储备达 1 206.6 亿美元（含黄金），去除黄金的总储备为 1 174.2 亿美元。（图 5－6）

---

① 王瀚．印度尼西亚：保险市场阶段初级投资前景向好［J］．中国保险报，2015 年 10 月 22 日．

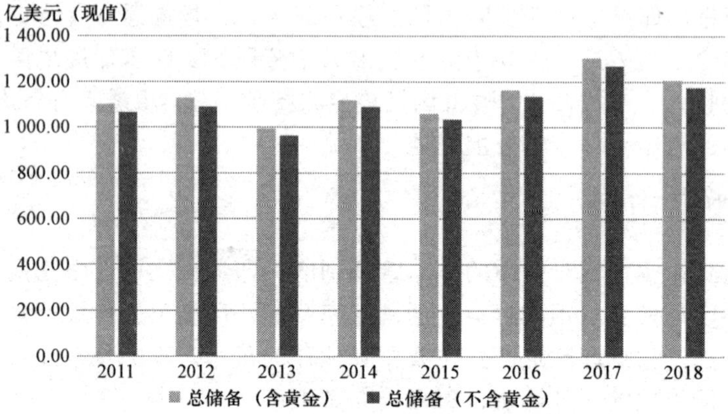

图 5－6 印度尼西亚总储备（2011—2018 年）

数据来源：世界银行，DataBank

5.6 印度尼西亚互联网金融

近年来，印度尼西亚互联网金融发展异常迅猛。仅在 2018 上半年，印度尼西亚互联网金融企业融资规模就超过 4.86 亿美元，贷款人数量达到 19.953 9 万，同比去年增加了 97.68%，借款人数则达到了 185.063 2 万个，增加 612.78%。①

从金融科技公司的类型来看，网络支付和网贷占据了印度尼西亚金融科技生态系统的很大部分。2018 年印度尼西亚的 167 家金融科技初创公司中，有 73 家是 P2P 贷款机构，有 60 家注册为支付系统提供商，分别占比 43.71%和 35.98%，其余则属于保险科技、众筹、财富管理等领域。截至 2019 年 5 月，在印度尼西亚金融监管局（OJK）注册的金融科技公司增加到 249 家，其中 P2P 贷款机构 108 家（占 43%），网络支付公司有 65 家（占 26%）。

P2P 借贷是近年来增长最快的领域。从 2014 年第一家互联网借贷平台诞生，印度尼西亚互联网借贷平台在政府、资本等各方的支持之下，已走在其他科技金融产业前列。据普华永道估计，2020 年印度尼西亚互联网融资将达 150 亿美元。

---

① 林梅，周漱瑜. 印度尼西亚数字经济发展及中国与印度尼西亚的数字经济投资合作[J]. 亚太经济，2020 年第 3 期.

5.6.1 互联网借贷服务法规

2016年12月28日，印度尼西亚金融服务管理局发布了No.77/P0JK.01/2016条例，就基于信息技术的互联网借贷服务（即金融科技网贷，P2P）推出监管规定。[①]其核心内容包括：

（1）网贷平台运营商（金融服务提供商）必须是在印度尼西亚注册的有限责任公司（PT）或强制合作法律实体（合作社）。外国公民或合法企业需以有限责任公司形式成为运营商，但直接或间接占有所有权的比例不得超过85%。

（2）运营商必须向印度尼西亚金融服务管理局提交注册申请。注册资金最少为10亿印尼卢比（约50万元人民币）；符合条件者10日内可获印度尼西亚金融服务管理局批复。在本规定生效之日（2016年12月29日）前已开展P2P贷款服务的运营方，必须在6个月内向印度尼西亚金融服务管理局提交注册申请。

（3）运营商获准注册一年内，须申请许可证，符合条件者20日内可获批复。一年内未申请许可证或不符合许可证条件的，注册证书将被吊销，且不能再次申请注册。运营商申请许可证时，须最少有25亿印尼卢比（约125万元人民币）注册资金。

（4）借款人的每笔贷款不得超过20亿印尼卢比（约100万元人民币）。

（5）获准注册的运营商每季度结束后10日内上报经营业绩报告。

（6）P2P运营方必须使用在银行设立的虚拟账户和托管账户，为每个贷款人（出借人）建立虚拟账户。借款人还款时须通过运营商托管账户转给出借人虚拟账户。

（7）本条例未规定最高利率，仅要求金融科技公司在向投资者和消费者提供关于利率的建议时“考虑公平性和国民经济发展”。

（8）贷款方必须使用印尼卢比，并通过网络经电子系统进行撮合，运营方不可参与借贷活动。

（9）运营商必须在印度尼西亚建立数据中心和数据损害恢复中心。

（10）为保护借贷双方利益，运营商必须遵守以下原则：透明、公平、可靠、保密和数据安全。

印度尼西亚金融服务管理局关于信息技术风险管理和信息技术借贷服务管理的通函（No.18/SE 印度尼西亚金融服务管理局.02/2017）对上述未尽事宜进行了细化。

---

① 谢成锁，刘磊. 印度尼西亚金融科技发展及监管措施综述［J］. 全球科技经济瞭望，第34卷第6期，2019年6月.

5.6.2 金融科技监管主体

印度尼西亚在金融科技方面的监管政策和中国国内有较大差别。金融科技公司在印度尼西亚的业务主要受到两个主要实体的监管，即印度尼西亚央行（Bank Indonesia，BI）和金融服务管理局（OJK），印度尼西亚信息与通讯部起辅助作用。印度尼西亚银行和印度尼西亚金融服务管理局监管领域有所不同，各有一支监管队伍，两者相互借鉴、相互补充。

印度尼西亚银行作为政府主要职能部门，负责制定货币政策，保持货币及金融体系的稳定。2013 年 12 月 30 日，央行的微观审慎监管职能转至印度尼西亚金融服务管理局。印度尼西亚银行认为，支付对货币稳定性有重大影响，故将支付领域金融科技纳入其监管范围内。

印度尼西亚金融服务管理局依据印度尼西亚 2011 年 21 号法律成立，是独立运作机构，具有监管、监督、检查、调查的职能、职责和权力。该机构负责银行、资本市场、保险、养老基金、融资机构等金融服务机构的各种金融业务监管。其职责是采用有序、公正、透明、负责任的工作方式，对金融服务业特别是金融科技生态系统进行监管，创造持续稳定增长的金融体系，保护消费者和社会的利益。印度尼西亚金融服务管理局由委员会领导，采用集体与和议制。委员会成员 9 人，经国会投票确定后，由总统任命。

印度尼西亚信息与通信部负责与金融科技有关的涉及电信及信息技术的监管职能。2016 年，49%的金融科技服务界人士认为监管进程太慢，61%的受访者表示，监管规定不够清楚。2017 年下半年，随着 P2P 业务的迅速发展，印度尼西亚政府对金融服务业的监管进程明显加快。

表 5-5　　印度尼西亚央行、金融服务管理局、通信信息部监管职责①

监管机构	具体监管职责
印度尼西亚央行	电子钱包、电子现金、支付网关、本金、转换公司、发卡与收卡方、清算所、结算代理、虚拟货币、区块链、国家支付网关、付款交易支持（如 ATM、EDC 及数据中心等）
金融服务管理局	P2P、众筹、数字银行、保险技术、资本市场金融科技、风险投资、网上融资、数据安全、消费者保护
通信信息部	电信、信息技术、与信息技术有关的金融科技

① 谢成锁，刘磊. 印度尼西亚金融科技发展及监管措施综述 [J]. 全球科技经济瞭望，第 34 卷第 6 期，2019 年 6 月.

5.6.3 金融科技监管

2017年12月4日，印度尼西亚银行推出了期待许久的国家支付网关(National Payment Gateway，NPG)。启动国家支付网关目标有三：一是创建一个互联、可互操作且能够处理交易的支付系统，即生态系统，包括国内授权、清算和结算，方便民众跨行交易，降低交易成本。跨行交易成本由原来的2%～3%降至1%；二是通过每次交易中客户交易数据的安全性来改善消费者保护；三是确保国家支付系统中交易数据的可用性和完整性，以支持货币政策传导的有效性、中介效率和金融系统的弹性。此外，国家支付网关还充当支持政府计划的支柱，包括扩大无现金社会支持、收费公路和公共交通电子化、金融包容性及总统条例规定的电子化国家贸易体系发展路线图。

为实现上述目标，印度尼西亚央行分别于2017年6月21日颁布第19/8/PBI/2017号印度尼西亚银行条例（6月22日生效），于2017年9月20日颁布第19/10/PADG/2017号理事会会员条例。条例规定，国家支付网关运营方涉及三类机构：准机构、转换机构和服务机构。转换机构要求印度尼西亚方占有股份不低于80%。

2017年11月30日，印度尼西亚银行首次发布了金融科技监管条例No.19/12/PBI/2017，旨在规范金融科技行为，以促进创新、保护消费者、管理风险、维持货币和金融系统的稳定，构建高效、安全和可靠的支付系统。该条例将金融科技活动分为以下几类：支付系统；市场支持；投资管理和风险管理；贷款、融资和提供资本；其他金融服务。条例明确金融科技供应商必须遵守消费者保护、交易数据信息保密等6项原则，符合创新性等5项标准。条例还规定，支付领域科技金融服务公司结算必须使用印尼卢比，不能使用虚拟货币。该条例对注册、监管沙箱测试、许可与批准、监督与监管、合作及处罚等做出了明确规定。

为落实条例，印度尼西亚银行同时发布了两个衍生条例（No.19/14/PADG/2017，No.19/15/PADG/2017）。衍生条例规定，成立金融监管沙箱，① 测试金融服务产品，使金融服务领域创业者、监管者和消费者能更好地体验尝试开发的新产品、技术及商业模式。符合进入监管沙箱测试的企业，在金融技术标准上应具备如下条件：创新性；对现有产品、服务、技术和商业模式具有影响；使公众受益；

① 监管沙箱是由印度尼西亚金融服务管理局建立的测试机制，用于评估金融服务运营商的业务流程和模型、金融工具及管理流程的可靠性。监管沙箱测试时间为一年，必要时延长半年。根据监管沙箱的结果，印度尼西亚金融服务管理局将确定运营商的具体状态。可存在的状态如下：（1）“推荐”：运营商可以进入到注册阶段。（2）“需要改进”：运营商必须在6个月内采取补救措施来改进其模式。（3）“不推荐”：运营商将自动从备案中退市。

能广泛应用；央行确定的其他标准。

衍生条例还规定，支付领域金融科技服务公司必须在印度尼西亚银行注册，原已在印度尼西亚银行或其他监管机构（如印度尼西亚金融服务管理局）注册的企业无须另外注册，但须就其经营范围、业务进展进行月度报告。央行希望通过信息技术促进创新，同时保护消费者。

截至 2018 年 12 月底，在印度尼西亚银行注册的金融科技公司达 49 家，其中支付技术类 36 家，市场支持类 10 家，支持提供者 3 家。

5.6.4 移动支付

在移动支付领域，印度尼西亚市场研究机构 Jakpat 曾针对该国消费者数字钱包的使用展开调查。其数据显示，印度尼西亚数字支付市场同时存在十几个数字钱包，但消费者最常使用的数字钱包是 Go－pay、OVO 以及 Tcash，其占比分别达到了 68.2%、47.9%和 47.6%。此外，Flazz BCA、Mandiri e－cash 等数字钱包也有一定数量用户。总的来说，印度尼西亚的移动支付市场目前比较分裂，还没出现能一统江湖的支付平台，而这成了印度尼西亚电商发展的一大阻碍。印度尼西亚的非现金使用率仍相对较低。①

尽管近年来政府机构、银行、电信公司和金融科技企业等多方都在加紧发展数字支付，但大多数消费者对无现金的接触还未上升到支付层面。据第三方支付平台的研究显示，印度尼西亚最常用的支付渠道是银行转账，约占 70%，其次是货到付现金。据谷歌统计的数据显示，印度尼西亚的互联网用户中，只有不到一半使用数字支付服务。数字支付不普及，阻碍了游戏、订阅音乐和按需视频点播等数字商品的增长。对于电商产业来说，有相当数量的用户仍旧倾向使用"现金到付"这一模式。这种线上购物、线下支付的方式提高了成本，同时也导致更高的取消订单比例。目前，电信运营商、银行、电商、出行工具、大财团等都各自为政，都在开发自己的无现金支付平台和电子钱包，而这些数字支付方式之间彼此不兼容，大部分电子钱包都缺乏线上线下的商家接受度。电信运营商、银行、电商等开发的支付平台尚无法就标准化支付基础设施达成一致，所有的参与者都在努力向客户主张自己的支付形式，割裂的市场导致交易数据互操作性低、交易成本高的问题。此外，商家尤其是小商户难以申请 EDC 系统（电子数据捕获系统）也是数字支付覆盖率低的重要原因。整合支离破碎的数字支付市场还有很长的路要走。

① 林梅，周漱瑜. 印度尼西亚数字经济发展及中国与印度尼西亚的数字经济投资合作[J]. 亚太经济，2020 年第 3 期.

第6章
印度尼西亚政治与法律环境

印度尼西亚的法律和法律制度的发展深受欧洲大陆法系特别是荷兰法律的影响，但印度尼西亚没有建立统一的法律体系，其法律文化呈现多元化的特点。法律渊源主要包括习惯法、伊斯兰教法和荷兰殖民时期的法律和法令以及独立以后印度尼西亚制定的法律法规。就现实情况而言，印度尼西亚法律环境不容乐观，例如在劳动法方面，虽然印度尼西亚政府近年采取相关法律条规进行了修改，但大多数外商还是认为新的劳动法并没有解决投资商的担忧。另外，印度尼西亚法律对外资的投资领域和投资比例有较多的限制，在能源、矿产、电力以及相关领域，仍然由国家垄断，外国投资者缺乏充足的投资机会。经常变化的法律法规也令外国投资者无所适从。自印度尼西亚2001年1月地方自治法生效以后，一些外商就因为投资地的法令不明朗，不得不停止或撤出在当地的投资项目。

但随着印度尼西亚日益融合于全球化的大趋势，出于国际商务和投资活动的鼓励，其正在对民法、商法、刑法、经济法、国际贸易和投资法律进行大规模的改革，以更好地吸引外资、促进经济和社会发展。

6.1　印度尼西亚法律性质与渊源

6.1.1　宪法

印度尼西亚独立后颁布过三部宪法，即《1945年宪法》（1945年）、《印度尼西亚联邦共和国宪法》（1949 年底）和《印度尼西亚共和国临时宪法》（1950 年 8 月 15 日）。

印度尼西亚最根本的国家法律依据是 1945 年 8 月 17 日独立日之后宣布颁布的《1945 年宪法》。该部宪法当时基本上只是个草案，在日本投降前的几个星期内由独立筹委会（Independence Preparatory Committee）匆匆草拟的。虽然宪法制定的匆忙，但是应注意的是宪法是一个主权共和国的产物。《1945 年宪法》作为一个现代国家的临时法律框架非常有弹性，其在特定的时间内受各种政治力量控制而被作出各种解释。除了构建起国家的主要结构，《1945 年宪法》还包含了有关公民和政府之间关系的几项规定，但留下了有关公民和国家间权利和义务这一基本问题成为空白。从 1945 年至 1959 年，由国家宪政框架引发的政治角力即非源自宪法的含糊不清，也非由于法律对行政权力的严重依赖，而是对有关国家自身性质的严重分歧。

苏加诺 1959 年宣布废除《印度尼西亚共和国临时宪法》，《1945 年宪法》自此恢复实施至今。

宪法从 1999 年到 2002 年进行了四次修订。在此之前的一系列修宪活动，学者通常将其分为三个不同的时期，即 1945—1949 年（自由民主时期），1959—1966（民主引导时期），以及 1966 年至 1998 年（新时期）。第一次修订是在 1999 年 10 月 19 日，第二次修订是 2000 年 8 月 18 日，第三次修订是 2001 年 11 月 9 日，第四次修订是在 2002 年 8 月 10 日。

6.1.2 立法

印度尼西亚的立法机构主要是指众议院。众议院在 2004 年前后有一个最显著区别，即其成员的产生方式。

2004 年以前，一些众议院成员是由总统和其他政党任命的。选民们不能够直接在大选中选择自己支持的众议院成员，只需要选择一个政党而不是某个候选人来代表自己的愿望。很明显，那时众议院的主要任务从来没有能够得到充分执行，它既不民主，也不能代表人民的愿望。随着苏哈托政权在 1998 年秋天结束，众议院借着这个机会迅速成为一个相当强大的国家机构。

2004 年以后，众议院成员是直接由选民选择产生的。目前，众议院虽然包括了各政党的成员，但这些成员直接由各自的选区选举产生，每个成员任期 5 年。众议院依法具有 3 个主要功能：即起草法案和立法，预算和监督职能。众议院的主要功能还包括通过有关部门赋予其采取并作出政治决定的权力来代表人民群众的意愿。

众议院被赋予的主要权力和权限如下：

（1）在充分讨论后起草法律草案；

（2）讨论并通过暂行条例（Interim Law）或替代法案（Law in Lieu of Law）；

（3）接受并讨论区域代表委员会（Regional Representatives Council）提交的特别议题的议案；

（4）审议区域代表委员会对国家预算草案的建议以及议案中涉及税务、教育、宗教的内容；

（5）充分考虑区域代表委员会的建议后，执行国家预算；

（6）监督法律的实施，国家财政预算和政府的各项政策；

（7）讨论和跟进观察由区域代表委员会递交的，涉及地方自治，地方区划的建立、扩大和整合，中央和地方政府的关系，自然资源和其他经济资源，国家预算、税收、教育和宗教实施等法律的执行情况；

（8）充分考虑区域代表委员会的建议后，选择国家审计委员会的成员；

（9）讨论和跟进观察由国家审计委员会提交的国家资金的使用情况；

（10）同意总统关于选举和终止司法委员会成员的决定；

（11）由司法委员会推荐并经总统同意后，批准最高法院大法官候选人；

（12）选择三名宪法法院的候选法官，并提交总统确认；

（13）批准总统的宣战、媾和或与任何其他国家签订协议的决定，以及批准总统签署涉及国家财政负担的政策（和/或法律）或者对人民生活产生广泛而重大影响的国际条约；

（14）批准总统任命的大使，接受外国大使，并批准总统提议的大赦和特赦；

（15）听取、选择、收集并坚持完成人民的意愿；

（16）执行由法律授权的其他活动。

为了实现这些功能，众议院作为一个机构拥有以下几项权利：质询、调查以及发表意见。此外，每个委员会委员有下列权利：提出提案、提出问题、提出建议或明示的意见、选举权和投票权、财务和管理（finance and administration）、拟定草案（protocol）、豁免权（immunity）以及正当防卫（self－defense）。

其中质询是向总统提出质疑或询问并要求答复，特别是政府的施政方针、行政措施以及其他事项。调查是对特殊情况进行调查，包括传唤所需的任何证人。众议院对事件进行检查，可要求警方或检察官给予协助。表达意见的权利，包括陈述，决议，或对某些政府政策提出预警备忘录（warning memorandums）。

其次，除了众议院，2003 年《第 23 号法律》成立了一个新的国家机构，称为区域代表委员会。一般情况下，区域代表委员会不会被归类为立法机构的一部分，但其成员的选任和部分职能同众议院非常相似。区域代表委员会由各省代表组成，这些代表是在大选时投票当选的。每个省都有 4 名区域代表委员会成员，当选后，区域代表委员会成员必须住在他们当选的选区，然而在会议期间以及在雅加达进行公务时其需居住在雅加达。因此，现实情况是区域代表委员会的大多数成员在雅加达时的花费相当大。每个区域代表委员会成员均由选举产生且一旦宣誓就职则任期 5 年。

6.1.3 部分伊斯兰教义进入立法层面

印度尼西亚民主改革后，印度尼西亚中央和地方通过了一些涉及宗教保守议程的法律法规，如 2003 年《教育法》，2008 年《反色情法案》；地方政府还通过了许多蕴含浓厚宗教色彩的地方法，如禁酒令、禁赌令等，说明伊斯兰教的影响已经涉及公共立法层面。[①]

就 2003 年《教育法》而言，在第 5 章第 12 条中规定，每个教育机构中的每名受教育者有权“获得与其信仰匹配的宗教教育，并由同一信仰者教授”。由于伊斯兰教是印度尼西亚的优势宗教，且官方只承认伊斯兰教、天主教、基督教、佛教、印度教、儒教六大宗教，未获承认的宗教或教派可能面临教育资源歧视，引起社会广泛争议。2008 年《反色情法案》涉及个人态度、行为、衣着和外表，蕴含非常复杂的内容。由于在伊斯兰教中早已写入关于“风化”的要求，并对穆斯林女性着装具有明确规定，在非穆斯林看来，反色情法案以伊斯兰伦理为依据，引起了广泛争议，反对的声音集中出现在巴厘岛和巴布亚地区。

在地方层面，关于地方自治的 1999 年《第 44 号法令》和 2000 年《第 25 号政府令》给予了地方制定沙里阿法的空间，很多穆斯林占主体的地区都出台了伊斯兰化的地方法令，如亚齐省发布的实施沙里阿法的地方令、禁赌令、天课令；北苏门答腊省发布的禁止闲逛、乞讨并加强风化管制令；西苏门答腊的禁止不道德行为令、加强学生古兰经读写令、穿着伊斯兰服装令；廖内省的社会秩序令、天课令、使用马来阿拉伯姓名令；南苏门答腊省的禁止卖淫令；朋古鲁省的禁止卖淫令、增进宗教虔诚令；西爪哇省的禁止卖淫令、禁赌令、禁酒令、伊斯兰着装令、读写古兰经令、禁止不道德令、天课令等。这些地方法令很大程度上强化了伊斯兰教的社会影响力，使其成为约束民众日常生活的规范。

---

① 张燕．印度尼西亚伊斯兰政治化现象化分析及其对选举形势的影响．印度尼西亚经济社会发展报告（2018）.北京：社会科学文献出版社，2018.

6.2 印度尼西亚劳工法律

印度尼西亚现行的劳工法律法规主要有：

（1）1961年《第3号关于商业与办公室每周休息时间的国际条约生效的法令》；

（2）1992年《第2号关于社会保障的法令》；

（3）2000年《第21号工会法》；

（4）2003年《第13号劳工法》；

（5）2004年《第2号劳资关系纠纷处理规定》；

（6）2004年《第40号关于国家社会保障体制的法令》；

（7）2010年《第21号劳动监察法》；

（8）2011年《第24号社会保障机构规定》；

（9）2015年《第78号关于工资的政府令》；

（10）2018年《第10号关于职业认证机构的政府令》。

6.2.1 2003年《劳工法》的主要内容

印度尼西亚国会于2003年2月25日通过《第13/2003号劳工法》，对劳工提供相当完善的保护，但因部分规定过于偏袒劳工方，大幅提高了劳工成本，影响印度尼西亚产品的竞争力，2006年，印度尼西亚政府决定修订该法，但因劳方强烈示威抗议，劳工法修订工作无果而终。印度尼西亚的《第13/2003号劳工法》的要点如下：

（1）离职金：由原来薪水的7个月，调高到9个月。

（2）罢工：劳工因反对公司相关政策而举行罢工，雇主仍需支付罢工劳工工资，但劳工必须事先通知雇主与主管机关，且必须在公司厂房范围内进行罢工。如劳工违反罢工程序，罢工即属非法，雇主可暂时禁止劳工进入工厂并可不必支付罢工工资。

（3）工作时限：每星期工作时间为40小时。

（4）离职补偿：对于自愿离职与触犯刑法的劳工，雇主可不必支付补偿金（compensation），但需支付劳工累积的福利金（worker's accumulated benefits）。

（5）童工：准许雇用14周岁以上童工，工作时间每日以3小时为上限。

（6）临时工：合同临时工以3年为限。

（7）休假：连续雇用工作满6年的劳工可享有两个月的特别休假（但服务满

第 7 年及第 8 年时，开始享有每年休假 1 个月，但在此两年期间不得享有原有每年 12 天的年假，另特别休假的两个月休假期间只能支领半薪）。

此外，依印度尼西亚政府规定，外国人投资工厂应允许外国人自由筹组工会组织。全国性的工会联盟有全印度尼西亚劳工联盟（SPSI）和印度尼西亚工人福利联盟（SBSI）。

6.2.1.1 雇用关系的确立

根据 2003 年《第 13 号劳工法》，雇员和雇主间的劳动合同（即劳动关系确立）应当具备以下基础：

（1）双方一致同意；

（2）双方应当拥有完全民事行为能力；

（3）双方一致认可的工作内容；

（4）该项工作不存在违背公序良俗或现行法律法规的情形。

劳动合同既可以是有期限的，也可以是无期限的。既可以是书面的，也可以是口头形式的。

一份有合法效力的书面合同应当包含以下要素：企业名称、地址以及行业类别；职业或工作的类别；工人姓名、性别、年龄和住址；工资数额以及支付方式；劳动合同双方权利与义务；签订日期以及地点；生效的日期以及有效期限；当事人签名。

6.2.1.2 雇用关系的终止

一般情况下的雇用关系终止有四种情形：

（1）员工去世；

（2）合同约定的履行期限届满；

（3）法院判定应当终止；

（4）公司章程、集体劳动合同或当事人约定终止的其他情形，如合同期满、合同约定任务完成等。

雇主单方面终止劳动合同的情形，按照 1964 年《第 12 号关于私营企业解雇的法律》规定，应当得到政府的许可。若雇员提出解除劳动合同，一是要协商后得到雇主同意；二是要发出提前终止劳动合同的声明。在劳动合同生效期间，雇主若要更改劳动条文，在协商不成的情况下，工人可以向法官提出申请终止该劳动合同，若法官认为公司该项变更已经严重损害工人利益，将会核准终止合同。

根据 2003 年《第 13 号劳工法》第 12 章第 153 条规定，企业不能因为以下原因解雇员工：

（1）员工按照医嘱因病而不能工作不超过12个月；

（2）员工因履行国家法律法规的国家义务而不能工作；

（3）员工履行宗教义务而不能工作；

（4）员工结婚；

（5）员工怀孕生产、流产或哺乳婴儿；

（6）员工与同一个企业的员工有血缘或婚姻关系，除非在集体劳工协议或公司章程中有所规定；

（7）员工加入工会或成为工会负责人，在工作时间外得到企业的允许或者根据劳动协议、公司章程、集体劳工协议规定参加工会活动；

（8）员工向有关部门报告犯罪行为；

（9）宗教信仰、禁忌倾向、种族、肤色、性别、生理状况或者婚姻状况的不同；

（10）员工因为工伤或者永久残疾或受伤，或者在患病期间医生不能确定其康复时间。

雇主在发生以下情形时可以单方解除劳工合同：

（1）员工自动提出辞职，此时员工没有权利要求得到遣散费、工龄奖励金。如果该名员工按照规定提前30天提出辞职的申请，可要求得到一个月工资的补偿金；

（2）因劳工合同到期而决定终止劳动关系，可得到离职补偿；

（3）因达到退休年龄而终止劳动关系。在劳动合同当中应当由双方共同协商关于退休年龄的规定，也可由公司的章程规定，退休的年龄是根据员工的年龄以及工作的年限决定的；

（4）员工有以下行为：偷窃或者夹带公司产品或资料；提供虚假信息或伪造信息，造成公司损失；在工作场所醉酒或饮烈酒，吸食或贩卖毒品、精神药品或者其他能上瘾的药品；有不道德或下流猥亵行为、在工作场所赌博；殴打胁迫恐吓其他员工；教唆其他员工违法犯罪；有意或过失破坏公私财产，并导致公司损失；在工作场所有意或过失使其他员工处于危险境地；泄漏公司的机密；其他会判五年或以上有期徒刑或无期徒刑的犯罪行为；

（5）被司法部门拘留的员工，公司可以提出终止劳动合同关系。如果该名员工因处于司法程序中持续超过六个月不能工作，此种情况下终止劳动关系不需要劳资纠纷调解部门的决议书，但如果司法部门在六个月内判决此案，并且该名员工被判决无罪，则公司应当把该名员工重新聘请回来；

（6）公司亏损。公司因连续两年亏损而破产倒闭并裁员，应当提供通过独立审计的两年财报证明，同时应当给予相应遣散费以及补偿金；

（7）该名员工连续旷工五天以上，没有附上合法正当的书面解释，并且两次书面传召均不到岗，公司可以终止劳动合同，此情形之下，该名员工被视为已经自动辞职。所谓正当传召，是指通知书最迟三天之内送达该名员工在公司登记的地址；

（8）员工死亡；

（9）员工违反规章制度、违反劳动合同，公司给予三次警告后再犯的，可以直接解雇，但此项应在劳动合同、公司章程中约定；

（10）公司合并或兼并、所有权变更时，员工不愿意履行劳动合同，可以终止劳动合同；

（11）公司效能改革裁员。公司应当支付相关遣散费和补偿金。

6.2.1.3 工资福利规定

（1）最低工资规定

印度尼西亚各省最低工资标准每年制定一次，由省长按照工资调查和地方劳动与社会保障委员会的建议，一般在上年最末两个月内制定。各市县最低工资是指某市实施的最低工资标准。各市的最低工资标准通常比省标准高，一般在年前40天内制定。最低工资制定充分考虑每年的生活费用水平、职工平均工资水平、经济发展水平的变化。印度尼西亚各地最低工资水平如表6－1所示。

表6－1　　2017—2018年印度尼西亚各地最低工资①　单位：印尼卢比，%

省份	2017年	2018年	涨幅
亚齐	2 500 000.00	2 717 750	8.71
北苏门答腊	1 961 354.69	2 132 188	8.71
西苏门答腊	1 949 284.81	2 119 067	8.71
廖内	2 266 722.53	2 464 154	8.71
占碑	2 063 948.63	2 243 718	8.71
南苏门答腊	2 388 000.00	2 595 995	8.71
明古鲁	1 737 412.50	1 888 741	8.71
楠榜	1 908 447.50	2 074 673	8.71
邦加勿里洞	2 534 673.75	2 755 443	8.71
廖内群岛	2 358 454.00	2 563 875	8.71

① 邓颖彤. 印度尼西亚劳工法律环境及其对外商投资的影响. 印度尼西亚经济社会发展报告（2018）. 北京：社会科学文献出版社，2018.

续表

省份	2017 年	2018 年	涨幅
雅加达特区	3 355 750.00	3 648 035	8.71
西爪哇	1 420 624.29	1 544 360	8.71
中爪哇	1 367 000.00	1 486 065	8.71
日惹特区	1 337 645.25	1 454 154	8.71
东爪哇	1 388 000.00	1 508 894	8.71
万丹	1 931 180.00	2 099 385	8.71
巴厘	1 956 727.00	2 127 157	8.71
西努沙登加拉	1 631 245.00	1 825 000	11.88
东努沙登加拉	1 525 000.00	1 660 000	8.85
西加里曼丹	1 882 900.00	2 046 900	8.71
中加里曼丹	2 227 307.00	2 421 305	8.71
南加里曼丹	2 258 000.00	2 454 671	8.71
东加里曼丹	2 339 556.37	2 543 331	8.71
北加里曼丹	2 354 800.00	2 559 903	8.71
北苏拉威西	2 598 000.00	2 824 286	8.71
中苏拉威西	1 807 775.00	1 965 232	8.71
南苏拉威西	2 435 625.00	2 647 767	8.71
东南苏拉威西	2 002 625.00	2 177 152	8.71
哥伦打洛	2 030 000.00	2 206 813	8.71
西苏拉威西	2 017 780.00	2 193 530	8.71
马鲁古	1 925 000.00	2 222 220	15.44
北马鲁古	1 975 152.00	2 320 803	17.50
西巴布亚	2 421 500.00	2 667 000	10.14
巴布亚	2 663 646.50	2 895 650	8.71
平均	2 074 151.08	2 266 326	9.27

（2）辞退福利

员工被辞退或劳动合同终止其得到的经济补偿包括：遣散费、工龄奖励金、补偿金以及离职补偿费。（表 6－2，表 6－3，表 6－4）

表 6-2　终止劳动合同经济补偿一览①

劳动关系终止的原因	遣散费	工龄奖励金	补偿金	离职补偿费	2003 年劳工法依据
自动自愿协商一致离职			1X		第 162 条第 1 款
提前 30 天通知辞职			1X	1X	
没有通过试用期					第 154 条
固定期限劳动合同履行期届满			1X		第 154 条 b 款
员工达到法定退休年龄	2X	1X	1X		第 167 条
员工去世	2X	1X	1X		第 166 条
员工违法犯罪			1X	1X	第 158 条第 4 款
员工违反劳动合同、公司章程以及集体劳动合同	1X	1X	1X		第 161 条第 3 款
员工因雇主的违法行为而要求解除劳动合同	2X	1X	1X		第 169 条第 1 款
公司状态变更、合并、兼并而员工不愿意重新签合同	1X	1X	1X		第 163 条第 1 款
公司状态变更、合并、兼并而新公司不愿意重新签合同	2X	1X	1X		第 163 条第 2 款
公司因亏损而倒闭公司	1X	1X	1X		第 164 条第 1 款
效能裁员	2X	1X	1X		第 164 条第 3 款
公司破产	1X	1X	1X		第 165 条
员工连续旷工五天并经两次正当书面通知仍不到岗			1X	1X	第 168 条第 1 款
员工因长时间生病而无法到岗或因工伤残疾	2X	2X	1X		第 172 条
员工被司法部门拘押		1X	1X		第 160 条第 7 款

注：X 代表下文方法计算得到的标准。

① 邓颖彤. 印度尼西亚劳工法律环境及其对外商投资的影响. 印度尼西亚经济社会发展报告（2018）. 北京：社会科学文献出版社，2018.

表 6-3 遣散费折算方法①

工作年限	遣散费
工作不到一年	1×月工资
工作不到两年	2×月工资
工作不到三年	3×月工资
工作不到四年	4×月工资
工作不到五年	5×月工资
工作不到六年	6×月工资
工作不到七年	7×月工资
工作不到八年	8×月工资
工作八年以上	9×月工资

表 6-4 工龄奖励金折算方法②

工作年限	奖励金
工作三年到六年	2×月工资
工作七年到十年	3×月工资
工作十一年到十二年	4×月工资
工作十三年到十五年	5×月工资
工作十六年到十八年	6×月工资
工作十九年到二十一年	7×月工资
工作二十二年到二十四年	8×月工资
工作二十五年以上	10×月工资

6.2.1.4 社会保障制度

印度尼西亚的社会保障制度涵盖几个方面：工伤保障、死亡保障、社保养老保障、退休保障、健康保障。有关法律法规包括：2004 年《第 40 号国家社会保

① 邓颖彤. 印度尼西亚劳工法律环境及其对外商投资的影响. 印度尼西亚经济社会发展报告（2018）. 北京：社会科学文献出版社，2018.

② 邓颖彤. 印度尼西亚劳工法律环境及其对外商投资的影响. 印度尼西亚经济社会发展报告（2018）. 北京：社会科学文献出版社，2018.

障制度法》，2011 年《第 24 号关于社会保障制度的法令》，2015 年《第 44 号关于执行死亡保障以及工伤保障制度的政府令》，2015 年《第 45 号关于执行退休保障制度的政府令》，2015 年《第 46 号关于社保养老金制度的政府令》。

从 2014 年 1 月开始，由印度尼西亚劳动力社会保障局负责实行职工养老金制度，养老金发放给超过 56 岁的员工。退休年龄在 2019 年 7 月 1 日提高到 57 岁，政府计划将退休年龄每三年提高 1 岁，直到 65 岁为止。养老金缴纳标准是个人缴纳月工资的 2%加上公司缴纳所支付月工资的 3.7%。（表 6－5）如果该名员工的储蓄账户超过 5 000 万印尼卢比，可以自行选择退休时间。

表 6－5　　职工养老金缴纳一览①

内容	有工作单位	个体户、自由职业
月缴纳额	月工资的 5.7%＝（2%＋3.7%） 其中，2%由员工缴纳；3.7%由公司缴纳。	自行选择缴纳的档次
计算基础	基本工资＋固定津贴	无
缴纳方式	由公司统一缴纳 最晚是下个月 15 日前	自行通过机构缴纳 最晚是下个月 15 日前
罚款	滞纳金 2%	无

社会养老与保障金制度按照 2015 年《第 45 号关于执行退休保障制度的政府令》的规定开始实行。不论是国有企业还是私营企业的员工、个体户都可参保，保费缴纳标准见表 6－6，其发放办法和条件见表 6－7。

表 6－6　　社会养老与保障金缴纳标准一览②

内容	有工作单位的
月缴纳额	月工资的 3%＝（2%＋1%） 其中，1%由员工缴纳；2%由公司缴纳。
计算基础	基本工资＋固定津贴
缴纳方式	由公司统一缴纳 最晚是下个月 15 日前
滞纳金	2%

① 邓颖彤．印度尼西亚劳工法律环境及其对外商投资的影响．印度尼西亚经济社会发展报告（2018）．北京：社会科学文献出版社，2018.

② 邓颖彤．印度尼西亚劳工法律环境及其对外商投资的影响．印度尼西亚经济社会发展报告（2018）．北京：社会科学文献出版社，2018.

表 6-7　　社会养老与保障金的发放规定①

形式	发放时间	条件
退休金	每月现金发放至死亡	至少缴纳 15 年或 180 个月
残疾金	每月现金发放至死亡或重新工作	永久残疾； 参保至少一个月； 保费缴纳至少达到 80%； 确诊为残疾一个月后开始享受。
丧偶金	每月现金发放至死亡或再婚	在社会保障管理登记在册的遗产继承人； 至少参保一年，参保少于 15 年按 15 年计算； 保费缴纳至少达 80%。
子女金	每月现金发放至 23 岁或工作、结婚	最多两名子女登记在册的遗产继承人； 至少参保一年，参保少于 15 年按 15 年计算； 保费缴纳至少达 80%且没有配偶继承； 保费缴纳至少达 80%且继承遗产的配偶也死亡或再婚。
父母金	每月现金	未婚无子女参保人的遗产继承人是父母； 至少参保一年，参保少于 15 年按 15 年计算； 保费缴纳至少达 80%。
总付金	一次性发放个人缴纳的月费	达到退休年龄时参保不足 15 年； 永久性残疾，但保费缴纳不足 80%且参保不满一个月； 参保人去世，保费缴纳不足 80%且参保不满一个月； 参保人去世，保费缴纳不足 80%且参保不足一年。

6.2.1.5　其他福利规定

（1）节日津贴

节日津贴是公司要付给员工的、为了庆祝宗教节日一定金额的津贴。宗教节日是指伊斯兰教的开斋节、基督教天主教的圣诞节、印度教静居日、佛教的佛诞节或浴佛节。2016 年《第 6 号关于公司给员工发放宗教节日津贴的移民与劳动力部部长令》中第 3 条第 2 款对节日津贴做了详细的规定，公司应根据员工的工作年限发放相当于 2～3 个月工资的节日津贴，并确定了津贴最低标准。非穆斯林员工能否得到开斋节的节日津贴，取决于合同的规定。根据每个员工各自的宗教节日，津贴一年发放一次，且最晚应在节日七天前发放。

（2）女性保障

印度尼西亚的劳工法律也对女性保障作了相应规定。关于工作时间，禁止雇

① 邓颖彤. 印度尼西亚劳工法律环境及其对外商投资的影响. 印度尼西亚经济社会发展报告（2018）. 北京：社会科学文献出版社，2018.

用 18 岁以下的女员工在晚上 11 点到早上 7 点之间工作；为了避免伤害或者影响怀孕的员工以及胎儿的健康，禁止雇用孕妇在晚上 11 点到早上 7 点之间进行工作；雇用女性在晚上 11 点到早上 7 点之间工作，雇主应该提供充足营养的食物以及饮品，保持工作场所的庄重与安全；企业有义务为晚上 11 点到早上 5 点之间工作的女性员工提供往返交通工具。除此之外，女性员工在例假期间感到疼痛难忍，可以再通知雇主之后，在例假的第一天和第二天不来上班。这个请假的特权应当在劳工合同、公司章程或者集体劳工合同当中写明，企业可以不支付这两天的工资，但此规定在实际中难以实现。女性员工有产前一个月和产后一个半月的休假，在流产之后可以修养一个半月。如果女性员工在工作期间需要为婴儿哺乳，企业必须为其提供条件。

6.2.2 涉及外籍员工的主要法律规定

印度尼西亚劳工法律体系中关于外来劳工管理的主要法律法规有以下几部：2003 年《第 13 号劳工法》，2007 年《第 25 号投资法》，2015 年《第 16 号关于外籍员工雇佣规则的部长令》，2018 年《第 20 号关于外籍员工雇用的总统令》以及一系列劳工部出台的关于禁止外国人担任某些岗位的部长令。

6.2.2.1 外籍员工雇用的基本原则

印度尼西亚雇用外籍员工的基本原则是：

（1）雇主雇用外籍员工必须从相关政府部门得到书面许可；

（2）雇主不能以个人名义雇用外籍员工；

（3）外籍员工只能在特定岗位或特定期限内工作，主要指技术性较强的工作，且须指定一名印度尼西亚籍员工作为外籍员工的搭档。

2018 年之前，雇用外籍员工要先走外籍员工雇用计划申请程序，然后再走外籍员工雇用许可申请程序，2018 年新的总统令简化了程序，外国代表机构聘请外籍员工可以直接申请外籍员工雇用许可。

2018 年《第 20 号总统令》规定，能够雇用外籍员工的单位包括：政府机构、外国代表机构、国际组织、国际机构、国际委员会；外商代表办事处、外企代表办公室以及在印度尼西亚活动的外国新闻社办公室；在印度尼西亚从事经贸活动的外国私企；根据印度尼西亚法律法规在印度尼西亚成立的法人组织，以有限公司或基金会的形式在印度尼西亚登记在册的外国企业、机构；社会机构、宗教机构、教育机构、文化机构、文艺演出服务公司。

6.2.2.2 临时雇用许可与紧急雇用许可

根据2015年《第35号劳工部部长令》的规定，以下几种情形可以获得外籍员工临时雇用许可：

（1）商业电影制作并且该电影制作已经获得相关部门的许可；

（2）商品质量管控工作或在印度尼西亚分公司进行不长于一个月的巡查；

（3）该项工作属于机器安装、电力、售后服务或产品试用。

目前很多中国工人在印度尼西亚从事机器安装工作，安装仪器是属于购买仪器的售后工作，这类来自中国的外籍员工雇用许可的有效期只能是6个月。

对于紧急情况下需要雇用外籍员工的，根据2018年《第20号新规》，雇用者可以直接聘请该名外籍员工，不需事先提出申请外籍员工雇用许可。当该名外籍员工开始工作的两天内，再向有关当局提交外籍员工雇用许可。但对于紧急情况的定义，新规未作具体规定。

6.2.2.3 岗位限制

为了保护本地就业，印度尼西亚对外籍员工雇用做了详细规定和限制。2015年《第16号劳工部部长令》第36条规定：

（1）具有与该职位相当的知识与文化水平的外籍员工才能进入印度尼西亚，可以转移知识与技能、促进经济发展、推进印度尼西亚籍劳动力素质进一步提高；

（2）应当具有能力证书或具有至少五年该岗位工作经验；

（3）应当作出知识和技能的转移声明。外籍员工能够将技术和技能传递给印度尼西亚籍员工，对印度尼西亚籍员工进行教育和培训，直到其可完全胜任该外籍员工的岗位。

据2018年BMI研究公司的调查显示，印度尼西亚本土劳动力的综合评分在国际劳动力市场上仍处于较低水平，劳动力的教育水平刚刚达到亚洲平均水平，因此还需要进一步提高劳动力的质量。有技能的外籍员工到印度尼西亚工作可以实现劳动技能的转移。

劳工部规定特定岗位不允许外籍员工担任，例如禁止外籍员工担任人事主管、劳资关系经理、人力资源经理、员工发展主管、招聘主管、人员安置主管、员工职业发展主管、人事部门工作管理员、首席执行官、人事和职业专家、人事专员、职业顾问、工作顾问、咨询雇员、中介、职业培训管理员、面试官、分析员、工作分析员等。

6.2.2.4 雇用期限

紧急情况的雇用期限只有一个月，临时雇用许可期限最多是 6 个月。2013 年《第 12 号投资协调委员会规定》具有临时性质的工作，如机器安装，售后服务等都应该申请外籍员工临时雇用计划，临时雇用许可不能延长。根据 2012 年《第 464 号移民与劳工部部长令》决定，外籍员工在服务业一般担任如市场顾问、质监顾问等高级岗位，此类岗位的雇用许可期限是 6 个月；但对于经理等岗位可以签发 12 个月的许可。

6.2.2.5 外籍员工雇用违规的处罚

根据 2013 年《第 13 号劳工法》规定，雇主违反了法律将面临处罚：

（1）无许可雇用外籍员工将会被判处 1 年到 4 年的监禁，罚款 1 亿印尼卢比到 4 亿印尼卢比不等。

（2）该名外籍员工不能胜任岗位或没有指派印度尼西亚籍员工作为其指导人，也将被判处 1 个月到 12 个月的监禁，罚款 1 000 万印尼卢比到 1 亿印尼卢比不等。

（3）雇主没有缴纳外籍员工雇用补偿金或在劳动合同结束后外籍员工直接归国，处以取消外籍员工雇用许可的行政处罚。

6.2.2.6 外籍员工雇用补偿金

雇主雇用外籍员工要缴纳外籍员工雇用补偿金。每个岗位每月 100 美元，按照工作时间每年缴纳一次。该名外籍员工在多个省市进行工作，该笔补偿金上交至国家；该名外籍员工在某省的多个县市工作，该笔补偿金上交省政府；该名外籍员工只在一个县工作，补偿金由该县或市政府收取。

6.3 对环境保护相关的法律规定

6.3.1 环保管理部门

印度尼西亚政府主管环境保护的部门是环境国务部，其主要职责是依据《环境保护法》履行政府环境保护的义务，制定环境保护政策，惩罚违反环境保护的行为。

6.3.2 主要环境保护法律法规

印度尼西亚基础环保法律法规是1997年的《环境保护法》。《环境保护法》主要规定了环境保护目标、公民权利与义务、环境保护机构、环境功能维持、环境管理、环境纠纷、调查及惩罚违反该法的行为。

6.3.3 环保法律法规基本要点

1997年的《环境保护法》是印度尼西亚环境保护的基本法，其对环境保护的重大问题作出原则规定，是制定和执行其他单项法律法规的依据，其他环境单项法律法规不得与本法相冲突和抵触。

《环境保护法》较注重对生态和环境的保护，明确规定："环境可持续发展是指在经济发展中充分考虑到环境的有限容量和资源，使发展既满足现代人又满足后代人生存需要的发展模式。"这表明，印度尼西亚在发展经济的同时，对自然资源的利用采取优化合理的方式，关注到环境的承载能力，力求使人民获得最大利益，形成人与环境之间的平衡和谐关系。

印度尼西亚森林、动植物等生物保护的法律制度以《生物保护法》和《森林法》为基础。法律中明确规定了用语定义、限制行为及罚则等，结构完善，但条文的细节解释有模糊之处，且缺少对详细事项的规定，当前法律明确禁止的保护物种捕获及森林刀耕火种等问题仍然存在。

6.3.4 环保评估的相关规定

印度尼西亚《环境保护法》要求对投资或承包工程进行环境影响评估（AMDAL），规定企业必须获得由环境部颁发的环境许可证，并详细规定了对于造成环境破坏行为的处罚，包括监禁和罚款。

6.4 与保护知识产权相关的法律规定

由于经历过被殖民统治的历史原因，印度尼西亚知识产权制度深受外来法律文化的影响，在立法模式以及立法内容等方面都被打上外来法律文化的烙印。由于历史原因和现实因素的影响，印度尼西亚的知识产权环境不是很好，知识产权保护水平比较低。但近年来，为了适应经济全球化和区域经济一体化发展趋势，促进本国经济社会发展，印度尼西亚越来越重视保护知识产权，尤其自21世纪以来，制定并修改了一系列的知识产权法律法规，努力健全完善知识产权制度体系，不断提高知识产权保护水平。目前，印度尼西亚已经逐步建立起符合本国国情的知识产权制度，为外来投资营造了较好的知识产权环境。

6.4.1 当地有关知识产权保护的法律规定

到目前为止，印度尼西亚颁布实施的知识产权相关法律法规包括：2001 年《专利法》、2001 年《商标法》、2002 年《著作权法》、2000 年《外观设计法》、2000 年《集成电路布图设计法》、2000 年《商业秘密法》、2000 年《植物品种法》、1995 年《反不正当竞争法》。

印度尼西亚加入的国际条约包括：《保护工业产权巴黎公约》《专利合作条约》《商标法条约》《伯尔尼公约》《WIPO 版权条约》《WIPO 表演和录音制品条约》和《与贸易有关的知识产权协议》，也是世界知识产权组织的成员国。

印度尼西亚是 WTO 中与贸易有关知识产权协议（TRIPS）委员会中的活跃成员。在 WTO 知识产权论坛上，印度尼西亚提出将遗传资源和相关传统知识信息的披露整合入协议中。印度尼西亚同意加强 TRIPS 和生物多样性公约的相互支持，尤其是其近期刚达成的《名古屋协议》，其认为发展中国家并没有从遗传资源和传统知识的开发中获益，且在使用由他人创造的新发明时支付了更多金额。印度尼西亚当局认为印度尼西亚《专利法》第 7 条禁止了对有生命生物（除微生物）的专利申请，并禁止申请任何培育植物或动物的重要生化过程（除非生物或微生物过程）。

同时，印度尼西亚还对有关 TRIPS 协议和公共卫生（涉及在制药领域没有足够制造能力的国家使 TRIPS 协议下的强制许可生效的能力）中《多哈宣言》第 6 节的实施表达高度关注。印度尼西亚认为 2005 年已达成协议的程序（在 TRIPS 协议修正案中有所规定）是较为烦琐的，且对进口和出口成员的适用标准过于复杂。然而，印度尼西亚也表示其接受 2011 年 10 月的 TRIPS 协议修正案。

6.4.2 专利制度

印度尼西亚的专利制度有其自身的特点。从立法模式上看，印度尼西亚的专利法只保护发明和实用新型，而对于外观设计，则另行制定《印度尼西亚共和国外观设计法》进行专门保护。此外，为了加强国际合作、提高知识产权保护水平，印度尼西亚还加入了以下专利国际公约：《巴黎公约》《专利合作条约》《建立世界知识产权组织公约》和《与贸易有关的知识产权协定》。印度尼西亚专利法对于专利保护范围、可专利的标准、权利内容、专利保护期限、专利保护措施都有明确的规定。①

① 唐新华. 印度尼西亚知识产权制度研究［J］. 法制博览，2018 年 04 月（中）.

6.4.2.1 专利保护的范围与期限

印度尼西亚2001年《专利法》将发明和实用新型纳入保护范围，发明的保护期限是20年，自申请日起算，实用新型的保护期限为10年，自申请日起算。专利法还采用列举的方法列举了不能被授予专利的发明，包括：

（1）其公开和使用或者实施违反现行法律法规、宗教道德、公共秩序或者伦理标准的任何方法或者产品；

（2）适用于人或者动物的检查、处理、药物治疗或者外科的任何方法；

（3）任何科学和数学领域的理论和方法；或者

（4）除微生物外的所有生物；任何主要是生产植物或者动物的生物学方法，但非生物学方法或者微生物方法除外。

印度尼西亚2001年《专利法》对可专利性标准的规定采用了TRIPS协议的基本要求，即发明应当是新颖的、有创造性的且能在工业上运用的。

6.4.2.2 专利的内容及限制

印度尼西亚2001年《专利法》第16条对专利权人的独占实施权和禁止排他权作出了明确的规定：

（1）专利权人享有独占实施其专利和禁止他人未经同意实施下列行为的权利：

① 对于产品专利：制造、使用、销售、进口、出租、分销或者使专利产品可以用于销售、出租和分销；

② 对于方法专利：利用获得专利的生产方法去制造产品，从事①项所述的行为。

（2）对于方法专利，禁止他人未经同意实施第（1）款所述的进口，仅适用于使用相关方法专利而制造的进口产品。

（3）为教学、研究、试验或者分析而使用专利的行为，只要不损害专利权人的正常利益，则不适用第（1）款和第（2）款的规定。

6.4.2.3 专利的申请

提出专利申请是专利申请人取得专利权的必经程序，了解并熟悉印度尼西亚的专利申请流程是企业投资印度尼西亚、进行知识产权布局的重要环节。印度尼西亚《专利法》规定，专利申请要由发明人或者申请人提出，申请专利需以印尼文书面向印度尼西亚知识产权理事会提出。专利代理人必须是知识产权理事会注册的知识产权法律顾问。专利申请必须提交以下材料：申请日期、申请人地址、发明人姓名及国籍、专利代理人姓名及地址（通过专利代理人提出申请时）、特别授权专利代理人、专利请求书、申请发明专利名称、权利要求书、专利说明书、专利照片、专利摘要。专利申请必须缴纳相关的费用，包括申请费、专利公告费、专利转让记录和公告费、专利许可登记和公告费、强制许可申请费及专利年费。

6.4.2.4 专利的保护

印度尼西亚《专利法》明文规定了专利权人对专利进行保护的救济途径。印度尼西亚的知识产权总署是该国的专利管理机关。对申请人对于授权决定不服的，可以向专利申诉委员会进行申诉。如果被授予专利的人不是有权获得专利的人，有权的一方可以向商事法院起诉。专利权人可以就专利侵权向商事法院起诉；商事法院的诉讼判决应当在决定作出后 14 天内送交知识产权总署，并记录和公告。

6.4.3 商标制度

自 1961 年起，印度尼西亚就开始进行商标立法并逐步建立商标制度。由于曾经受到过荷兰的殖民统治，印度尼西亚的商标制度也刻上了历史的烙印，例如印度尼西亚的许多现行商法是以荷兰殖民统治时期的 1847 年《商法典》为蓝本而制定。随着经济全球化和区域经济一体化进程加快，为了更好地融入世界和区域经济发展大潮、有效促进本国经济社会发展，近年来，印度尼西亚加快制定和完善商标法律法规，逐步建立起适合本国国情的商标制度。

6.4.3.1 商标的规定

1992 年，印度尼西亚制定了第一部《商标法》，现行商标法是 2001 年制定的《商标法》，共 16 章 101 条，自 2001 年 8 月 1 日公布施行。为了加强国际合作，提高本国的商标保护水平，印度尼西亚积极加入了有关商标的国际公约，主要包括《WIPO》《巴黎公约》《与贸易有关的知识产权协定》和《商标法条约》。因此，在国内立法中，印度尼西亚也吸收了国际公约所规定的制度和普遍通行做法。

6.4.3.2 商标的取得

关于商标的取得，目前世界上通行的制度包括使用优先制和注册优先制。所谓使用优先制，就是指商标权应当授予对申请商标使用在先的申请人，从而排除使用在后申请人取得商标权的制度。所谓注册优先制，就是指商标权的取得要通过注册行为来完成，换言之，谁先完成了商标注册行为谁就取得商标权。对于商标取得，印度尼西亚现行商标法规定采用注册优先原则。包括印度尼西亚在内的东盟国家，商标的注册一般要经历两个阶段，检索阶段和审查公告阶段。

在检索阶段，主要是检索申请商标是否已经被注册，同时还要审核申请商标是否具有新颖性和独特性。如果申请商标符合授予商标权的条件，审查机关还将对其进行公告，在法定的公告期间，法定异议主体有权对公告商标提出异议，如果没有人提出异议或者异议不成立，商标申请人将获得商标专用权。印度尼西亚赋予商标的保护期限为自申请日起 10 年，期满可以续展。印度尼西亚《商标法》还规定，注册后的商标如不使用的时间达到 3 年，将取消其商标的注册资格。

既然注册作为取得商标的必经程序，那么投资印度尼西亚的企业应当熟悉商标注册程序，这是保护企业知识产权的必然要求。印度尼西亚《商标法》规定，商标注册申请应以印尼文书面向知识产权理事会提出，申请书应当包括以下内容：申请日期、申请人的姓名、国籍和住所、代理人的姓名和住所、商标的颜色、国家名称和首次提出商标注册申请的日期。商标注册可以个人提出，也可集体提出，还可由单位提出。注册商标要缴纳相关费用，具体包括：提出商标注册申请及续展申请、提出商标目录复印件申请、转让登记、改变注册商标持有人姓名及地址、商标许可协议登记、提出商标注册申请异议、提出商标注册申请及复审等项目费用。

鉴于已经加入了《巴黎公约》等国际公约，印度尼西亚的《商标法》也规定了优先权制度。印度尼西亚 2001 年《商标法》第 12 条就明确规定：如果优先权申请人在申请期限（首次在他国提出商标注册之日起 6 个月内）届满后 3 个月内，不能提出在他国申请商标的证据时，则将其商标注册申请视为没有优先权的申请。根据《商标法》的规定，印度尼西亚受商标制度保护的商标种类有：商品商标、服务商标、集体商标、立体商标和颜色商标。

6.4.3.3 商标的保护

没有救济就没有权利。印度尼西亚《商标法》不但明确赋予了申请人取得商标专用的权利，而且还就商标侵权的类型及其处罚作出了具体规定，从而对商标权利受害者进行有效救济。印度尼西亚《商标法》明确规定：如在相同产品、服务或制造领域使用与某注册商标整体类似或与某注册商标的构成要素部分类似的标志，最高可对侵权人处以 5 年监禁或 10 亿印尼卢比罚金；在同类注册商品上使用与他人地理标志实质类似的商标可处以最高 4 年监禁或 8 亿印尼卢比罚金；使用可能欺骗或误导公众相关商品或服务来源的原产地名称标记者可处以最高 4 年监禁或 8 亿印尼卢比罚金。

6.4.4 版权制度

印度尼西亚《版权法》于 1982 年颁布实施，并分别于 1987 年、1997 年和 2002 年进行了三次修订。修订后的《版权法》明确了版权保护的客体，进一步扩大了版权保护的范围，将“数据库”纳入了版权的保护范围，明确了版权的侵权类型及其处罚。

根据印度尼西亚现行《版权法》的规定，版权保护以下客体：

（1）包括书籍、电脑程序、小册子、发表作品的排印编排，以及所有其他文字作品；

（2）布道、讲座、演说及其他说话作品；

（3）用于辅助教育和科学的直观视觉作品；

（4）歌曲或带或不带歌词的音乐；

（5）戏剧、音乐剧、舞蹈、舞蹈作品、木偶戏，哑剧；

（6）包括图画、绘图、书法、雕版、雕刻、雕塑、拼贴图与应用艺术的所有艺术形式；

（7）建筑；

（8）地图；

（9）蜡染艺术；

（10）摄影；

（11）电影作品；

（12）其他以改变后形式出现的翻译、解释、改编、诗选、数据库作品。

《版权法》第 24 条还明确规定要保护版权人的署名权，保护作品完整权及修改权，同时还赋予了明确的保护期限，即：署名权不受限制，修改权和保护作品完整权为作者终生加上死后 50 年。

严厉打击针对版权的犯罪行为、严格版权刑事保护也是印度尼西亚现行《版权法》的一大特点。印度尼西亚《版权法》第 172 条规定：故意违反《版权法》相关规定的最高可判处 1 个月以上 7 年以下的监禁，可并处 100 万印尼卢比以上 50 亿印尼卢比以下的罚金。非法传播、展览侵权产品者的处罚为最高 5 年的监禁或 5 亿印尼卢比的罚金。在印度尼西亚，盗版问题，尤其是影视媒体盗版问题一直都是知识产权保护所面临的棘手问题，也正是基于此，印度尼西亚经常成为《美国特别 301 报告》“重点关注”的对象。为了解决盗版泛滥问题，印度尼西亚知识产权总局建立了一个光盘监督队作为其防止影视媒体盗版行为的有效组成部分，监督小队与产业部、法律和人权事务部、商贸部及海关、公安部协调合作，共同打击影视媒体盗版行为，营造良好的知识产权环境。

6.4.5 其他知识产权制度

除了专利、商标、版权外，印度尼西亚还就工业品外观设计、商业秘密、集成电路布图设计和植物品种的知识产权保护进行了专门立法。

为了激励传统文化和工艺品的发展和国际竞争力，印度尼西亚于 2000 年制定了《外观设计法》对工业品外观设计进行保护。根据该法规定，工业品外观设计是指“在以三维或者二维形式体现的形状、构造、线条的组成或者颜色的组成，或者线条和颜色，或者前述内容的结合上的，富有美感的，能够以三维或者二维的模式实现，并且能应用于生产产品、货物或者工业品和手工艺品的创造。”该法虽然在立法技术和实施效果都存在不足，但确实对保护工业品外观设计起到了积极的作用。

印度尼西亚《商业秘密法》保护的范围包括生产方法、加工方法、销售方法以及技术与行业领域中其他具备经济价值的、通过正当手法获得且无需向外界公开的信息。商业秘密的拥有者具有对权利的独占使用权、允许或禁止他人使用权、或出于商业赢利的目的向他人透露商业秘密的权利。对于侵犯商业秘密的行为，最高可判处 2 年监禁及 3 亿印尼卢比的罚金。

6.4.6 知识产权侵权的相关处罚规定

法律和人权事务部下属的印度尼西亚知识产权总局全权负责知识产权政策制定，负责管理所有与知识产权相关的审批和行政管理事务。印度尼西亚知识产权总局下设总局秘书处、版权、工业品外观设计、集成电路布图设计与商业秘密局、专利局、商标局、合作与发展局、信息技术局等部门。知识产权总局拥有 33 个地方办事处负责接收知识产权申请。在 2010 年，印度尼西亚知识产权总局建立了一个调查理事会，专门负责调查涉嫌知识产权侵权的权利持有人报告；与警方合作，扣押涉嫌商品，在案或在押信息不会披露。印度尼西亚知识产权总局还建立了一个光盘监督队作为其防止影视媒体盗版行为的有效组成部分。影视媒体盗版是印度尼西亚长期关注，也是其一直在《美国特别 301 报告》上榜的理由之一。监督小队与产业部、法律和人权事务部、商贸部及海关、公安部协调合作。

印度尼西亚法律规定，违反知识产权保护法规的行为，将受到法律制裁，包括经济处罚和刑事处罚。

6.5 印度尼西亚国内纠纷解决制度

6.5.1 司法程序

印度尼西亚的司法权属于最高法院及其他各级法院。法院包括四种类型：普通法院、宗教法院、军事法院、行政法院。

6.5.1.1 普通法院

（1）构成

普通法院包括地方法院、高等法院和最高法院。

地方法院是初审法院。印度尼西亚的每个二级行政区（即县、市级行政区）都有一所地方法院，它们均是在最高法院的同意下由司法部负责建立的。为严格遵守法定程序，地方法院开庭时由三名法官会同审理。但长期以来，由于缺乏训练有素的工作人员，在实际审理中，特别是审理民事案件时，往往只是由一名法官审理并判决。

高等法院是地方法院的上诉法院，各省都有设立。

最高法院是国家最高审判机构，由首席法官和法院组成。首席法院由总统根据国会提名任命，法院由首席法官和司法部长推荐，经国会提名后由总统任命。最高法院管辖案件的范围是不服高等法院的判决的上诉案件，由 3 名法官共同申请。

（2）一般程序的审理

对于一般程序的审理，首先地方法院院长在接到诉讼后最迟 7 个工作日内组建法官委员会，该委员会由一名担任委员会主席的法官和两名担任委员的特别法官组成。特别法官的任命一名由职工团体、工人团体推荐，一名由经营者组织推荐。

传票一般以邮寄方式送达；地址不明无法送达的，在劳动争议法庭大楼的布告栏中公告送达。

如果某一方或各方无故缺席，法官委员会主席应确定延期开庭；下一次召开会议的日期应从会议被推迟之日起 7 个工作日内确定；因上述原因造成的延期开庭，次数最多只能两次。如果原告或其代理人在最后一次审理时仍缺席的，视为其撤诉，就该事项原告还有一次上诉的机会。如果被告或其代理人在最后一次审理时仍缺席的，法官委员会做缺席审判。

法院以开庭审判为原则，不开庭审判为例外。对于不遵守法庭纪律的人员，经劝说无效后，法官委员会有权将其驱逐出庭。

如果在第一次开庭时能证明经营方（企业）明显违反劳动法的规定的，法官应立即判决先于执行，即经营方（企业）向有关工人支付应得的酬劳及其他权利；如果在审理过程中，经营方（企业）还未执行，法官应当下达强制执行的决定。上述先于执行或强制执行，不得上诉。

法院委员会应在第一次开庭后 50 个工作日内对劳动争议纠纷案作出裁决。缺席判决的判决书在宣读判决书之日起 7 个工作日内将签署。裁决书签署后，副书记员应最迟在 14 个工作日内完成副本，书记员应在完成后最迟 7 个工作日内将副本寄往各方。

如果一方决定上诉，则应当在当庭宣判之日起或收到缺席裁判通知之日起 14 个工作日内，向最高法院提出，否则，裁决将具有永久的法律效力。上诉方须通过地方法院下设的劳动争议法庭副书记处提出书面申请，由其向最高法院院长提交。

（3）撤诉

在被告未作出答复前，原告可以随时撤诉；在被告答复后，只有经被告同意才能撤诉。

6.5.1.2 行政法院

印度尼西亚行政法院种类很多，主要用于裁决各种有关行政性的争议。主要包括：

（1）税务审议局

税务审议局主要处理个人因政府税务机关征税不当或派税过多而提出的指控。

（2）土改法院

（3）住房事务委员会。依照印度尼西亚法律规定，普通法院不受理有关住房和建筑物使用方面的争议，这方面的争议由住房委员会处理。

6.5.2 仲裁和备选纠纷解决（ADR）制度

6.5.2.1 仲裁与备选纠纷解决的含义

（1）仲裁

根据法律的规定，仲裁是基于纠纷当事人的书面仲裁协议在普通法院外的解决民事纠纷的一种机制。仲裁协议必须是一种书面协议，可以是纠纷产生前的仲裁条款，也可以是纠纷产生后当事人达成的单独仲裁协议。

备选纠纷解决是一种通过当事人同意的程序解决纠纷或意见分歧的机制，例如以协商、谈判、调解、调停或专家评估的方式在法院外解决。

如果签有仲裁协议，法院无权对双方当事人的纠纷进行管辖。

（2）备选纠纷解决的程序

不是刑事性质的纠纷或意见分歧，可以通过当事人放弃通过法院诉讼而是用善意备选纠纷方案来解决。具体操作如下：

① 通过 ADR 解决纠纷或意见分歧，需在 14 日内召开大家参加的直接会议

解决，并将结果制作成书面协议。

② 如果无法解决纠纷，当事人签书面协议，在一个或多个专家顾问或一个调解人的帮助下进行解决。

③ 如果②的方法在14日内不能达成协议，有关当事人可以请求仲裁机构或ADR机构任命一个调解人。调解人任命后，应在7日之内展开调解。调解应在保密状态下进行。解决结果应制定书面协议，交由各方在30日内签字。该协议对于有关当事人具有终局性的法律拘束力，须善意履行。在签字完后30日应向地区法院登记。登记以后30日内，协议规定的内容应完全执行完毕。

④ 如果③的方法不能达成协议，纠纷当事人通过书面协议，可以将纠纷提交一个仲裁机构或特别仲裁机构进行解决。

6.5.2.2 商事仲裁制度

（1）仲裁主体、条件

印度尼西亚国家仲裁委（BANI）是印度尼西亚全国性的仲裁机构，为当事人提供争端解决服务，为商事仲裁的主要主体。

当事人可以通过协议的方式将他们之间将会产生的分歧或可能产生的分歧交由仲裁解决。如果当事人不能达成书面协议，该协议应由公证员起草，制作成公证书。如果发生纠纷，仲裁申请人应通过挂号信、电报、电传、传真、电子邮件或信使的方式通知被申请人开始适用仲裁程序。仲裁通知至少应明确包括下面内容：当事人的名称和住址、应适用的仲裁条款或协议、纠纷的对象、索赔的根据和数量、希望的解决方式、当事人同意的仲裁员数量，如果没有达成协议，申请人可以提出仲裁员的数量，但必须是奇数。

纠纷发生后，如果当事人选择通过仲裁的方式解决纠纷，应该签订由各方签字的书面协议，该协议包括以下内容：① 纠纷的对象；② 当事人的全称和住所、住址；③ 仲裁员的全名和住址；④ 仲裁员或仲裁庭作出裁决的地点；⑤ 秘书的全名；⑥ 纠纷解决的期限；⑦ 仲裁员愿意担任仲裁员的声明；⑧ 纠纷各方愿意承担所有通过仲裁解决纠纷所必需的开支。没有包含以上内容的书面协议是无效的。

（2）仲裁庭的形式

仲裁庭可以采用独任制和三人制。独任制需双方当事人就此达成一致。三人制，由双方当事人指定两名仲裁员，第三名仲裁员由该两名仲裁员共同选任，该第三名仲裁员作为首席仲裁员。独任制申请人应通过挂号信、电报、电传、传真、电子邮件或信使的方式向被申请人提出有资格被任命为独任仲裁员的人选的建议，若被申请人收到申请人建议之日起 14 内，当事人双方并未就独任仲裁员的任命达成协议，当事人一方可以通过申请地区法院的首席法官指定独任仲裁员。

（3）审理期限及延长

仲裁审理纠纷应当在合议庭成立之日起 180 日内审理终结。当事人双方同意或满足法定条件的可以延长审限。根据 1999 年《印度尼西亚仲裁与争议解决法》第 33 条、48 条，仲裁员或仲裁庭有权决定延长其任期：当事人于特殊情况下提出此申请；存在临时裁决或中间裁决；为审理需要，仲裁员或仲裁庭认为此种延长有必要的。

（4）仲裁裁决的执行

① 国内仲裁

仲裁裁决做出后 30 日内，仲裁员或其法定代理人应向地方法院提交仲裁原件或真实副本备案登记。仲裁裁决对当事人具有终局的法律拘束力。如果一方当事人没有自愿履行其义务，另一方可请求地方法院的首席法官发布命令执行。法院决定执行仲裁裁决的命令应按执行民事案件判决的方式执行。

② 国际仲裁

印度尼西亚于 1981 年批准了《联合国承认及执行外国仲裁裁决公约》，印度尼西亚承认外国仲裁裁决条件是：首先仲裁裁决必须是就商业纠纷所作出的裁决；其次仲裁裁决的承认基于互惠的原则。

雅加达地方法院是承认和执行外国仲裁裁决的地方法院。

6.5.3 劳动争议解决程序

2004 年 1 月 14 日，印度尼西亚发布了《劳动争议解决法》，于 2005 年 1 月 14 日生效实施，该法适用范围：解决雇主、企业或者集团与职工或职工团体之间因意见分歧而产生的纠纷；社会机构之间和拥有管理人员并出钱雇用他人的非企业单位之间出现的劳动争议。

6.5.3.1 纠纷的范围

劳动争议纠纷包括权利纠纷、利益纠纷、结束劳动关系纠纷和同一企业内部职工团体之间的纠纷四种。其中权利纠纷是指由于权利没有兑现或而引起的纠纷，起因于对各种权利规定、劳动合同、企业规章制度或合作协议的兑现或领会有偏差。利益纠纷是指在劳动关系中由于在制订劳动合同、企业规章制度或合作协议的劳动条件时或改变上述条件时意见不一致而产生的纠纷。结束劳动关系是指由于一方当事人结束劳动关系时，由各方意见不一致引起的纠纷。职工团体之间的纠纷是指同一企业内部不同职工团体之间由于在团体、会员、实施权利和义务等问题上意见不一致而产生的纠纷。

6.5.3.2 纠纷解决方式

（1）双边会谈

双边会谈是指职工、工人或者工人团体与企业或雇主为解决劳动争议而进行的协商。

劳动争议纠纷发生后必须首先通过双边会谈来解决纠纷。只有当双边会谈不能解决纠纷后，才能通过其他程序解决，当劳动争议发生后，不能未经过双边会谈就以其他程序解决。通过双边会谈解决纠纷，在会谈开始后不超过 30 个工作日内解决。会谈如果取得积极进展应当签订共同协定，共同协定具有法律效力，对各方均有约束力，该协定应向共同签署的地方法院下设的劳动争议法庭进行登记。

若在 30 日内，其中一方拒绝会谈，或虽然会谈但未能达成一致意见，则双边会谈应被视为失败。若双边会谈失败，其中一方或双方应向负责地方劳务的机构提交纠纷记录文件，并附上曾通过双边会谈努力解决的证据。对于未附上的，负责地方劳务机构应将纠纷记录文件归还纠纷方，后者应在接到文件之日起最迟 7 个工作日内补交证据。

双边会谈的内容包括：各方观点；结论及会谈成果；会谈各方签名及日期。

（2）调停

劳动争议调停指通过协商由中立的一个或几个调停人作为中间人，对劳动争议纠纷进行调停。当双方不能就劳动争议双边会谈达成一致解决问题时，负责地方劳务的机构如收到一方或各方有关发生劳动纠纷的文件，应当向纠纷各方征求通过调解或通过仲裁解决纠纷的意见。若 7 个工作日内纠纷各方未能就选择通过调节或仲裁解决纠纷达成一致意见，负责地方劳务的机构应将纠纷交由调停处理。调停人应在收到解决纠纷申请后最迟 7 个工作日内做好纠纷原因调查，并立即召开调停会。最迟在 30 个工作日内完成调停工作。

调停人可邀请证人或者专家或鉴证人出席调停会，该部分人有权接受一定数额的路费和膳宿费补偿。调停人还可以要求某些人作出说明，有必要时可以要求其出示账本和信件。

经调停双方达成一致协议的，或调停人出具书面建议书后各方当事人在收到建议书后 10 日内表示赞成（10 日内未按要求表态的，视为拒绝），该协议或建议书经双方签署协议仍需向法院登记，登记后该协议具有法律强制效力。调停未能达成有效的协议或建议书的，则各方可以上诉地方法院下设的劳动争议法庭请求解决。

（3）调解

调解由在县、市劳动机构注册的调解人负责纠纷处理，调解与调停的程序相同，两者在适用上只能选其一，即选调解则无调停，调停则不调解。

（4）仲裁

印度尼西亚不强制要求劳动仲裁前置，劳动仲裁程序一般为首先双方自愿通过仲裁解决纠纷，然后双方分别从仲裁员中指定仲裁人组成仲裁委员会，和解失败后，仲裁委员会根据实际情况作出裁决，该裁决为最终裁决，对双方均具有约束力。

劳动争议仲裁人是指各方从部长确定的仲裁人名单中挑选出来的一个或几个仲裁人。仲裁人的工作范围涵盖整个印度尼西亚国内，可以在整个国内以仲裁人的名义进行仲裁活动。

通过仲裁解决劳动纠纷须经各方同意，必须在仲裁协议书上明确表示。仲裁协议书至少包括以下内容：

① 纠纷各方的全名及地址或住址；

② 纠纷主要事由；

③ 各方同意的仲裁人的数量；

④ 纠纷各方的表态，即服从并执行仲裁；

⑤ 协议书签订地点、日期及纠纷各方当事人签名。

选择仲裁的各方当事人可以选择单个仲裁人或多个仲裁人（但最多为3个）。如果各方不能就仲裁人员选任达成协议，那么就由法院指派。选择仲裁人员后需签订指派仲裁员协议书，该协议书至少一式三份，具有同等法律效力，如果仲裁人不止一个，则上述协议书原件应归仲裁委员会主席留存。

纠纷的调查工作应当在指定仲裁人协定书签订后最迟3个工作日内开始。仲裁人应当指定仲裁人协定书后最迟30个工作日内解决劳动争议。在各方同意下，仲裁人有权延长解决纠纷的时间，但只能延长一次，延长时间最多14个工作日。

仲裁人和仲裁委员会对劳动争议纠纷的调查工作不公开进行，但仲裁人或仲裁委员会应公布有关在调查和仲裁会上的调查活动和过程。另外如各方一致要求公开进行可以公开进行。

在仲裁会议上，纠纷各方可以委托其代理人出席，但代理人必须持有特别委托书。

纠纷双方达成和解，应当由仲裁员或仲裁委员会制定和解协议，由三方共同签署。并在签署地的地方法院下设劳动争议法庭登记备案后生效。

在仲裁会议上，各方均有机会阐述自己的观点并提供相应证据说明，仲裁人或仲裁委员会有权要求各方在规定时间提供书面补充说明。仲裁会议可以邀请证人或专家。提供证词前，证人需按各自的宗教信仰仪式起誓。纠纷当事人邀请费用由邀请方承担，仲裁人或仲裁委员会邀请的费用，由各方承担。

仲裁裁决的形式与内容必须符合法律法规、契约、惯例、社会公正和公共利益的要求。仲裁决定一旦作出，对各方都具有终局裁判的法律效力和拘束力。各方都有权向法院下设劳动争议法庭要求对未履行仲裁裁决方进行强制执行。在仲裁决议作出之日起 30 个工作日内，各方当事人如果认为存在以下情况，各方可以向最高法院提出撤销要求：

① 发现调查过程中提交文件造假；

② 对方故意隐瞒对决议有重大影响的文件；

③ 纠纷调查过程中，某一方施展存在非法手段影响调查结果；

④ 决议超越了仲裁的权限；

⑤ 决议与法律相违背。

最高法院在收到撤销申请后 30 个工作日作出是否撤销的决定。

第7章
印度尼西亚社会文化环境

7.1 人口与劳动力

7.1.1 基本状况

印度尼西亚是东南亚第一、世界第四人口大国，根据世界银行的统计，印度尼西亚总人口截至2018年底约为2.68亿，占10个东南亚国家总人口数的39%。其中男性人口约1.35亿，占总人口的50.36%，女性人口约1.33亿，占总人口的49.64%。约55%的人口居住在城市地区。（表7－1）

表7－1 印度尼西亚人口基本状况（2011—2018年）

指标		2011年	2012年	2013年	2014年	2015年	2016年	2017年	2018年
人口	总人口（亿）	2.45	2.48	2.52	2.55	2.58	2.62	2.65	2.68
	男性（亿）	1.23	1.25	1.27	1.29	1.30	1.32	1.33	1.35
	占比（%）	50.38	50.38	50.38	50.37	50.36	50.36	50.36	50.36
	女性（亿）	1.22	1.23	1.25	1.27	1.28	1.30	1.31	1.33
	占比（%）	49.62	49.62	49.62	49.63	49.64	49.64	49.64	49.64
城镇人口占比（%）		50.60	51.28	51.96	52.64	53.31	53.99	54.66	55.33
城镇人口增长率（%）		2.70	2.69	2.66	2.61	2.55	2.48	2.41	2.34
人口增长率（%）		1.35	1.35	1.34	1.31	1.27	1.22	1.18	1.13

续表

指标		2011 年	2012 年	2013 年	2014 年	2015 年	2016 年	2017 年	2018 年
出生率（‰）		20.53	20.23	19.89	19.54	19.17	18.79	18.42	18.07
人口死亡率（‰）		6.58	6.52	6.47	6.44	6.42	6.42	6.43	6.47
婴儿死亡率（‰）	总死亡率	27	26	25.1	24.2	23.3	22.5	21.7	20.9
	男婴	29.8	28.7	27.7	26.8	25.8	24.9	24.1	23.2
	女婴	24	23.1	22.3	21.4	20.6	19.9	19.2	18.5
妇女生育率		2.47	2.46	2.44	2.41	2.39	2.36	2.34	2.31
15～49 岁女性节育率（%）		61.3	61.9	62	61.6	61.5	59.4	63.6	..
出生时预期寿命（年）		69.54	69.87	70.18	70.48	70.77	71.04	71.28	71.51
出生人口性别比		1.05	1.05	1.05	1.05	1.05	1.05	1.05	1.05
人口密度（每平方千米陆地面积人口数）		135	137	139	141	143	144	146	148

数据来源：联合国 Databank

印度尼西亚人口的分布极不平衡，全国有一半以上的人口集中在爪哇岛上，爪哇岛为全世界人口密度最高的地区之一。全国平均人口密度为每平方千米 148 人（2018 年），而雅加达高达 11 000 多人，中加里曼丹和东加里曼丹等地每平方千米不到 10 人。

2018 年，印度尼西亚人口出生时的平均预期寿命为 71.51 岁，其中男性为 69.38 岁，女性为 73.75 岁。超过 60%的人口在 20 至 65 岁之间，低抚养比且劳动人口具有较高素养（见表 7－3）。人口死亡率为每千人 6.47，人口出生率为每千人 11.3，女性生育率为 2.31，15 至 49 岁女性的节育率为 61%。婴幼儿死亡率每千例出生 21.2 例，其中男婴的死亡率为每千例 23.5，女婴的死亡率为每千例 18.6。

2018 年印度尼西亚劳动力总量为 1.33 亿，其中女性劳动力占 39.22%，劳动力（全国 15 岁以上人口）的参与度为 67.63%（表 7－2）。

表 7－2　印度尼西亚劳动力状况（2011—2018 年）

		2011 年	2012 年	2013 年	2014 年	2015 年	2016 年	2017 年	2018 年
劳动力及产业分布	总人数（亿）	1.18	1.21	1.22	1.23	1.25	1.26	1.30	1.33
	农业（%）	39.13	37.19	35.93	34.97	34.28	33.04	31.82	30.79
	工业（%）	18.65	19.99	21.07	20.95	21.40	22.04	21.72	22.02
	服务业（%）	42.22	42.82	43.00	44.07	44.32	44.92	46.46	47.19

续表

	2011年	2012年	2013年	2014年	2015年	2016年	2017年	2018年
女性劳动力占比（%）	38.00	38.10	37.90	37.92	38.06	38.35	38.80	39.22
失业率（%）	5.15	4.47	4.34	4.05	4.51	4.30	3.88	4.40
15岁以上人口就业率（%）	66.91	67.42	66.76	66.62	66.58	66.31	66.76	67.63

数据来源：联合国 Databank

表7－3　　印度尼西亚人口抚养比（2011—2018年）[①]

指标	2011年	2012年	2013年	2014年	2015年	2016年	2017年	2018年
人口抚养比（%）	50.53	50.13	49.77	49.36	48.89	48.71	48.36	47.95
老年抚养比（%）	7.59	7.68	7.78	7.88	8.02	8.22	8.43	8.67
少儿抚养比（%）	42.94	42.45	41.99	41.47	40.87	40.50	39.93	39.28

数据来源：联合国 Databank

7.1.2　印度尼西亚外籍员工情况

据印度尼西亚劳动部公布的数据，2017年印度尼西亚的外籍员工数量已经达到85 970人，与上年相比增长6.97%，其中来自中国的员工数已经达到24 804人，主要是技术人员，有23 870人。相对于印度尼西亚本国劳动力，在印度尼西亚的外籍员工数量仅占比0.07%。与邻国相比，印度尼西亚的外籍员工占比是非常低的。马来西亚外籍员工的占比已经达到了12%，大约有外籍员工180万人。新加坡的外籍员工数量已经达到了140万人，占劳动力人口比重接近1/3。2016年，越南外籍员工的占比是0.14%，泰国外籍员工占比是4.5%。根据2011年《第24号关于社会保障制度的法令》规定，在印度尼西亚工作超过6个月的外国人都应当参加印度尼西亚国家社会保障制度。根据社会就业保障管理局的数据，获批的外籍员工雇佣许可总数2015年有77 149人，2016年有80 375人，2017年有85 974人。

① 人口抚养比也称人口负担系数，是指人口总体中非劳动年龄人口数与劳动年龄人口数之比。它表明从整个社会来看，每100名劳动年龄人口负担多少非劳动年龄人口。其计算公式是：抚养比＝（非劳动年龄人口数÷劳动年龄人口数）×100%。非劳动年龄人口指14岁及以下和65岁及以上人口；劳动年龄人口指15～64周岁人口。抚养比可分为总抚养比、少儿抚养比和老年抚养比。少儿抚养比是指0～14岁人口占15～64岁劳动年龄人口的比重，老年抚养比是指65岁以上人口占15～64岁劳动年龄人口的比重。总抚养比为少儿抚养比与老年抚养比之和。

7.1.2.1 外籍劳务需求

印度尼西亚本土失业率有所下降，2018 年失业率为 4.4%。总体看，印度尼西亚外籍劳务市场较小，外籍劳务人员多为外资企业及合资企业的高级管理人员和技术人员。印度尼西亚政府严格限制甚至禁止普通劳工入境工作。

近年来，印度尼西亚的外籍员工数量持续增长，与日益增长的外商投资有密切关系。根据印度尼西亚投资协调委员会的数据显示，2017 年外来投资在印度尼西亚投资已经达到了 692.8 万亿印尼卢比，这个数字与前期相比增长了 13.1%，已经超过了设定的目标 678.8 万亿印尼卢比。

外籍员工从事的行业领域逐步在发生变化。根据印度尼西亚劳动力管理与就业总局 2016 年的数据，在大约 7.4 万外籍员工中，约有 5.1 万人在从事贸易与服务业相关工作，占比约为 70%；大约 2 万人从事工业相关工作，占比约是 28%；剩下的 2.6%的人主要从事农业生产活动（图 7－1）。与 2015 年相比，从事贸易与服务业的人数增长最多，增加了 27.67%；工业领域的外籍员工数量下降了 21.78%，农业领域的外籍员工数量下降了 14.12%。

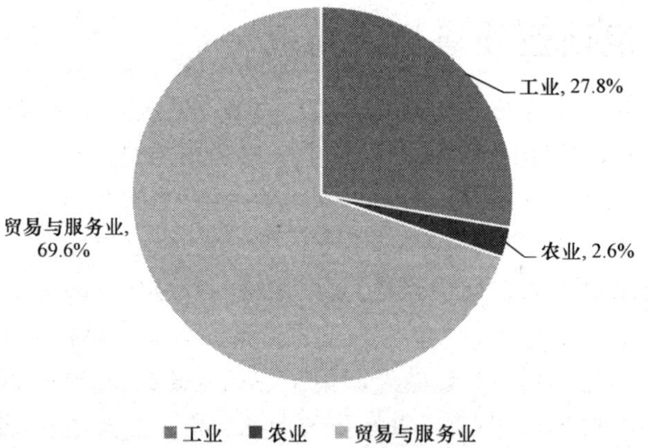

图 7－1 2015—2016 年印度尼西亚外籍员工三大就业领域分布比例[①]

从外籍员工的来源国来看，2017 年来自中国的外籍员工数量达到了 24 804 人，位居第一。紧接着是来自日本的员工，达到 13 540 人，韩国员工 9 521 人，印度员工 6 237 人（图 7－2）。按照在印度尼西亚从事的职业和担任的职务来看，担任专家顾问职务的有 23 869 人，担任经理等管理职务的有 20 099 人，担任董

① 邓颖彤. 印度尼西亚劳工法律环境及其对外商投资的影响. 印度尼西亚经济社会发展报告（2018）. 北京：社会科学文献出版社，2018.

事的有 15 596 人（图 7－3）。

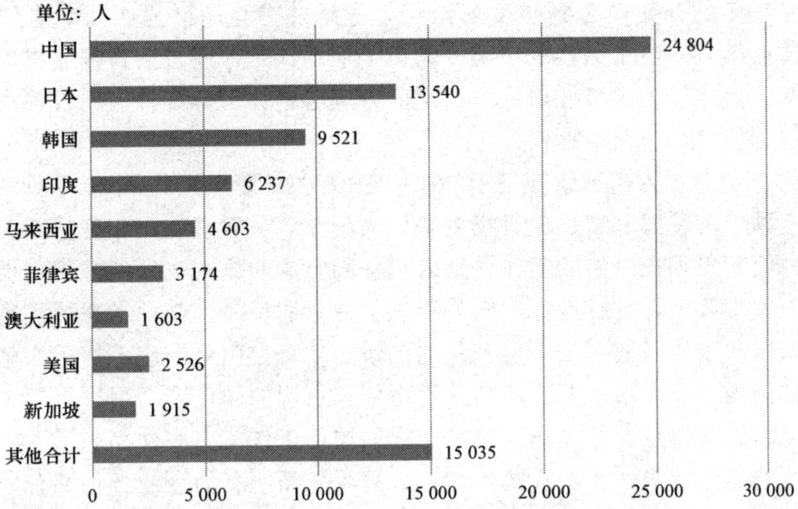

图 7－2　2017 年印度尼西亚外籍员工按照国别分类①

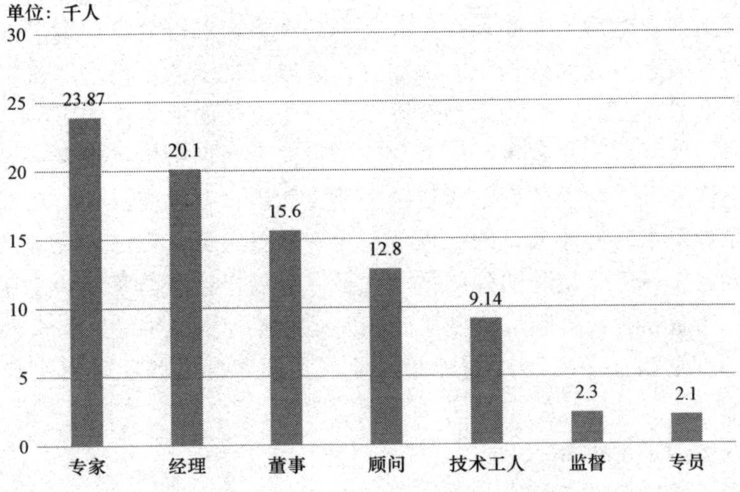

图 7－3　2017 年印度尼西亚外籍员工担任不同岗位的人数②

① 邓颖彤. 印度尼西亚劳工法律环境及其对外商投资的影响. 印度尼西亚经济社会发展报告（2018）. 北京：社会科学文献出版社，2018.

② 邓颖彤. 印度尼西亚劳工法律环境及其对外商投资的影响. 印度尼西亚经济社会发展报告（2018）. 北京：社会科学文献出版社，2018.

7.1.2.2 外国人在当地工作的规定

越来越多的外籍员工到印度尼西亚工作越发考验印度尼西亚政府的管理能力。此前雇用外籍员工需要先申请外籍员工雇用计划，通过后再提交推荐信，得到工作签证后才能去申请雇用许可，继而办理居留许可等证件，不仅耗时长、程序复杂，证明材料也要求严格。

2018 年 3 月，佐科总统签批了 2018 年《有关外籍职工的第 20 号总统条例》，以促进全国经济发展并通过促进投资来扩大就业。条例规定，印度尼西亚国内企业聘用外籍职工须在规定的工作任期内担任固定的职位，也须考虑聘用更多的印度尼西亚本国职工。各行业每次向外籍职工提供职位时，必须考虑优先聘用本国职工。如果印度尼西亚职工未能胜任的工作，才可交由外国职工担任。禁止外籍职工担任国内企业人事部要职或某些已由部长点明的职位。聘用外籍职工的相关企业，可聘用其他企业的外籍职工在同样的岗位工作，有关外籍职工可根据首次应聘企业的工作期限作为新合同的期限。聘用外籍职工的企业必须拥有外籍职工聘用证（RPTKA），这是由相关部长或官员宣布正式启用的许可证，多数是在紧急需求或迫不急待的情况下雇用外籍职工。外籍职工最迟须在工作两天之后申请外籍职工聘用证，随后当局必须在一天之内处理申请书。处理申请书的部长或官员，必须在两天之内通知外籍职工的雇主，领取已批示的申请书和资料。

但是印度尼西亚劳工总政策仍然旨在保护印度尼西亚本国的劳动力，解决本国就业问题。根据这一总政策，印度尼西亚目前只允许引进外籍专业人员，普通劳务人员不许引进。对于印度尼西亚经济建设和国家发展需要的外籍专业人员，在保证优先录用本国专业人员的前提下，允许外籍人员依合法途径进入印度尼西亚，并获得工作许可。受聘的外国技术人员，可以申请居留签证和工作准证。

受聘的外籍专业人员到达印度尼西亚前必须履行下列手续：

（1）印度尼西亚公司聘用的外籍专业人员向印度尼西亚政府主管技术部门提出申请；

（2）取得劳工部批准；

（3）到移民厅申请签证。

外国合资公司聘用的外籍人员须向印度尼西亚投资协调委员会提出申请，需要提供的信息包括：

（1）雇主的姓名和在印度尼西亚的地址；

（2）聘用人员的姓名和地址；

（3）简述拟聘用人员就任的职位、聘用期限、工资及其他福利待遇；

（4）雇主拟定或执行中的培训印度尼西亚人未来胜任该职位的计划；

（5）有关部门的介绍信。

7.1.2.3　工会及其他非政府组织

印度尼西亚的劳工组织较多且比较活跃。截至 2012 年，劳工部注册工会 91 家，未注册工会不计其数。全国性的工会联盟有全印度尼西亚劳工联盟（SPSI）和印度尼西亚工人福利联盟（SBSI）、印度尼西亚工会联盟和印度尼西亚工人大会联盟。全印度尼西亚劳工联盟是印度尼西亚政府批准最早，人数最多的工会联盟组织，下属 16 个注册工会，入会工人超过 200 万。印度尼西亚工商会馆（KADIN）是影响力比较大的非政府工商行业协会，其他比较有影响的协会组织包括：印度尼西亚雇主协会、印中经济文化社会协会（又称“印中友协”）、印度尼西亚中华总商会、印度尼西亚华商总会等。

近年来，印度尼西亚工会组织主要在提高最低工资标准、取消劳务中介、保障福利待遇三个方面代表工人反映诉求、争取权益，常组织区域或全国性的示威游行。

（1）工会的设立

印度尼西亚法律赋予了工会诸多权利，比如对于与员工利益影响重大的决定，用人单位须征求工会的意见。如用人单位无法控制工会，会导致部分公司决策由于无法得到工会的支持而出现僵局。印度尼西亚一些工会组织时常会组织员工罢工以抗议公司决议，或组织游行示威活动以为劳动者争取更多福利。

目前印度尼西亚法律没有强制要求公司成立工会，且对工会采取登记制。印度尼西亚法律要求工会的成立和议事规则必须是民主独立的，用人单位不得干涉工会的选举和任何民主决定。

根据印度尼西亚法律，公司如有 10 名以上员工就可以申请成立工会。工会领导或代表的产生须由法律或工会章程加以规定。工会会议的召开频率和工会领导的任期由工会章程加以规定。工会必须在成立之日，向地方政府负责人力事务的机构提交书面通知以登记备案。

（2）工会的权利

工会登记备案并取得登记号后可以行使下列权利：

① 与用人单位协商集体劳动合同；

② 在劳资纠纷中代表劳动者与用人单位进行谈判协商；

③ 在人力资源机构中代表劳动者进行相关工作；

④ 设立机构或开展活动以提高劳动者的福利待遇；

⑤ 开展其他与劳动或就业相关的活动。

（3）用人单位不得干预工会活动

用人单位以及其他任何人都不可以通过以下行为强迫或制止公司员工成立或不成立工会、公司员工加入或不加入工会、成为或不成为工会领导者、开展或不开展工会活动：

① 终止劳动合同、暂时停止工作、降职、改变工作岗位；

② 不发放工资或减少工资；

③ 恐吓员工；

④ 反对工会的成立。

用人单位违反上述规定，其法定代表人将会受到1年以上5年以下的拘留处罚，或1亿印尼卢比（约合人民币5万元）以上5亿印尼卢比（约合人民币25万元）以下的罚款。用人单位必须允许工会领导和工会成员在工作时间内按照工会和用人单位的协议或集体劳动协议的规定开展工会活动。用人单位不得干预工会活动。

7.2 民族与语言

7.2.1 民族

根据印度尼西亚统计局（BPS）关于2010年人口普查中印度尼西亚民族、土著语言和宗教的报告，该国有1 340个族裔群体。印度尼西亚族裔群体的分类并不严格，在某些情况下，由于移徙和文化混合，这种分类并不明确。

印度尼西亚最大的民族是爪哇（Jawa）族，占全国人口总数的41%。其他民族主要有：巽他（Sunda）族，占15.5%；马都拉（Madura）族，占3.03%，这几个民族主要分布在爪哇岛和马都拉岛上。

其他较大的民族还有苏门答腊岛上的米南加保族（Minangkabau，占人口2.73%）、巴达克族（Batak，3.58%）、亚奇族（Aceh，1.73%）、巨港（Palembang）族、尼亚斯族（Nias，0.44%）、门达威（Mentawai）族；加里曼丹岛上的达雅克族（Dayak，1.27%）、班查尔族（Banjar，1.74%）、布吉斯族（Bugis，2.69%）；苏拉威西岛上的望加锡族（Makasar，1.13%）、托拉查（Toraja）族、米纳哈沙族（Minahasa，0.52%），以及巴厘岛上的巴厘族（Bali，1.67%），龙目岛上的萨萨克族（Sasak，1.34%），马鲁古岛上的马鲁古族（Maluku，0.93%）。马来族（Melayu，2.27%）的人口不多，但分布最广，在苏门答腊岛的东部沿海、加里曼丹岛沿海以及两岛之间的海上各岛都有马来人居住。

华裔人口占印度尼西亚总人口的1.2%。

7.2.2.1 爪哇族

爪哇族主要居住在中爪哇和东爪哇地区。爪哇族历史悠久，曾建立过印度尼西亚历史上最著名的两个王朝——满者伯夷帝国和马打蓝帝国，留下了丰富的文化遗产和礼仪传统。大约公元9世纪，爪哇族在梵文的基础上创造了古爪哇文，也因此留下了非常宝贵的文化遗产。爪哇语词汇丰富，有雅语、中等语和平民语之分，雅语又分为宫廷用语和长者用语，就连男性和女性使用的语言亦有区别。老人以逢八的倍数年龄为祝寿日，如七十二、八十大寿等。爪哇文学融合了外来文学的精髓，对印度尼西亚文学产生了重大影响。公元8世纪，印度两大史诗《摩诃婆罗多》和《罗摩衍那》传入爪哇，丰富了爪哇文学。随着印度文化一起传入的皮影戏，多以两大史诗中的故事为题裁，至今深受爪哇人的喜爱。爪哇文化是印度尼西亚文化最重要的组成部分，也是印度尼西亚文化的代表。而爪哇族的文化素质也较高，印度尼西亚当今的军政要员、文化名人等多出自爪哇，从历届总统、副总统到内阁部长、军队的将领到各省的高官，爪哇人都占绝对多数。

爪哇人的宗教信仰是多元的，他们最早信仰拜物教，认为自然界的万物都有灵魂。他们还崇拜祖先灵魂及祖传圣物，王宫的器物、格利斯短剑、皮影戏傀儡和木偶等也成为顶礼膜拜的对象。爪哇人把最初信仰的万物有灵论等原始宗教与后来传入的印度教、佛教糅合在一起，成为爪哇印度教。由于深受印度文化影响，爪哇族古代信奉印度教和佛教，至今在爪哇各地人们还能看到许多遗留的湿婆雕像。伊斯兰教传入后，大部分人改宗伊斯兰教。爪哇穆斯林分为桑特里和阿班甘两种，桑特里是正统穆斯林，阿班甘则带有浓厚本土色彩，在很多方面仍然受印度教等前伊斯兰因素影响。阿班甘穆斯林占爪哇人口的大多数。带有迷信色彩的巫术在爪哇农村也相当流行。

爪哇人大部分居住在农村，种植水稻、旱稻、玉米、杂粮和经济作物。沿海居民则从事捕鱼业。居住在城市的主要是从事工商活动的人、政府公务员和企业职工。爪哇人的家庭大多数是一夫一妻制的小家庭，男女青年的婚姻大部分是自由恋爱。爪哇人喜欢皮影戏、舞蹈和音乐，文化修养一般比较高。爪哇人对王族、身居高位的官绅及长辈非常敬重，在上司面前毕恭毕敬，在父母生日或者结婚纪念日，儿女要向父母跪拜。爪哇人的王公后裔至今在其名前保留着贵族称号，并受到人们的尊敬。

爪哇族的女性，上身穿着简单缝制的衣服，下身则穿着称为“纱龙”的漂亮长裙，质料为木棉或化学纤维；男性穿着轻快的衬衫型上衣，以及长裤型的纱龙。

爪哇人崇尚协商和互助精神，他们性情温存，举止谈吐文雅，讲究礼貌、待人热情。他们自我控制的能力和忍耐力比较强，有很强的自尊心，做事一般不喜欢被催促。到爪哇人家中做客应注意礼节，客人入门后，按主人相让的地方坐下，在主人让座前不能先自行坐下。一般情况下，主人面对门坐，客人背对门坐。主人一般用咖啡和糕点招待客人，如用茶水待客，只倒一杯，客人喝光后不再续茶。

7.2.2.2 巽他族

巽他族主要居住在西爪哇，与爪哇族比邻而居，历史上曾建立巴查查兰王国、万丹王国等封建王国。巽他族受印度文化影响不及爪哇族深厚，因此伊斯兰信仰较爪哇族更接近中东正统伊斯兰教。巽他族的文学历史悠久，印度尼西亚“班顿”诗就出自此。他们能歌善舞，昂格隆及格查比是巽他族最喜欢、最富民族特色的乐器。

7.2.2.3 米南加保族

米南加保族居住在苏门答腊西部的巴东高原，以农业和经商为主，有离乡谋生的传统，经济文化较发达。米南加保人至今仍在家庭中保持母系社会传统，是印度尼西亚唯一保留母系制传统的民族，流行入赘结婚。母亲在家庭事务中占有主导和支配地位，父亲只有发言权而无裁决权。舅父在米南加保社会中具有重要地位，有权参与姐妹家庭中的各种问题。米南加保人大多数是穆斯林，他们历来重视教育，是印度尼西亚文化素养最高的民族。在印度尼西亚近现代政治名人及学者中，米南加保人占有相当大的比例。不少现代著名文学作品都出自米南加保作家之手。米南加保族还擅长烹饪，巴东菜是印度尼西亚最著名的菜系。

图 7-4　印度尼西亚苏门答腊岛上的传统巴塔克房子

7.2.2.4　亚齐族

亚齐族居住在苏门答腊北端的亚齐特别行政区，以务农为主，少部分以放牧为生。亚齐是伊斯兰教传入印度尼西亚的门户，绝大多数亚齐人信奉伊斯兰教，是印度尼西亚最虔诚的穆斯林，他们的一切活动都严格以古兰经和圣训为准则，就连房间里的装饰物都是古兰经的节录。他们严格履行伊斯兰教五功和教义，按时做礼拜。自从 2001 年开始自治以来，亚齐特区开始实行伊斯兰教法，伊斯兰教法在亚齐具有国家法律地位。婚丧仪式及财产继承等，均按伊斯兰教规举行和分配；违法行为亦按伊斯兰教规裁决和处罚，民事纠纷由伊斯兰教法庭审理。村村都有伊斯兰教小学，城镇有伊斯兰教中学，省会有伊斯兰教学院。

亚齐族男人平时很少待在家里，要么在工作，要么聚集在清真寺里，子女的家庭教育主要由母亲承担。亚齐族讲究男女平等，妇女与男人享有同等权利和地位。亚齐人善于交际，崇尚节俭，平时喜欢穿黑衣服。

7.2.2.5　巴厘族

巴厘族是巴厘岛的主要居民，大部分是十二三世纪由爪哇迁徙至巴厘岛的。巴厘人信奉印度教，但他们信奉的印度教不同于印度的印度教，而是带有强烈的本土化色彩，并融合了部分佛教教义的印度教，被称为“巴厘印度教”。该宗教渗透到巴厘社会的各个方面，形成了巴厘岛神多、庙多、宗教仪式多和节日多的特点。巴厘人擅长舞蹈和雕刻，这些艺术起初只是用于祭神，带有宗教性质，后来才发展到具有更加广泛的意义。巴厘舞蹈成为印度尼西亚舞蹈的代表，巴厘木雕则成为闻名世界的手工艺品。

图 7－5　巴厘岛婚礼

7.2.2.6 巴布亚人

印度尼西亚最东端的领土是位于新几内亚岛西半部的巴布亚地区，该地区与巴布亚新几内亚接壤，地理上归属大洋洲，行政区划上被划分为巴布亚省和西巴布亚省。当地土著居民为巴布亚人，属澳大利亚人种，总人口 269 万，分为 310 多个部落，使用巴布亚族语言，83%信奉基督教，其余信奉原始宗教。大部分巴布亚人保留崇拜祖先和图腾的传统，迷信精灵和巫术。

在西方殖民者到达之前，新几内亚岛一直处于原始氏族社会。当地居民以部落为单位聚居，过着原始的生活，文身彩面，穿草裙，用树叶、羽毛、猪牙、鸟爪等来装饰自己，以藤本植物织成席墙覆以茅顶居住，使用简陋的陶器和石器。现在大部分巴布亚人已经融入现代社会，但部分山区仍存在原始部落，较著名的部族有达尼族、阿斯马特族、科罗威族等。

7.2.2 语言

印度尼西亚语（Bahasa Indonesia）属于南岛语系（又称马来—波利尼西亚语系），是以廖内方言为基础的一种马来语，是印度尼西亚的官方语言，印度尼西亚国内所有地区都通用印度尼西亚语。印度尼西亚语发音优美，有东方“意大利语”之称。印度尼西亚的官方印度尼西亚语称为巴哈萨（Bahasa，在印度尼西亚语里就是“语言”的意思）。同时在荷兰、菲律宾、沙特阿拉伯、新加坡和美国也有许多人使用印度尼西亚语，全世界约有 3 000 万人将印度尼西亚语作为他们的母语，还有大约 1.4 亿人将印度尼西亚语作为第二语言，能较熟练地读和说印度尼西亚语。

为了能与马来语书面文字统一，1972 年印度尼西亚政府推出以马来文拼写系统为标准的精确拼音（Ejaan Yang Disempurnakan），使得现在印度尼西亚语跟马来语的拼写非常接近。

在语言学分类中，印度尼西亚语属于马来—波利尼西亚语系。印度尼西亚语源自苏门答腊岛东北部的马来语，是该语言的一个地区性变种，同标准马来语有超过 80%的同源性。1972 年以前，印尼文和马来文的拼写大不相同，这是由于印尼文拼写系统是由荷兰人发明的，而马来文拼写系统则是由英国人开发的。为了能使印度尼西亚语与马来语书面文字达到统一，1972 年印度尼西亚政府推出以马来文拼写系统为标准的精确拼音，使现在的印度尼西亚语跟马来语拼写非常接近。马来语和印度尼西亚语都使用拉丁字母，属于单字节文字。同西欧语言相比较，印度尼西亚语的语法非常简单。

印度尼西亚 90%的居民都会说印度尼西亚语，但大多数人更多使用方言，其次使用印度尼西亚语。据统计，印度尼西亚的方言数量多达 748 种。某些年长的印度尼西亚人能够说一些荷兰语，在商业、游览和教育方面也通用英语。巴厘岛的人们不仅可以讲英语，会讲德语、法语、意大利语、西班牙和日语的也非常多。而在非主要城市和旅游区域的省份，英语的使用并不广泛。

7.3 宗教与节日

7.3.1 宗教

在印度尼西亚的《宪法》中规定的建国五项基本原则中的第一条就是“信仰神道”,《宪法》第二十九条又明确规定信仰自由。政府设有宗教部，主管宗教事务，对正常宗教活动采取保护和支持的政策。因此，印度尼西亚的宗教气氛非常浓郁，几乎人人都是有神论者。

印度尼西亚政府承认六种官方宗教，即伊斯兰教、新教、天主教、印度教、佛教和儒教。

公元 7 世纪之前，印度尼西亚的主要宗教是来自印度的婆罗门教。7 世纪到 14 世纪之间，佛教成为印度尼西亚最主要的宗教。

图 7－6 婆罗浮屠

13 世纪末，伊斯兰教开始传入印度尼西亚，到 14 世纪中期，已盛行于印度尼西亚各群岛，并成为今日印度尼西亚的主要宗教。印度尼西亚全国约 87%的人口信奉伊斯兰教，是世界上穆斯林人口最多的国家。由于印度尼西亚穆斯林人数众多，伊斯兰教在印度尼西亚社会生活中起很大作用。但伊斯兰教不是国教，因此伊斯兰教团体与政党和政府之间长期存在矛盾和斗争。目前，在全国各岛屿上共有清真寺和小礼拜寺 369 760 座，仅雅加达一地就有清真寺 1 194 座，小礼拜寺 4 617 座。

除了伊斯兰教外，根据印度尼西亚政府的统计，印度尼西亚另有 6.9%的人口信奉新教，2.9%信奉天主教，其余信奉印度教（约 1.7%）、佛教（0.7%）和儒教（0.05%），还有人信奉原始拜物教等。由于历史的原因，尽管伊斯兰教是印度尼西亚的最大的宗教，但是在印度尼西亚的宗教遗迹中，却以印度教和佛教的寺庙神塔为主，其中最著名的是日惹特区的婆罗浮屠佛塔和普兰班南寺庙群。

图 7－7　普兰巴南寺庙

图 7－8　Lempuyang 印度教寺庙景观

7.3.2 节日

印度尼西亚的法定节假日包括：新年（1月1日）；伊斯兰教新年（每年时间不同）；中国春节；印度教宁静节；先知穆罕默德生辰；耶稣受难日；耶稣升天日；卫塞节（Vesak，5月20日）[①]；印度尼西亚独立日（8月17日）；民族觉醒日（5月20日，纪念1908年印度尼西亚民族运动组织“至善社”成立）；伊斯兰开斋节、宰牲节；圣诞节等。

每周六、日为公休日。

7.4 日常生活与社交

7.4.1 饮食

印度尼西亚地跨赤道，海岸线漫长，温度高、雨水多、风力小、湿度大的独特气候使印度尼西亚土壤肥沃、物种丰富，也决定了印度尼西亚饮食习俗的丰富多彩，充满独特的热带风情。

7.4.1.1 主食和副食

总体来讲，印度尼西亚人以大米为主食，稻谷在印度尼西亚人民生活中占有非同寻常的位置。爪哇、巴厘和苏门答腊是大米的主要产地，大米种植有悠久的历史，耕作技术达到相当水平。这些地区的人们平日喜欢吃白米饭，但也吃炒饭和竹筒糯米饭。山区或干旱地区，人们以玉米、木薯、豆类等杂粮为主食。

由于大多数印度尼西亚人信仰伊斯兰教，因此牛羊肉和鸡肉、鱼虾等便成为印度尼西亚人食用的主要肉类。在巴厘岛和伊里安查亚地区，居民多信仰印度教、基督教或原始宗教，所以当地居民以食猪肉、鸡肉为主。巴厘人忌讳吃牛肉。印度尼西亚海产丰富，沿海、湖河沿岸的居民食用鱼类较多。印度尼西亚人制作菜肴时喜欢放胡椒、肉豆蔻、丁香、咖喱粉等香料，以及辣椒、葱、姜、蒜等佐料，因此印度尼西亚菜的特点一般是辛辣味香。

印度尼西亚人习惯吃西餐。由于受当地华人的影响，他们也喜欢中餐。除在

---

① 或作威瑟节，是南传佛教纪念佛教创始人释迦牟尼佛诞生、成道、入灭（涅槃）的节日。在这一天印度尼西亚各大寺庙会举行盛大的佛诞纪念仪式。

官方场合有时使用刀叉外，一般都习惯用右手抓饭。他们在用餐时，有边吃边喝凉开水的习惯，也爱喝葡萄酒、矿泉水等，一般不喝烈性酒。

7.4.1.2 特色佳肴

印度尼西亚各地都具有自己的独特风味，其中最具印度尼西亚特色的有豆酵饼（tempe）、沙爹（sate）、凉拌什锦菜（gado－gado）、索多汤（soto）、巴东菜（masakan padang）、什锦黄米饭（nasi tumpeng）等。印度尼西亚人喜欢用香蕉叶或棕榈叶把大米或糯米包成菱形蒸熟而吃，称“克杜巴”。印度尼西亚人也喜欢吃面食，如吃各种面条、面包等。

凉拌什锦菜也叫“加多加多”，就是凉拌的沙拉，用料非常丰富，满满一盘青瓜、通菜梗、豆角、炸豆腐和印度尼西亚进口的虾片，浇上用南姜、香茅、青柠、花生、椰汁调出的酱汁，浓香中透出淡淡酸甜，是印度尼西亚千家万户的家常菜，寓意越来越旺。吃完这道菜，香料的浑融感会随之越来越浓，才算体味了印度尼西亚菜的精髓。

图 7－9　印度尼西亚传统美食凉拌什锦菜

制作巴东牛肉，仅调料就要用近 10 种：印度尼西亚青桔子（这是一种有柠檬清香的青桔子）、香叶、香茅、桔子叶、南姜、洋葱、辣椒、咖喱等。先将洋葱和咖喱爆香后，将牛肉和各种香料放入爆炒，再倒入椰酱将牛肉煮至软熟。巴东菜因为辣椒酱的缘故热情如火，入口仍然保持一样的热情火辣，而牛肉很嫩，多种香料糅合在牛肉之中形成独有的香味。

图 7-10 印度尼西亚巴东牛肉

7.4.2 着装习俗

由于地处赤道，常年气温如夏，因此印度尼西亚人的穿着非常简便，以凉快舒适为目的，其着装习惯也体现出这一特点。一般来说，印度尼西亚男士上衣是有领对襟长袖，下身围带格图案的纱笼或宽松长裤，头上包扎各式头巾，或戴黑色无边小帽；女子的传统上衣是无领对襟宽大长袖，多采用花纹薄纱、锦缎、丝绸等优质材料，下身围色彩艳丽的纱笼，头上戴头饰或插鲜花。平时男女都喜欢穿拖鞋或木屐，一般不喜欢穿袜子。由于印度尼西亚地域广阔、民族众多，各地民族服装在用料、布的花色图案及裁剪方式各有不同之处，形成了多姿多彩的服饰特色。

巴迪克（batik）是印度尼西亚特有的一种蜡染花布，也泛指用这种花布制成的服装，颇具传统民族特色的蜡染服装被印度尼西亚人民视为“国服”，是民族身份的象征。巴迪上衣是用已有 1 200 多年历史、名为巴迪的蜡染花布制作而成的，有丝质和棉质等多种面料，其花色图案品种繁多，布料品质不一，图案讲究对称，裁剪制作十分精细。印度尼西亚将每周五定为“巴迪克日”，在这一天，所有的政府人员、大公司员工都要穿巴迪克制成的服装。2009 年，巴迪克被联合国教科文组织列入世界非物质文化遗产名录。

巴迪克的制作过程精细复杂，匠人们通过手工绘制印染的巴迪克布，每件都独一无二，颇具艺术价值。巴迪克文化渗透到印度尼西亚人的一生，从出生到死亡，印度尼西亚人的生活始终与巴迪克紧密地联系在一起。新生的婴儿要用巴迪克包裹，新人结婚要穿巴迪克服装，亲人去世要用巴迪克做寿衣，不同场合、不同身份的人使用的巴迪克花色也有所不同。巴迪克图案上的每一笔画都蕴含着深刻的哲理，每款设计都有一个源于印度尼西亚的歌舞、宗教、神话传说的故事，通过其颜色与图案的象征意义，表达出印度尼西亚人民的信仰和创造精神。

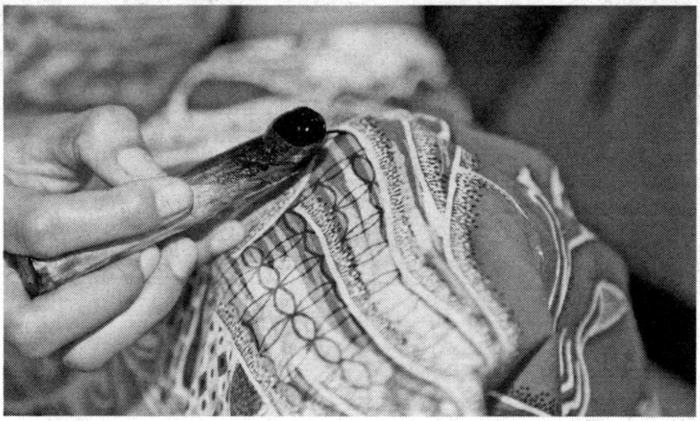

图 7－11　蜡染技术

印度尼西亚各省市的巴迪克花色图案大不相同。有几何图形的，也有各种花鸟龙虎的；有讲究对称的，也有偏爱错落的；有抽象的，也有写意的。许多印度尼西亚人以收集、穿着不同地区的巴迪衫为乐趣，朋友见面也常以讨论对方的巴迪衫出自何地为话题。巴迪衫既把印度尼西亚各地区人民凝聚在一起，又反映出地方特色和文化多样性，可以说，共性中有个性，个性中有共性。

图 7－12　巴迪克

尽管世界上许多文明古国都掌握了蜡染花布的工艺，但唯有印度尼西亚将以巴迪布制作的长袖男衬衣和女士沙笼定为国服。这与印度尼西亚的自然环境有着很大的关系。巴迪布料具有轻薄透气、清爽洒脱的特性，适合在热带穿着。巴迪衫既体现了印度尼西亚人民的智慧，也彰显了印度尼西亚的文化传承和民族特色。在正式场合，身着一身巴迪，符合当地礼仪。

2013 年，在印度尼西亚巴厘岛举行的亚太经合组织第 21 次领导人非正式会议上，各国领导人就是身着巴迪衫留下了合影。

印度尼西亚妇女传统的巴迪上衣也叫“格巴雅”（kebaya），是一种无领、无纽扣的长袖衬衫，穿时用别针将左右两片襟边别住，两襟相对，襟角略长。格巴雅分长式、短式、便服和礼服。

印度尼西亚人在衣着上总体比较保守，在公开场合人们服装普遍十分得体。男性在办公时通常穿着统一工装或穿长裤、白衬衫并打领带。妇女在办公室穿裙子和有袖的短外套，并避免色彩过于鲜艳。

如果参观庙宇或清真寺，不能穿短裤、无袖服、背心或比较裸露的衣服。进入任何神圣的地方，一定要脱鞋。在巴厘岛，进入寺庙要在腰间束腰带。

7.4.3 仪态礼仪

印度尼西亚人从小被教导与人和平相处，在公开场合必须克制自己说话的音量，修饰自己的举止和说话的表情，不宜突出或引人注意。

印度尼西亚社会顺从团体规范，习惯不表现出自己的真正个性与情绪。若诚实表达情绪，或据理力争，会被视为粗鲁、没教养的表现。

印度尼西亚人极重视面子，当面拒绝别人被认为没教养、污辱人。若遇到觉得无法同意的事，会说回去考虑，事后会发电子邮件或者短信委婉拒绝。如果对方回去后就杳无音信，那就表示他拒绝了你的要求。所以在与印度尼西亚客人谈生意时，也常常会出现很久都得不到结论的情况，因为他们羞于直言异议。

印度尼西亚人友善且容易接近。在社交场合与客人见面时，一般习惯以握手为礼。在作正式介绍时，对称谓要多加注意，多数中间阶层的印度尼西亚人有两个名字，而许多下层人民只有一个。富有者通常都有很长的姓和名，但只选用一个短名和首字母缩写名。在称呼人时，只能使用他们的第一个姓，不能使用第二个。

在印度尼西亚，当人们坐下来时，两腿不能交叉，如果非要这样做，要把一条腿的膝盖放在另一条腿的膝盖上面。在巴厘岛，坐下时两腿要平放在地板上。在印度尼西亚，打呵欠要用右手将嘴遮住，否则是不礼貌的；不要嘲笑别人的错误，也不能模仿任何人的动作，否则会伤害他们的感情；不要在街上或走路时吃东西，也不要用左手与人握手或触摸别人；与人谈话或进入别人家时，都要摘下太阳镜。

印度尼西亚人做事一板一眼，不喜欢被催促，所以千万不要催促印度尼西亚的合作伙伴，也不要督促他们尽早决定交易。

7.4.4 商务礼仪

印度尼西亚人特别注重送名片。初次相识，客人应把自己的名片送给主人，名片文字用英文。印度尼西亚人喜欢平和的声调、不摆架子的姿态和寻求一致的良好愿望，与他们谈判应态度谦逊些并放低声音。拜访印度尼西亚商人时最好带上礼物，收下礼物即意味着承担了某种责任；对别人送的礼品要欣然接受，但不要当面打开包装。印度尼西亚商人喜欢宴请，作为客人，在回国前应以相同标准回请他人一次。

7.4.5 主要禁忌

印度尼西亚人忌讳用左手传递东西或食物；忌讳摸孩子的头部，那会被认为是缺乏教养的行为；忌讳老鼠和乌龟；与印度尼西亚人交谈应避开政治、宗教等话题。

7.5 印度尼西亚非物质文化遗产

截至 2017 年，印度尼西亚教育与文化部已将 594 项非物质文化遗产纳入印度尼西亚国家级非物质文化遗产名录，据联合国教科文组织公布的数据，目前印度尼西亚已有 9 项非物质文化遗产被纳入联合国教科文组织世界非物质文化遗产名录。[①]

7.5.1 印度尼西亚国粹——哇扬戏（Wayang）

哇扬戏是印度尼西亚的古典戏剧，分为哇扬皮影戏、哇扬木偶戏等。“Wayang”的意思是“影子”，在印度尼西亚曾是上至王公贵族、下至平民百姓的文化生活支柱，被视为印度尼西亚的国粹。时至今日，它仍然是许多宗教仪式和节日庆祝中的一个重要节目。哇扬皮影戏在 8 世纪已出现，它源于古爪哇人的祭祖活动，后演变成娱乐性质的影戏。11 世纪已有文字记载，15 世纪后日臻完善而定型，在爪

① 中华人民共和国驻印度尼西亚共和国大使馆

哇岛、巴厘岛一带流传至今。印度宗教文化传入后，哇扬戏的剧目受印度梵语文学和梵剧的影响，多取材于印度两大史诗《摩诃婆罗多》和《罗摩衍那》，经改造后已爪哇化。著名剧目有《阿周那的姻缘》和《婆罗多大战记》等。后来爪哇的民族传奇班基故事和爪哇的历史演义也成为重要的题材来源。伊斯兰教传入后，在一些传统剧目中又注入伊斯兰教思想。哇扬戏不少为连台本戏，连演数夜，演出时以印度尼西亚传统乐器佳美兰伴奏，由皮影师“德朗”（Dalang）一人操控出场的各个皮影角色。“德郎”是表演中的灵魂人物，需要记忆大量故事，背诵许多古老的叙述诗歌，他将哲学、道德和审美的价值观传给下一代，备受人们的尊敬。

哇扬戏中的喜剧角色则代表了生活中的普通人，通过他们的语言和行为，反映一些社会和政治的敏感问题，因此，这些皮影成为针砭时弊的工具，也使得这种艺术形式经过几个世纪的磨砺仍能流传至今。不过，如今面对现代娱乐（例如电影、电视和卡拉 OK）的冲击，这种传统艺术已逐渐被迫适应时代，很多皮影戏班为了留住观众，表演时加入流行歌曲、讥讽时事、插科打诨等噱头，传统特色逐渐消失。联合国教科文组织于 2004 年发起鼓励印度尼西亚采取措施保护，振兴和推广哇扬戏的项目，随后在日惹和梭罗建立起了专门传授哇扬戏的艺术中心。2008 年，哇扬戏被纳入联合国教科文组织非物质文化遗产名录。

图 7－13　日惹皮影戏的傀儡

7.5.2　印度尼西亚的国乐器——昂格隆（Angklung）

昂格隆是印度尼西亚一种传统的竹筒乐器。印度尼西亚人民视其为民族团结的象征，也是印度尼西亚爪哇族的文化符号之一，被称为印度尼西亚的国乐器。“昂格隆”的结构十分简单，主体用5根细竹条作支撑，当中悬两个竹筒，竹筒上部被削成槽状，底端分别嵌入另一个较粗竹管的切槽。演奏时只需轻轻摇动，两个竹筒受到撞击便发出清脆悦耳的颤音。昂格隆看似简单，制作过程却十分繁复，做好一套昂格隆需费时半年左右。

昂格隆是爪哇乐师在海外必演的节目，更是印度尼西亚人招待来宾、主客同乐的压轴节目。昂格隆演奏汇聚着团队精神，演奏时需要相互配合，正如大合唱一样，不是“单人秀”，而要突出和谐美，每个人都是一个重要的“音符”。2013年，印度尼西亚驻华大使馆和印度尼西亚中国友好协会在北京工人体育馆举办了昂格隆大型音乐会，现场共计5 393人，包括来自北京各界的音乐爱好者共同演奏了昂格隆，从而创造了一项新的吉尼斯世界纪录。2010年11月，昂格隆被列入联合国教科文组织非物质文化遗产名录。

7.5.3 “千手之舞”——沙曼舞（Tari saman）

沙曼舞是印度尼西亚最受欢迎的舞蹈之一，起源于印度尼西亚苏门答腊岛亚齐省的迦佑族（The Gayo）。14世纪迦佑族一位名为Syekh Saman的伊斯兰传教士创作了该舞蹈，后人以他的名字为该舞蹈命名。沙曼舞以宗教信仰为纽带，希望增强族人之间彼此的向心力和凝聚力，其独特之处在于舞者间高度的团结协作精神。沙曼舞通常在重要的庆祝活动或宗教仪式上演出。舞者身穿黑色服饰，绣有迦佑族彩色花纹，象征大自然并表达对大地的敬意。

沙曼舞通常由十几位舞者共同完成，且人数必须为奇数，舞者们采用跪坐姿势，排成紧密的横列，领舞者位于中央以迦佑语领唱，全程并无任何乐器伴奏，单靠舞者的拍手、击掌声为节奏韵律。舞者们弹指、拍击双手、胸口、大腿及地面，随着节奏同时或交替摇摆及转动身体和头部，舞蹈动作反映了迦佑族的日常生活及宗教礼仪。沙曼舞是印度尼西亚文化多样性和神秘主义的见证之一，从2011年开始，沙曼舞被列为世界非物质文化遗产。

7.5.4 与神的对话——巴厘舞蹈（Tari Bali）

巴厘舞蹈是印度尼西亚巴厘岛地区的传统舞蹈艺术，深受印度教文化的影响，由于世代相传和艺术家的不断创新，形成了独特的表演风格和特点。它要求舞者在直立或半蹲的舞姿中，保持腰、臀部侧曲的姿态，头部可以自由摆动，眼睛左顾右盼、灵活传神，手指随着音乐左右摆动并不断颤动。在巴厘人的生活中无论是祭祀仪式、婚丧嫁娶还是生辰庆贺，都不能没有舞蹈。巴厘舞蹈的表现形式丰富多样，按照舞蹈传达的意境可归为三类：神圣（Wali）、仪式（bebali）和娱乐（balih－balihan）。表达圣神和仪式感的舞蹈只能在寺庙等特定场合进行表演，用于娱乐的舞蹈则可在寺庙外的公共场合进行表演。

巴厘舞蹈大多与巴厘印度教的题材有关，但随着巴厘岛旅游业的发展，巴厘舞蹈的题材逐渐拓展，不再拘泥于宗教。巴厘舞蹈中的本德舞（Pendet）是寺庙宗教仪式开始前跳的舞蹈。现在也广泛用在欢迎仪式上。这种舞蹈一般由成年女子表演，跟一般仪式舞蹈相比更加有活力，动作表情也更加丰富，舞者常常需要单手捧着供品跳舞。巴厘舞蹈动作时而舒缓从容，时而激烈高亢，宇宙间善与恶的对立、抗争，都通过舞蹈家举手投足间的眼神步态徐徐道来。2015年，巴厘传统舞蹈被纳入联合国教科文组织非物质文化遗产名录。

图 7－14　传统巴厘舞蹈

7.5.5　联合国急需保护的非物质文化遗产——诺肯袋（Noken）

诺肯袋在印度尼西亚巴布亚地区被广泛使用，尤其是分布在巴布亚中部高地的部落将诺肯袋作为日常携带、存放物品或携带小婴孩的工具，同时诺肯还是和平、富饶、美好的象征。巴布亚的女性从小就必须学习制作诺肯袋，因为学会制作诺肯袋是女性成年的标志，也是她们能够进行婚配的重要条件。诺肯袋的携带方法独特，当地人在使用时会将其悬挂在头顶，用于承担重物。

诺肯袋由纯手工编织而成，当地人将树枝、树茎、树皮进行切割，在沸水中浸泡，木纤维在晒干后被搓成绳，再采用编织或打结的技艺将其制作成网状的诺肯袋，有时还会使用天然的染料赋予其颜色。制作诺肯袋的过程烦琐，需要良好的手工技能和耐心，一般制作一个大尺寸的诺肯袋需耗时 3 周甚至 2～3 个月。现在制作和使用诺肯袋的人数正在减少，威胁这种技艺传承的因素有很多，包括传统意识的削弱、手工艺人数量的减少以及工业包装袋的制造等。2012 年，联合国教科文组织将诺肯袋纳入急需保护的非物质文化遗产名录。

7.6 社会治安

近年来，印度尼西亚政府有效控制政府核心部门，积极反腐肃贪，稳步推进民主体制改革，国民经济保持较快增长，社会秩序总体稳定，地区分离主义情绪得到缓解，民族宗教冲突逐步减少。

印度尼西亚一度是恐怖主义的重灾区。2002 年至 2005 年，印度尼西亚连续发生巴厘岛爆炸、雅加达万豪酒店爆炸、澳大利亚驻雅加达使馆爆炸、第二次巴厘岛爆炸等重大恐怖袭击事件。2009 年 7 月，雅加达万豪酒店和丽兹·卡尔顿酒店发生恐怖爆炸。近年来，印度尼西亚政府加大打击恐怖主义力度，并与美国、澳大利亚等国家加强反恐合作，击毙和逮捕了数名恐怖主义头目。印度尼西亚警方在各大机构、办公楼、酒店、商场等人员密集地点加强监控和安检。目前印度尼西亚恐怖主义活动受到了较大程度的遏制。2012 年 10 月，印度尼西亚警方在爪哇岛 4 个城市逮捕了 11 名嫌疑恐怖分子，并继续加大力度打击恐怖势力。印度尼西亚枪支管理严格，普通居民禁止持有枪支。根据联合国毒品和犯罪问题办事处（UNODC）的统计，2013 年印度尼西亚共发生袭击案件 35 153 起，每十万人比率为 14；入室盗窃案件共 46 064 起，每十万人比率为 18.4；抢劫案件共 12 045 起，每十万人比率为 4.8；绑架案件 361 起，每十万人比率为 0.1；谋杀案件共 1 386 起，每十万人比率为 0.6。印度尼西亚是全球刑事犯罪率最低的国家之一。

7.7 主要媒体

作为东南亚最大的经济体，印度尼西亚拥有该区域内比较好的媒体环境。根据媒体自由度排行榜（Freedom House：2014），印度尼西亚在 197 个国家和地区中位列第 98 名。在东盟国家中只有菲律宾比印度尼西亚排名靠前——位于第 87

位。印度尼西亚充满活力、开放的媒体环境得益于青年一代，整个国家有一半人口是30岁以下的年轻人。印度尼西亚的广告市场——价值约为100万美元，被公认为东南亚最大规模的广告市场（Redwing：2013）。就媒体传播范围来说，电视在印度尼西亚的媒体中独占鳌头，大约有97%的民众每个月都会看电视，互联网拥有的目标群体数量紧随其后，普及率约为57%，排名在此之后的分别为报纸、广播和杂志。迅速增长的互联网用户数量已经改变了印度尼西亚当地目标群体对内容和信息的消费方式。他们现在成为社交媒体上非常活跃的用户。实际上，印度尼西亚是Facebook和Twitter最大的用户市场之一。

印度尼西亚目前的媒体结构的形成开始于20世纪80年代末期，深受社会政治和经济变革的影响。在资本利益的驱动下，蓬勃发展的媒体行业由大的媒体集团垄断，这些媒体集团掌控着印度尼西亚绝大多数的广播电视、平面媒体和网络渠道。

印度尼西亚国家通讯社是安塔拉（Antara）通讯社，于1937年12月13日创立，在印度尼西亚27个省设有分社，约有300名记者。该社2007年3月恢复了北京分社，并派驻常驻记者。

印度尼西亚的广播电视主要有公立的印度尼西亚国家电台和印度尼西亚国家电视台。

印度尼西亚最主要的电视媒体是印度尼西亚共和国电视台（TVRI）和METRO TV、RCTI、SCTV等。其中METRO TV主要面向受过良好教育、收入稳定的白领阶层，每天早晚各播放30分钟英语新闻、30分钟中文新闻，是印度尼西亚唯一一家播放中文新闻的电视台。

私营电视台有鹰记电视台、教育电视台、美都电视台等11家全国性电视台以及众多的地方电视台。各地的电台多达1 800多个。

印度尼西亚国家电台（Radio RI）于1945年9月11日成立，设有53个分台和对外广播的“印度尼西亚之声”台（用10种语言广播），现有员工8 500人。印度尼西亚电视台于1962年8月17日正式运营，共有13个分台，395个转播器，覆盖印度尼西亚 67%的国土面积和 80%的人口。印度尼西亚电视台原为政府经营，2000年后成为公共电视台。现有员工约7 200人。

印度尼西亚共有各类报刊3 000多种。发行量最大的印尼文报纸是《罗盘报》（Kompas）和《爪哇邮报》（Jawa Post）。其他主要的印尼文报纸还有《专业之声报》、《印度尼西亚媒体报》《共和国日报等》《革新之声报》和《印度尼西亚商报》。英文报纸有《雅加达邮报》（Jakarta Post）《雅加达环球报》《印度尼西亚观察家报》等。中文报纸有《国际日报》《印度尼西亚商报》《千岛日报》和《星洲日报》

（原《印度尼西亚日报》）等。

《时代》周刊（Tempo）是印度尼西亚最早的新闻性杂志，也是东南亚历史最悠久的媒体之一。

7.8 教育和医疗

7.8.1 教育

印度尼西亚教育体系中共有各类学校超过 25 万所，实行 9 年制义务教育，其中以公立学校为主，私立学校也占有重要份额。公立学校一般是非宗教性质，不隶属于宗教团体，而私立学校则主要由宗教主导，主要隶属于印度尼西亚的两个主要伊斯兰组织穆罕默迪亚协会和伊斯兰教士联合会，也有少数由其他宗教教会例如基督教会建立的私立学校及华人建立的三语学校。①

2018 年教育预算开支 286 万亿印尼卢比，约占财政总预算的 20%。2018 年基础教育的毛入学率②为 106.41%，其中男性入学率为 108.13%，女性入学率为 104.59%。2018 年小学学生人数为 2 940 万，女学生占 47.77%，学生老师比为 17.03。小学辍学总人数为 155.5 万，占所有小学应入学人数的 5.623%，其中女生辍学总人数为 107.3 万，占女生总数的 7.984%，男生辍学人数为 48.2 万，占男生总数的 3.391%。初中入学率 84.65%，高中入学率 55.49%。

表 7－4　　　　印度尼西亚教育状况（2011—2018 年）

指标		2011 年	2012 年	2013 年	2014 年	2015 年	2016 年	2017 年	2018 年
小学入学率（%）	总	109.18	109.27	106.84	106.07	105.96	105.61	105.91	106.41
	女	111.18	109.11	106.65	104.71	104.41	103.91	104.18	104.59
	男	107.28	109.43	107.02	107.36	107.42	107.22	107.55	108.13
小学完成率（占相应年龄组的比重）		..	103.10	101.15	103.45	..	..	100.83	102.33
小学师生比		18.98	18.59	16.09	16.56	..	13.98	16.06	17.03

① Henry Wijaya，肖莉娴. 印度尼西亚基础教育发展问题比较研究. 印度尼西亚经济社会发展报告［R］. 社会科学文献出版社，2018 年.

② 毛入学率是指计算分子高等教育在学人数时，不考虑学生的年龄大小，某一级教育的在校生人数与符合官方为该级教育所规定之年龄的总人口之比。

续表

指标		2011 年	2012 年	2013 年	2014 年	2015 年	2016 年	2017 年	2018 年
中学入学率（%）	总	79.11	80.45	82.64	82.68	86.12	84.95	87.06	88.91
	女	79.31	81.54	81.35	82.37	86.29	86.27	88.15	90.04
	男	78.92	79.41	83.87	82.98	85.96	83.70	86.03	87.84
中学师生比		14.77	16.62	15.38	15.47	..	14.11	15.33	15.21
大学入学率（%）	总	26.30	30.43	31.06	30.90	33.25	35.44	36.44	36.31
	女	24.21	31.02	32.73	32.66	35.05	37.70	38.99	38.99
	男	28.40	29.85	29.43	29.18	31.51	33.26	34.01	33.75
大学师生比		22.48	27.53	27.04	25.00	30.54	29.87	28.30	27.26
15 岁以上人口的识字率		92.81	..	..	95.12	95.22	95.38	..	95.66
25 岁以上人口受教育程度（至少学士或同等学历，占总人口的比重）		..	..	..	7.97	8.48	8.79	..	9.37
政府教育支出（占 GDP 比重）		3.19	3.41	3.36	3.29	3.58	..	..	..
政府教育支出（占政府支出的比重）		18.01	18.09	17.60	17.67	20.50	..	..	..

数据来源：联合国 DataBank

印度尼西亚的著名大学有雅加达的印度尼西亚大学、日惹的加札马达大学、泗水的艾尔朗卡大学、万隆理工学院等。

QS 世界大学排名机构最新公布的印度尼西亚大学排名名单，其中排名第一的是印度尼西亚大学，排名第二的是加札马达大学，排名第三的是万隆理工学院。

表 7－5　　2020QS 印度尼西亚大学排名

印度尼西亚排名	2020QS 世界排名	学校名称
1	296	印度尼西亚大学
2	320	加札马达大学
3	331	万隆理工学院
4	601～650	茂物农业大学
5	651～700	艾尔朗加大学
6	751～800	巴查查兰大学

续表

印度尼西亚排名	2020QS 世界排名	学校名称
7	801～1 000	比娜努沙登加拉大学
7	801～1 000	蒂波尼格罗大学
7	801～1 000	泗水理工学院

印度尼西亚大学建立于 1849 年，是印度尼西亚历史最悠久的高等学府，位居印度尼西亚高等学府的榜首，设有 12 所学院和一个研究所。在国际交流方面，该校与国外多间大学及研究机构在教学、研究、磋商以及师生交换方面建立了合作关系。此外，也与驻印度尼西亚各国大使馆的外交使节以及工商界建立了良好的关系。

该校毕业生数十年来在印度尼西亚政界和社会扮演了举足轻重的角色。在教研方面，印度尼西亚大学保持着世界一流的水准。学生和师资素质均属国内一流。就读于该校的大约三万名学生来自世界各地。

加札马达大学（Gadajah Mada，简称 UGM）正式成立于 1949 年 12 月 19 日，是一所公立研究型大学，位于印度尼西亚日惹特别地区。

万隆工业大学或万隆理工学院（Institut Teknologi Bandung，简称 ITB）成立于 1920 年，是印度尼西亚最古老的技术型大学，也是一所男女同校研究型大学，位于印度尼西亚万隆。

7.8.2 医疗

印度尼西亚腹泻、肠胃病、伤寒、登革热等热带疾病较多发。根据世行数据，2017 年，印度尼西亚全国医疗卫生总支出占 GDP 的 2.99%，按照购买力平价计算，人均医疗保健支出 367.94 美元。2015 年，平均每千人拥有医院床位 1.20 张。2018 年，平均每千人拥有医生 0.38 人、护理和助产人员 2.41 人（表 7－6）。

表 7－6　　印度尼西亚医疗状况（2011—2018 年）

指标	2011 年	2012 年	2013 年	2014 年	2015 年	2016 年	2017 年	2018 年
人均医疗保健支出（现值美元）	107.41	107.06	107.20	108.84	100.43	111.31	114.97	..
人均医疗保健支出，PPP（现值美元）	261.19	273.70	296.09	329.48	333.49	362.56	367.94	..
人均自付医疗保健支出（现值美元）	61.13	56.92	52.87	46.27	41.27	41.82	39.79	..

续表

指标	2011年	2012年	2013年	2014年	2015年	2016年	2017年	2018年
自付支占医疗保健支出的比重（%）	56.92	53.17	49.32	42.52	41.09	37.57	34.61	..
政府医疗卫生支出占GDP的比重（%）	0.80	0.87	0.93	1.08	1.21	1.40	1.45	..
医疗卫生总支出占GDP比重（%）	2.96	2.90	2.96	3.12	3.01	3.12	2.99	..
医生数（每千人）	..	0.31	0.31	..	0.27	..	0.38	0.43
专业外科医生数量（每十万人）	..	..	..	..	..	..	..	..
护士与助产士（每千人）	..	1.44	1.97	..	1.30	..	2.05	2.41
社区卫生工作者（每千人）	..	..	..	..	0.00	..	..	..
医院病床数（每千人）	..	0.90	..	..	1.20	..	..	..
五岁以下儿童低体重患病率（按年龄的体重不足）	..	..	19.90	..	..	..	..	17.70
营养不良人口比例（%）	10.90	9.60	9.00	8.80	8.70	8.60	8.30	..
孕产妇死亡率（每十万例活产）	..	313.00	..	..	..	..	..	..

数据来源：联合国 DataBank

7.9 中国与印度尼西亚的文化交流

中国和印度尼西亚两国人民的文化交往历史悠久。早在公元7世纪时，唐朝高僧义净曾在苏门答腊居留多年，翻译了多部佛经。明代航海家郑和七下西洋时，也多次到过爪哇和苏门答腊，为双方交流作出了历史贡献，至今被传为佳话。

1961年两国签署第一个政府间文化合作协定后，双方在教科文卫等领域的交流日益频繁，每年都有不少代表团互访。进入21世纪，双方在文化领域的交流和合作日趋活跃，两国间的文化交流对促进两国人民的相互了解和友谊发挥了重要作用。

中国“一带一路”倡议推进后，中印度尼西亚两国建立人文交流机制，这是中国与发展中国家建立的首个高级别人文交流机制。“国之交在于民相亲”，推进中印度尼西亚人文交流领域的合作，有利于塑造中国良好的国家形象，减少印度尼西亚对“一带一路”倡议及中国的疑虑，从而保障两国间关系的顺畅、健康发展。因此，中印度尼西亚人文交流具有重要意义。2015 年 5 月，国务院副总理刘延东访问印度尼西亚并主持召开中国和印度尼西亚副总理级人文交流机制首次会议。2016 年 8 月，印度尼西亚人类发展与文化统筹部长布安（Puan Maharani）来华出席“第 9 届中国—东盟教育周暨第 2 届中国—东盟教育部长圆桌会议”，并与刘延东副总理共同主持中印度尼西亚副总理级人文交流机制第二次会议。在此背景下，两国在人文交流方面取得许多重要成果，表现在文化、教育和旅游等方面。

中国和印度尼西亚在电影、出版、文艺表演等方面都开展了官方和民间的交流与合作。2014 年 11 月，中国驻印度尼西亚大使馆举办“2014 年中国电影周”，活动在印度尼西亚首都雅加达拉开帷幕，反响热烈。受国务院新闻办公室委托，五洲传播出版社于 2014 年启动“我们和你们”系列丛书，按照一国一品的概念，讲述中国和周边国家传统和现在的友谊与合作，其中中文版的《我们和你们：中国和印度尼西亚的故事》于 2016 年 3 月出版，该书的印度尼西亚语版也在 2017 年初顺利出版。

在教育方面，中国与印度尼西亚在教育领域的交流与合作蓬勃发展。高等院校教育合作成为双方教育交流与合作的主渠道，两国在语言教学、互派留学生、合作办学等方面取得了长足的进步。据中国教育部公布的数据，2014 年，印度尼西亚来华留学生人数为 13 689 人，位列来华留学生来源国第六位。相比 2005 年，2014 年印度尼西亚来华求学人数增加 3 倍，十年间平均增速为 14.08%。中国现有 17 个大专院校开设印度尼西亚语专业，设立 6 个印度尼西亚研究中心，2016 年还成立“中国—印度尼西亚高校智库联盟”，2017 年，“中国—印度尼西亚人文交流研究中心”在北京外国语大学成立，成为两国人文交流的重要基地。①

在旅游方面，中国和印度尼西亚互为对方的游客来源国。两国联合开展旅游推介活动，促进旅游便利化，提高能力建设，鼓励扩大对旅游产业的投资。2013 年，两国签署《中国—印度尼西亚旅游合作谅解备忘录》。2014 年，印度尼西亚政府通过邀请成龙作为印度尼西亚旅游大使、推广奇妙旅游计划、举办印度尼西亚经贸旅游投资推介会等行动吸引中国游客。2015 年 2 月，印度尼西亚旅游部推出“郑和旅游线”计划，吸引中国游客。中国赴印度尼西亚旅游人数从 2014 年的 95 万跃升至 2016 年的 142.9 万。根据印度尼西亚中央统计局公布的数据显示，2016 年赴印度尼西亚旅游的中国游客达 142.9 万人次，同比增长 13.96%，成为印度尼西亚第一大旅游客源地。

---

① 潘玥. 一带一路背景下中印度尼西亚合作：成果、问题与对策［J］. 战略决策研究，2018 年第 1 期.